职业教育"城市轨道交通专业"一体化课程改革创新示范教材

U0652906

城市轨道交通通信传输系统维护

主编 ○张宗峰 李露 杨进

西安电子科技大学出版社

内 容 简 介

　　本书基于高职院校的城市轨道交通通信信号专业教学标准设计编写。作为一本专业特色类通信教材，本书主要涵盖了传输系统和城市轨道交通传输系统的基本概念，电缆、光缆的基础知识和通信光缆的续接，同步数字体系 SDH，MSTP 多业务传送平台，波分复用 WDM、DWDM 系统和 OTN 技术，以及传输设备实训等内容。

　　本书可供高职院校城市轨道交通类相关专业学生使用，亦可作为教学参考资料使用。

图书在版编目(CIP)数据

城市轨道交通通信传输系统维护 / 张宗峰，李露，杨进主编. --西安：西安电子科技大学出版社，2023.8(2024.10 重印)
ISBN 978-7-5606-6920-5

Ⅰ. ①城… Ⅱ. ①张… ②李… ③杨… Ⅲ. ①城市铁路—铁路通信—通信系统—维修 Ⅳ. ①U239.5

中国国家版本馆 CIP 数据核字(2023)第 115244 号

策　　划　秦志峰
责任编辑　张紫薇　秦志峰
出版发行　西安电子科技大学出版社(西安市太白南路 2 号)
电　　话　(029)88202421　88201467　　　　邮　编　710071
网　　址　www.xduph.com　　　　　　　　电子邮箱　xdupfxb001@163.com
经　　销　新华书店
印刷单位　陕西日报印务有限公司
版　　次　2023 年 8 月第 1 版　　2024 年 10 月第 2 次印刷
开　　本　787 毫米×1092 毫米　1/16　印 张　12.5
字　　数　292 千字
定　　价　36.00 元
ISBN 978 - 7 - 5606 - 6920 - 5
XDUP　7222001-2
如有印装问题可调换

前　言

通信信号一体化是城市轨道交通领域的一个发展趋势，也是一项重要课题。在城市轨道交通行业中，为了保障车辆的安全和高效运行，需要通信系统进行敏捷、准确、可靠的信号传输，而在通信系统中，传输系统是各种专业设备间进行通信的重要桥梁。

本书按照知识点覆盖全面、专业相关性强、理论实践相结合的思路进行编写。第 1 章认识传输系统介绍了传输系统的基本概念和城市轨道交通传输系统。广义上讲，传输系统是传送信息的通道，由各种传输线路和传输设备组成。

城市轨道交通通信系统中各个子系统进行信息交换的传输媒介为电缆和光缆。本书第 2 章介绍了通信电缆及光缆的基本知识，并对通信电缆和光缆的端别、线序、纤序等实用技能进行了介绍，重点介绍了通信光缆续接的相关内容。

传输设备是由各种软件、硬件构成的集合，这些软件、硬件的设计基于通信协议和通信原理。本书第 3 章介绍了同步数字体系 SDH，它在传输系统中占据重要位置，它是在准同步数字体系 PDH 之后发展起来的标准传输体系，同时又是多业务传送平台 MSTP 等技术的基础，一般作为传输课程的基础和原理部分重点讲解。该部分内容主要涉及 SDH 的概念、基本网络单元、速率等级和帧结构、映射和复用、SDH 网元、SDH 网络等。

传统的 SDH 设备主要用于传输 2M、34M、140M 等带宽的 TDM 业务，但随着业务模型的发展，有了越来越多的业务需求如网页浏览、视频播放、网络直播、多方会议等，都对传输网络的容量和功能提出了新的要求，网络逐渐向 IP 化发展，传统的 SDH 设备无法高效地传输 IP 数据报文，一种新的平台——MSTP 就产生了。该平台是基于 SDH 技术的多业务传送平台。本书第 4 章介绍了 MSTP 的基本概念、基本原理、关键技术、应用及相关设备，以华为公司 OptiX OSN 系列部分产品为例，直观地介绍了相关设备的结构和特点，以及设备侧和网管侧的日常维护项目。

各种业务的快速发展对传输系统的容量提出了更高要求，本书第 5 章介绍的波分复用 WDM 可以有效地利用光纤带宽，实现同一根光纤中同时传输两个或两个以上不同波长的光信号，增加光纤传输的容量。密集波分复用 DWDM 是 WDM 的一种形式，其信道间隔很小，目前人们常用 WDM 来称呼 DWDM 系统。WDM 技术具有传输容量大、节约光纤资源、传输距离长等特点，得到了快速发展和广泛应用。本章最后对以 WDM 技术为基础的光传送网 OTN 技术进行了介绍。

在传输设备网络建设的过程中，需要对网元进行数据配置，在设备运行过程中，同样需要熟悉网元的数据配置方法，以更好地进行设备维护。本书第 6 章以华为公司 OptiX OSN 系列部分产品为例，基于点到点 SDH 网络的搭建、双纤双向复用段环组网的搭建、配置以太网业务(EPL/EVPL)、配置以太网业务(EPLAN/EVPLAN)等几种基础场景，介绍了传输网元的配置过程和方法。在实际工作中可能会涉及各种厂家的设备，需要在此基础上融会贯通。

本书的第 1 章、第 2 章、第 5 章由李露编写，第 3 章、第 4 章、第 6 章由张宗峰编写，杨进参与编写了第 5 章、第 6 章的部分内容。本书在编写过程中，参考了许多优秀的教材、论文、产品说明、互联网资料等，为了行文流畅，未一一标注，特此向参考资料编者、著者表示诚挚的谢意。

由于编者水平有限，书中可能存在一些疏漏，恳请读者指正。

编　者
2023 年 5 月

目　录

第1章　认识传输系统

学习目标

知识目标

掌握传输系统的基本概念、城市轨道交通传输系统的构成和特点等。

技能目标

认识传输系统模型，掌握城市轨道交传输系统与公务电话业务、专用电话业务、无线集群业务、以太网业务系统的接口技术。

1.1　传输系统的基本概念

1.1.1　通信的基本概念

1. 通信的定义

我国古代用鸿雁传书、烽火狼烟、击鼓鸣金、摇旗呐喊等方式实现通信。随着社会生产力的进步，通信技术得到飞速发展和广泛应用，现代主要采用书信、电报、广播、电视、对讲机、电话(移动电话/固定电话)、网络等方式通信。

广义上讲，通信就是信息的传递，信息(information)可以通过语言、文字、图像、数据等形式表达，这里"传递"可以认为是一种信息传输的过程或方式。通信技术从本质上讲是信息传递的一门科学技术，该技术要将大量有用的信息无失真、高效率地进行传输，同时还要在传输过程中将无用信息和有害信息尽可能地抑制掉。

然而本书所讨论的通信不是广义的通信，而是仅讨论利用电子技术实现的通信，因此，在本书中，通信定义为利用电子等技术手段，借助电信号(含光信号)实现从一地向另一地有效传递信息。

2. 通信系统的一般模型

通信系统的作用是将信息从信源发送到一个或多个目的地。用于通信的硬件设备、软件和传输介质的集合叫作通信系统。需要强调的是，过去对通信系统的定义没有包含软件部分，后来随着计算机技术被引入通信系统，通信软件就成为组成通信系统的基本要素。从硬件上看，通信系统主要由信源、信宿、信道、发送设备和接收设备五部分组成。

在本书讨论的通信系统中，信息的传递是通过电信号来实现的，首先要把信息通过信源转换成电信号，经过发送设备，将电信号送入信道，在接收端利用接收设备对接收信号做相应处理后，送给信宿转换为原来的信息，这个过程可用如图 1-1 所示的通信系统一般模型来概括。

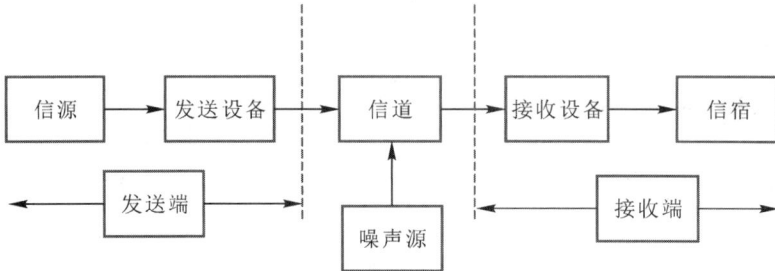

图 1-1　通信系统一般模型

通信系统各部分的功能简述如下：

1）信源

信息源(简称信源)是信息的产生地，其作用是把各种信息转换成原始电信号。根据信息种类的不同，信源可分为模拟信源和数字信源。模拟信源输出连续的模拟信号，如话筒(声音→音频信号)、摄像机(图像→视频信号)；数字信源则输出离散的数字信号，如电传机(键盘字符→数字信号)、计算机等各种数字终端。模拟信源送出的信号经数字化处理后也可以转变成数字信号。由于信息源产生信息的种类和速率不同，因而对传输系统的要求也各不相同。

2）发送设备

发送设备的作用是产生适合在信道中传输的信号，使发送信号的特性和信道特性相匹配，同时具有抗信道干扰的能力和足够的功率以满足远距离传输的需要。因此，发送设备涵盖的内容很多，变换方式也是多种多样的，在需要频谱搬移的场合，调制是最常见的变换方式。对数字信号传输来说，发送设备又包含信源编码和信道编码等。

3）信道

信道是一种用于传输信号的物理介质，用于将来自发送设备的信号传送到接收端。在无线信道中，信道可以是自由空间；在有线信道中则可以是电缆或光缆等。有线信道和无线信道均有多种物理介质。信道既给信号提供传输通路，也会对信号产生各种干扰和噪声。信道的固有特性以及引入的干扰和噪声直接关系到通信的质量。

4）中继设备或交换设备

虽然在图 1-1 中没有具体给出，但是中继、交换设备也是系统实现通信功能的重要设备。其中，中继设备是用于对经过一定长度的线路传输后的信号进行放大和恢复的中间设备，如中继器、EDFA 等；交换设备是在通信系统中完成信息交换功能的中间设备(如交换机)，其主要作用是根据用户要求，完成不同用户之间的逻辑连接，实现信息交换的通路，进而实现交换功能。

5) 接收设备

接收设备可将信号放大和反变换(如译码、解调等),其目的是从已受到损耗的接收信号中正确恢复出原始电信号。对于多路复用信号,接收设备中还包括解多路复用,实现正确分路的功能。此外,它还要尽可能减小噪声与干扰所带来的影响。

6) 信宿

受信者简称信宿,是所传送信息的归属地,其功能与信源相反,即把电信号还原成相应的原始信息,如电话机将对方传来的电信号还原成了声音。

7) 噪声源

噪声主要来自于信道。在信息的传递过程中,由于存在各种外界或内部因素,会产生各种各样的干扰信号,统称为噪声。噪声通常是随机的、形式多样的,在实际工程应用中,无法彻底消除噪声干扰。

3. 通信系统的分类

在电通信系统中,信息是载荷在电信号的某一参量上(如连续波的幅度、频率或相位,脉冲波的幅度、宽度或位置)传递的。依据电信号参量的取值方式不同,可以把信号分为两类:模拟信号和数字信号。判断一个信号是模拟信号还是数字信号,关键在于确定携带信息的信号参量是哪个物理量,然后再根据物理量的取值状态进行判断。根据信道传输信号种类的不同,通信系统可分为两大模型:模拟通信系统和数字通信系统。

携带信息的信号参量取值连续且无限称为模拟信号。如图 1-2 所示的语音信号(a)和抽样信号(b)。可见,随着时间的变化,信号的幅度在变,因此可以确定携带信息的信号参量是信号的幅度。无论是语音信号还是抽样信号,幅度的取值状态都是连续且无限的,不同的是,前者是时间连续信号,后者是时间离散信号。

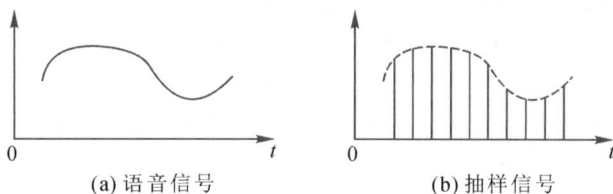

(a) 语音信号　　　　　　　　(b) 抽样信号

图 1-2　模拟信号

数字信号携带信息的信号参量取值离散且有限,如图 1-3 所示的二进制信号(a)和 2PSK 信号(b)。在图 1-3(a)中,携带信息的物理参量是矩形波的幅度,幅度的变化只有高低两种状态;在图 1-3(b)中,携带信息的物理参量是正弦波的相位,相位的变化只有 0 和 π 两种状态。因此,它们均属于数字信号,并且都是时间连续信号。

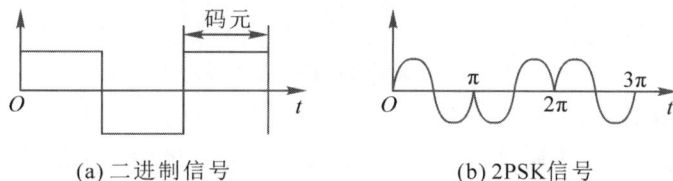

(a) 二进制信号　　　　　　　　(b) 2PSK信号

图 1-3　数字信号

通常按照信道中传输的是模拟信号还是数字信号，相应地把通信系统分为模拟通信系统和数字通信系统。

1) 模拟通信系统模型

模拟通信系统是利用模拟信号来传递信息的通信系统，相应地，模拟通信系统按照模拟信号的传输特点设计，其基本组成模型如图1-4所示。

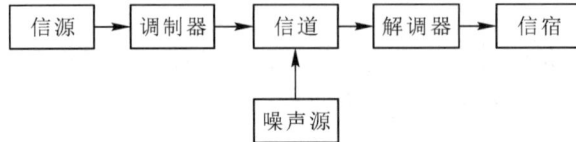

```
信源 → 调制器 → 信道 → 解调器 → 信宿
                 ↑
               噪声源
```

图1-4　模拟通信系统模型

模拟通信系统传输信息需要进行两种变换。一是将信源产生的连续信息变换成原始电信号，二是将接收端收到的信号反变换成原连续信息。原始电信号由于具有较低频率的频谱分量，一般不宜直接传输，因此，模拟通信系统常需要有第二次变换，即将原始电信号变换成适合信道传输的信号，并在接收端进行反变换，这种变换和反变换称为调制和解调。

经过调制后的信号叫作已调信号，它具有两个特征：一是携带有信息，二是适合在信道中传输。通常我们把发送端调制前和接收端解调后的信号称为基带信号，已调信号称为频带信号。

模拟通信系统传输连续的模拟信号，占用带宽窄，如每路语音信号带宽仅为 4 kHz。在信号的传输过程中，噪声叠加于信号之上，并随传输距离的增加而加强，在接收端很难将信号与噪声分离，所以模拟通信系统的抗干扰能力较弱且不适于长距离信号传输。

2) 数字通信系统模型

数字通信系统(Digital Communication System，DCS)是利用数字信号来传递信息的通信系统。数字通信系统可进一步细分为数字频带传输通信系统、数字基带传输通信系统和模拟信号数字化传输通信系统。下面分别加以说明。

(1) 数字频带传输通信系统。通常把含有调制器/解调器的数字通信系统称为数字频带传输通信系统，其模型如图1-5所示。需要说明的是，图1-5中调制/解调、加密/解密、编码/译码等环节，在具体通信系统中是否全部采用，取决于具体设计条件和要求。但在一个系统中，如果发送端有调制器/加密器/编码器，则接收端必须有对应的解调器/解密器/译码器。

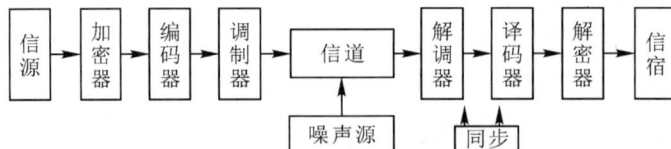

```
信源 → 加密器 → 编码器 → 调制器 → 信道 → 解调器 → 译码器 → 解密器 → 信宿
                                    ↑           ↑
                                  噪声源        同步
```

图1-5　数字频带传输通信系统模型

(2) 数字基带传输通信系统。与频带传输系统相对应，我们把没有调制器/解调器的数字通信系统称为数字基带传输通信系统，如图1-6所示。图中基带信号形成器可能包括编码器、加密器以及波形变换等，接收滤波器亦可能包括译码器、解密器等。

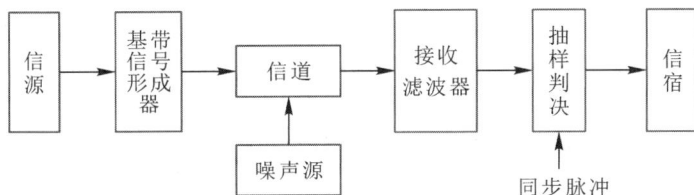

图 1-6　数字基带传输通信系统模型

(3) 模拟信号数字化传输通信系统。上面讨论的数字通信系统中，信源输出的信号均为数字基带信号。实际上，在日常生活中大部分信号(如语音信号)为连续变化的模拟信号。要实现模拟信号在数字通信系统中传输，则必须在发送端将模拟信号数字化，即 A/D 转换；在接收端需进行相反的转换，即 D/A 转换。模拟信号数字化传输的通信系统模型如图 1-7所示。

图 1-7　模拟信号数字化传输通信系统模型

1.1.2　传输的概念

通信的目的是把信息从一个地点传递到另一个地点，而传输系统就是两点之间的桥梁和纽带，传输有单向传输(如广播)和双向传输(如通话)之分。如果要在多点间进行通信，则需要建设多点对多点的复杂的传输网络。现代的传输网常称作信息高速公路，为各种业务网提供传送通道。传输网由各种传输线路和传输设备组成，其中传输线路完成信号的传递，传输设备完成信号的处理。

1. 传输的分类

通常按传输介质将传输划分为有线传输和无线传输。

(1) 有线传输是指介质为电缆、光缆、波导等形式的传输，其特点是介质能看得见、摸得着，如电缆通信、光缆通信。

(2) 无线传输是指介质看不见、摸不着(如电磁波)的一种传输形式，如微波通信、移动通信、卫星通信等。

2. 传输网基本知识

1) 传输网在通信网中的地位及作用

通信主要指人们传递、交换信息的过程。信息交换是有方向的，比如 A 和 B 在打电话，包括从 A 到 B 和从 B 到 A 两个方向的信息传递。

以邮差寄信为例，寄信人把信件装入信封投入邮局是第一步，邮局分拣信件，然后将信件装入邮车，再通过邮车将信件送往目的地是第二步，收信人收到邮件拆封阅读是第三步。

对照上面列举的两个过程，通信网的电话、手机以及电脑等终端设备实现了"信封"功能，交换机、路由器等设备相当于邮局的信件分拣系统。形象地说，传输网络相当于邮车，或者说邮件运输系统，也可以说传输网络在通信网中的角色是搬运工，把信息从 A 地搬运到 B 地。信息能否送到依赖于邮车是否能走到目的地，什么时候送到则依据邮车的工作时间和效率。邮车技术不断革新，能"翻山越岭，跋山涉水"，通信才得以跨越这些地理阻隔。

以广州和北京两地为例，传输网在通信网中的位置如图 1-8 所示。

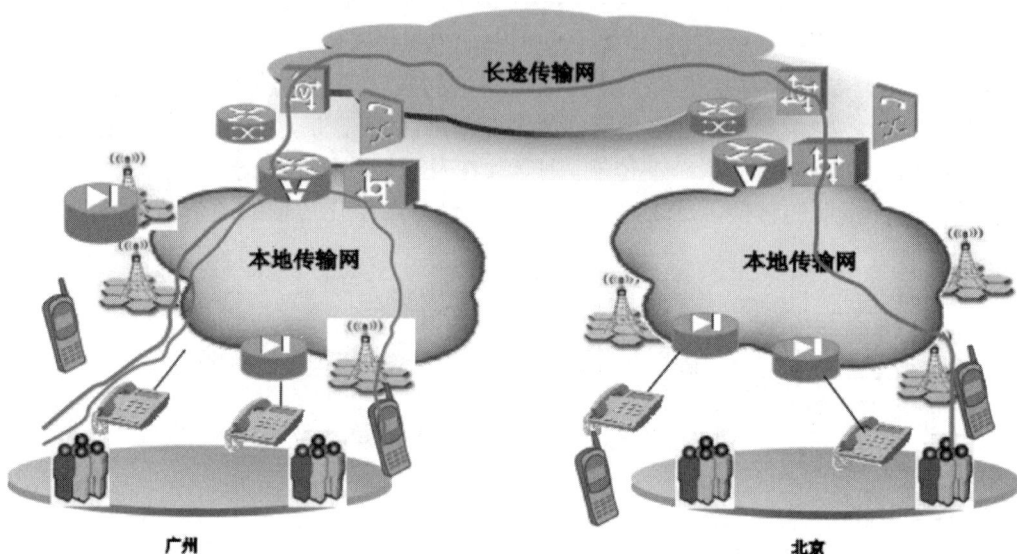

图 1-8 传输网在通信网中的位置

2) 传输网的组成

传输网包含两类实体：传输设备和各种线缆。

传输设备有 SDH(同步数字体系)设备、WDM 波分复用设备、PTN 设备、OTN 设备等。传输网的技术在不断地革新中，传输设备的类型和标准也随之在发展变化，并不存在哪一类设备处于统治地位，各有各的用武之地。传输线路目前主要有两种：电缆和光缆。

SDH 传输网由不同类型的网元设备通过光缆线路组成，这些网元设备可以实现 SDH 体系的同步复用、交叉连接、网络故障自愈等功能。SDH 传输网的基本网元有终端复用器(TM)、分插复用器(ADM)、再生中继器(REG)和数字交叉连接设备(DXC)，后面章节会对这些设备详细介绍。

由于多媒体通信的出现、互联网的发展和移动电话用户的增加，对传输网络的容量需求越来越大，出现"光纤耗尽"现象，如何利用现有的光纤通信系统来实现最大限度的扩容，成为人们所关注的问题。研究结果表明，一根光纤能加载几十个甚至上百个不同波长光，从而出现了 WDM 技术。

通常把光信道间隔较大(甚至在光纤不同窗口上)的复用称为光波分复用(WDM)，再把在同一窗口中信道间隔较小的 WDM 称为密集波分复用(DWDM)。随着科技的进步，现代的技术已经能够实现波长间隔为纳米级的复用，甚至可以实现波长间隔为零点几纳米级的复用，DWDM 在器件的技术要求上更加严格，因此把 1270 nm 至 1610 nm 波长、间隔 20 nm 的波段称为粗波分复用(CWDM)。

目前以 WDM 为基础的光传输网技术是通信行业发展最快的领域之一。

3) 传输网的层次结构

为了便于网络规划建设和运行维护，传输网的结构被划分成省际骨干网、省内骨干网和本地网三层，各自实现不同的功能。

骨干网是指在主要节点间建立的网络，在本地网、城域网中都有骨干网。省际骨干网也被称为一级骨干网，省际骨干网负责提供省与省之间的传输通道。每个省有一到两个省际出口，省际骨干网把这些省际出口连接起来。省际出口一般都是直辖市、省会城市或者计划单列市。省际骨干网的建设属于总部管理实施项目，总部直接参与日常维护工作。

省内骨干网也称为二级骨干网，是负责提供省内部各地市城市之间传输通道的。省内骨干网的建设属于省分管的实施项目，总部通过分公司上报数据对省内骨干网的工作进行管理。

本地网负责一个地市管辖区域内交换机、基站、中心机房、业务接入点之间的传输通道，可以比喻为"毛细血管"，起业务汇聚的作用。本地网又可分为汇聚层和接入层。

传输网目前并存的技术手段很多，各有各的用武之地，本书只涉及传输网在骨干网络中运用广泛的 SDH、DWDM 技术。现阶段我国的 SDH 传输网分为四个层面：省际干线层面、省内干线层面、中继网层面、用户接入网层面。

1.1.3　传输系统

1. 传输质量标准

用户对通信系统的要求是多种多样的。例如，通信距离有远有近，传送的信息可以是语音、图像或数据，每个中继段可以分出或插入信息，也可以直接转接，话路噪声有大有小，等等。因此，很难对不同通信线路规定一个统一的质量标准。

为了比较各种通信设备与通信线路的性能，可以预先规定一条假设的通信线路，并假设把通信设备安装在这条线路上，在这种条件下去考察该线路的传输质量。通常把这条假设的通信线路称为假设参考通道 HRP(Hypothetical Reference Path)。

传输质量标准都是针对一定的假设参考通道规定的，我国国内标准最长 HRP 为6900 km，其中核心网(包括长途网和中继网)最长 HRP 为6800 km，其传输系统模型如图 1-9 所示，该 HRP 假设中继网的最长距离为 150 km，假设用户接入网部分的最大距离为 50 km，实际上大部分通道都短于假设最长通道，因此其性能都优于 HRP 的性能限值。

图 1-9　我国国内标准最长 HRP 传输系统模型

2. 传输线路总体结构

连接电信局和用户终端设备的传输线路称为用户线路，根据传输信号不同，用户线路分为光缆或电缆。

1) 电缆传输用户线路总体结构

电缆传输用户线路利用电缆实现从配线架到用户分线盒整个电缆网设备模型的搭建。即终端用户通过用户引入线→分线盒(或分线箱)→配线电缆→交接箱→主干电线(或馈线电缆)→配线架接入电信局。如图 1-10 所示。

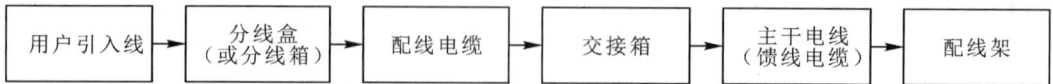

| 用户引入线 | → | 分线盒
(或分线箱) | → | 配线电缆 | → | 交接箱 | → | 主干电线
(馈线电缆) | → | 配线架 |

图 1-10 电缆传输线路总体结构

(1) 配线架。内外线的总汇,用于连接局外芯线和交换机(连接作用);设立安保单元保护局内交换设备及人身安全(安保作用);设有测试塞孔便于查修障碍和对号、测试(测试作用);设立跳线便于线路扩建、割接及用户变动(维护作用)。

(2) 交接箱。交接箱是用户线路网中的一种典型的配线设备。它的主要作用是利用跳线连接主干电缆(指连接电信端局与交接箱的电缆)和配线电缆(指交接箱以后的电缆),使主干线对和配线线对通过跳线任意连通,以达到灵活调度线对的目的。

(3) 分线箱,分线箱是一种带有保安装置的分线设备,安装在电缆网的分线点或配线点上,用来沟通配线电缆的芯线和用户终端设备(如电话机等)。所谓"分线点"和"配线点"是指在配线电缆路由上,分支出若干线对以供分线设备分配给就近的用户使用的一些点。所以,它是一种安装在电缆网分支点或终端的线路终端设备,通过分线箱再用软皮线就可接往用户。

(4) 分线盒。分线盒是一种不带保安装置的分线设备,其连接作用与分线箱完全相同。内部设有一层由透明有机玻璃制成的接线端子板,将分线盒分为内、外部分,接线时尾巴电缆在端子板内层与接线柱相连,外层和软皮线相连,使用全色谱全塑电缆,很容易从外层看清内层的芯线颜色,给维护施工带来方便。

2) 光缆传输用户线路总体结构

光缆传输用户线路利用光缆实现从 ODF(光分配架)到光终端盒整个光缆网设备模型的搭建。即终端用户通过光终端盒→用户引入线→分线盒(或分线箱)→配线光缆→光交接箱→主干光缆(或馈线光缆)→ODF 接入电信局,如图 1-11 所示。

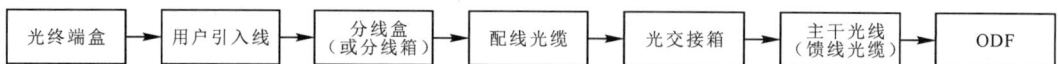

| 光终端盒 | → | 用户引入线 | → | 分线盒
(或分线箱) | → | 配线光缆 | → | 光交接箱 | → | 主干光线
(馈线光缆) | → | ODF |

图 1-11 光缆传输用户线路总体结构

3. 数字光纤传输系统的组成

1) 光纤传输系统的组成

在通信传输的整个系统和传输过程中,光纤传输系统是最基本、最重要的组成部分,该系统领域新技术发展十分迅速。在未来的通信技术发展中,无论是通信接入网系统,还是城域网或长途广域网,光通信系统都将是主流系统。

光纤传输系统的基本组成如图 1-12 所示,包括光发送机、光接收机和光纤传输三大部分。

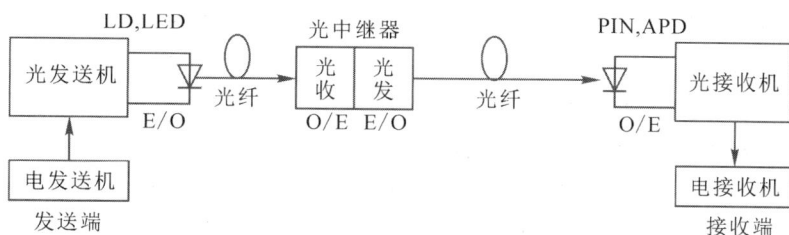

图 1-12　光纤传输系统的组成

光发送机把待传输的电信号转换为光信号，光接收机把光信号再转换为原来的电信号，光纤传输部分把光发送机发出的光信号传送到光接收机。

在发送设备中，光电转换器件把数字脉冲电信号转换为光信号(称为 E/O 变换)，送到光纤中进行传输。在接收端，设有光信号检测器件，将接收到的光信号转换为数字脉冲信号(称为 O/E 变换)。在其传输的路途中，当距离较远时，采用光中继设备，把通信信号经过再生处理后传输。

2) 数字光纤传输系统的组成

数字信号光纤传输系统基本结构如图 1-13 所示，分为以下四个部分：模拟/数字信号转换部分(数字端机)、电/光信号转换部分(光端机)、传输光缆、光信号再生中继器。

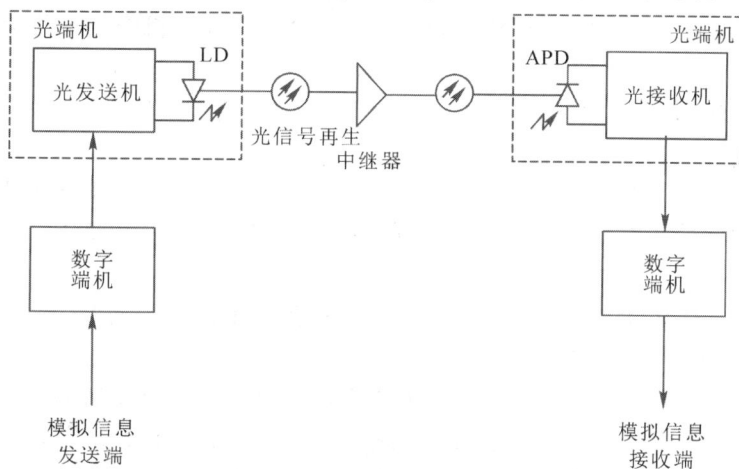

图 1-13　数字光纤传输系统的基本结构

数字端机的主要作用是把用户的各种信号转换成数字信号，并通过复用设备组成一定的数字传输结构(通常是 2M 的 PCM 帧结构)的编码信号(通常是 HDB3 码等)，然后将该数字信号流送至光端机。

光端机把数字端机送来的数字信号再次进行编码转换处理，主要以普通的二进制编码(NRZ 或 RZ 编码)的形式，转换成光脉冲数字信号，送入光纤进行远距离传输，到了接收端则进行相反的变换。

光端机主要由光发送机、光接收机、信号处理系统及辅助电路组成。

在光发送部分，光电转换器件是光发送电路的核心器件，目前主要使用的有半导体激光器(LD)和发光二极管(LED)两种，负责把数字脉冲电信号转换为光信号(E/O 变换)。

在光接收部分，核心的光检测器件主要有光电二极管(PIN)和雪崩二极管(APD)，将接收到的光信号转换为数字脉冲信号，也就是将光信号重新转化为电信号(O/E 变换)。

信号处理系统则主要是把数字端机送来的 HDB3 码等数字脉冲信号转换为 NRZ 或 RZ 编码的普通二进制信号，使之适应光传输的信号转换的需要。

辅助电路主要包括报警、公务、监控及区间通信等。

光再生中继器的作用是将光纤长距离传输后，受到衰耗及色散畸变的光脉冲信号恢复成标准的数字光信号，进行再次传输，以达到延长传输距离的目的。

光传输设备传送的信号，主要是以"同步数字系列(SDH)"为技术载体的话音业务信号和以高速 IP/TCP 及以太网数据包为特征的宽带互联网通信数字信号。其中，SDH 光传输系统主要采用终端复用器(TM)、分插复用器(ADM)和数字交叉连接设备(DXC)等构建光传输网络，而高速互联网数据传输系统则常采用光纤收发器作为点到点的常用光传输设备。

4. 主要器件

传输系统中用到的主要器件如下：

(1) 光功率计。光功率计可用于衡量光信号的大小，常用 dBm 表示。

(2) 光端机。光端机主要由光发送机和光接收机组成，其功能是将要传送的电信号转换成光信号并输送到光纤中进行传播(光发送机)。在接收端再把光信号恢复再现成原来的电信号(光接收机)。由于通信是双向的，因此光端机同时完成电/光(E/O)和光/电(O/E)转换。

(3) 光源。光源主要把电信号转换为光信号，用于光发射机中，主要指标是能够发出的光功率的大小。

(4) 光接收器。光接收器把光信号转换为电信号，用在光接收机中，主要指标是接收灵敏度。

(5) 光耦合器。光耦合器又称为分歧器，能使传输中的光信号在特殊结构的耦合区中发生耦合，并将光信号进行再分配，即光耦合器是可将光信号从一条光纤中分至多条光纤中的元器件。

(6) 波分复用器 WDM。波分复用技术是在一根光纤中同时传输多个波长光信号的一项技术。其原理是在发射端将不同波长的光信号经光复用器复用在一起，再经光放大器送入光纤，并耦合在光缆线路的同一根光纤中进行传输，在接收端又经解复用器将组合波长的光信号分开，做进一步处理后恢复原信号并送入不同的终端。波分复用技术以较低的成本、较简单的结构形式成几倍、数十倍地扩大单根光纤的传输容量，是目前宽带光网络技术中的主导技术。

(7) 适配器(又称为法兰盘)适配器是实现两根光纤连接的器件，目前常采用的有 FC 型和 SC 型两种适配器，既可以连接也可以拆卸。

(8) 光衰减器。光衰减器是一种插入光路中可使光信号功率按设定要求衰减的无源光器件。光衰减器可用来调节光通信系统或测试系统所传输的光信号的功率，使系统达到良好的工作状态。也常用以检测光接收机的灵敏度和动态范围。常见的光衰减器有固定衰减器和可变衰减器两种。

固定衰减器外形与法兰盘一致，但其上刻有衰耗值，一般为 5 dB、10 dB、15 dB 等。可变光衰减器上有两个衰减旋钮，通过调节衰减旋钮来改变衰减值。

(9) 光纤连接器。光纤连接器也称为光纤活动接头，是光纤与光纤之间进行可拆卸(活动)连接的器件，它把光纤的两个端面精密对接起来，以使发射光纤输出的光能量能最大限度地耦合到接收光纤中，并使由于其介入光链路而对系统造成的影响减到最小，二者也是光纤连接器的基本要求。

(10) 光中继器。光中继器能将接收的光信号进行放大并继续传送，属于光有源器件。光纤通信系统中的光中继器主要有两种，一种是传统的光中继器(即光—电—光中继器)，另一种是全光中继器。其中，全光中继器也是光放大器，它省去了光—电转换过程，可以对光信号直接进行放大。因此全光中继器结构比较简单，有较高的效率，在 DWDM 系统中广泛应用。最常见的光放大器是掺铒光纤放大器(EDFA)。

(11) 数字配线架(Digital Distribution Frame，DDF)。数字配线架是数字复用设备之间、数字复用设备与程控交换设备或数据业务设备等其他专业设备之间的配线连接设备。一般情况下，一个 DDF 架上有若干个 DDF 数字配线模块。数字配线架又称为高频配线架，在数字通信中能使数字通信设备的数字码流连接成为一个整体，传输率 2～155Mb/s 信号的输入与输出都可接在 DDF 架上，这给配线、调线、转接、扩容都带来很大的灵活性和方便性。数字配线架目前多为 2 M 跳线。

(12) 光纤配线架(Optical Distribution Frame，ODF)。ODF 用于光纤通信系统中的局端通信设备与主干光缆线路之间的连接，可方便地实现光纤线路的连接、分配和调度。一般情况下，一个 ODF 架上有若干个 ODF 光配线模块。ODF 用作光信号的跳接，型号有 12 芯、24 芯、36 芯、72 芯，根据光跳线的接头类型分为 SC 型和 FC 型。

(13) 光纤。光纤是指传输光信号的光导纤维，分为多模光纤、单模光纤两大类，目前制作的光纤材料主要为 SiO_2。多模光纤的标准工作波长为 850 nm/1310 nm，单模光纤的标准工作波长为 1310 nm/1550 nm。

(14) 光缆。光缆由若干根光纤组成，加有护套及外护层和加强构件，具有较强的机械性能和防护性能。光缆的种类有室外光缆、室内光缆、软光缆、设备内光缆、海底光缆、特种光缆等。

(15) 尾纤。尾纤是指一端带有光纤连接器的单芯光缆。

(16) 跳线。跳线是指两端都装有连接器的单芯光缆。

1.2 城市轨道交通传输系统

城市轨道交通通信系统直接为轨道交通运营管理服务，是保证列车及乘客安全、快速、高效运行的一种不可缺少的信息化、自动化、智能化的综合通信系统，是指挥列车运行，联络和传递各种信息的重要手段。城市轨道交通通信系统为地铁运营所需的各种设备系统提供可靠的传输通道；为运营人员提供内、外部联络的有线和无线通信手段；为地铁行车调度员下达行车指令；为列车运营、设备维护保养、抢险、突发事件处置等提供无线通信工具；为地铁业务部门固定用户和移动用户交流提供语音和数据等通信服务；为控制中心的调度员、各车站值班员、列车司机等提供高清晰度的视频监控信息；为工作人员提供发布作业命令、提醒、通知等的广播服务；为旅客、工作人员以及各系统提供精准的时间信息。

城市轨道交通传输系统是城市轨道交通通信系统的子系统之一，通信系统结构图如图 1-14 所示。其中传输系统作为专用通信系统的基础网络，是地铁通信系统的重要子系统，它为其他通信子系统如信号电源网管、自动售检票系统、综合监控、乘客信息系统、车地无线通信等提供可靠的、冗余的、可重构的、灵活的信道，是保证地铁正常运行所需信息的传输媒介。

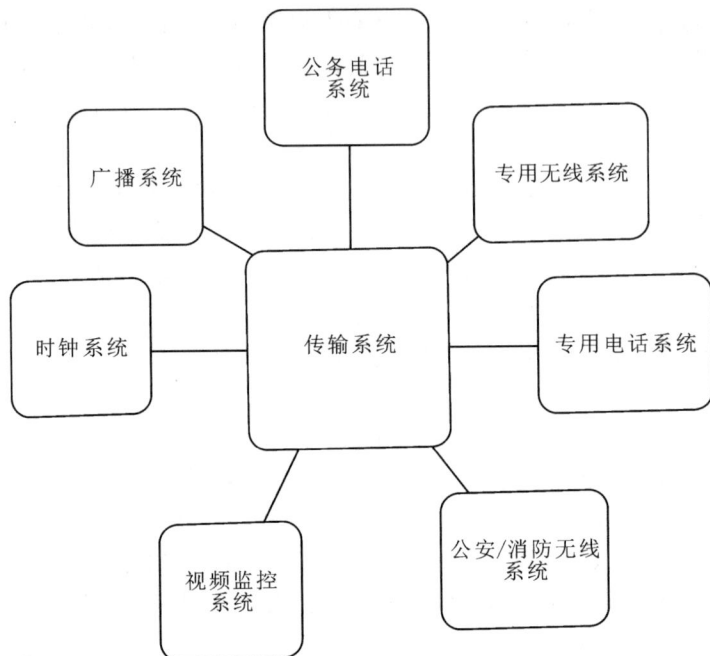

图 1-14　城市轨道交通通信系统结构图

1.2.1　城市轨道交通传输系统的构成

　　城市轨道交通通信传输系统由骨干通信网络、网络节点、用户接口和网络管理系统构成。
　　骨干通信网络通过传输介质，将各个网络节点即车站节点连接起来，构成城市轨道交通通信网络。随着通信技术的进步，传输介质经历了双绞线电缆、同轴电缆、光纤等几个发展阶段，我国近几年修建的城市轨道交通通信网络基本都采用光纤这种传输介质。光纤是一种利用光在玻璃或塑料材质制成的纤维中的全发射原理而达成的光传导工具，具有带宽大、损耗低、重量轻、抗干扰、失真率低、性能可靠及成本低的特点，十分符合城市轨道交通通信系统对传输数据、音频、视频等多种业务的要求。城市轨道交通通信系统的网络结构，一般采用环形网络结构，而城市轨道交通传输系统为它提供可靠灵活的传输通道。网络节点是用户访问网络、使用网络的途径，一般由各个设备厂家提供。用户接口是用户接入系统的硬件和软件。网络管理系统基于主流的操作系统，打造了友好的操作界面，可以对传输网络进行配置、扩容、管理和维护。

1.2.2　城市轨道交通传输系统的特点

　　城市轨道交通传输系统的功能特点有以下几个方面。

1. 系统保护

传输系统的传输路由由架设在传输线路两侧的光缆组成。传输线路中的光纤发生断路故障时可自动判断并切换到备用环路光纤工作, 主线路和备用线路自动切换时间不大于 50 ms, 主、备用线路之间切换不影响正在工作中的用户的正常使用实现了系统保护功能。

2. 自愈功能

传输线路中的传输设备发生故障和光缆断路时, 传输线路应自动脱离故障设备并组成新的线路继续工作, 同时发出故障报警信息。环路网络无单节点失效。

3. 扩容与组网

传输网络提供了较好的兼容性能, 可兼容并连接本网络以外的其他网络或系统。

4. 自诊断功能

系统具有自诊断功能, 可进行故障管理、性能监视、系统管理和配置管理。并能向集中告警终端提供告警信息。

5. 可靠性

系统对网内传输的各种信息具有保护功能, 提高了系统可靠性。

6. 多业务传送功能

支持以太网透传、以太网二层交换、以太环网、多方向汇聚、内嵌 MPLS-TP 等多业务传送功能。

1.2.3　城市轨道交通传输系统的组网案例

以南京至高淳城际轨道中的禄口机场至溧水段工程通信传输系统为例, 该线路传输系统采用 OTN 系列的 10 G 传输容量的 OTN-X3M 作为该项目通信传输系统设备。

OTN(Optical Transpoet Network, 光传输网)是一种独特的专用技术, 其可以将所有的数据输入到网络上的任一节点, 同时也可以从任一节点上剥离出输入的数据。OTN 的环型自愈结构, 将所有站点隔站相接, 组成一个双纤自愈环, 沿线使用 2 对光纤, 如图 1-15 所示。这两对光纤分配在不同的物理路由上。

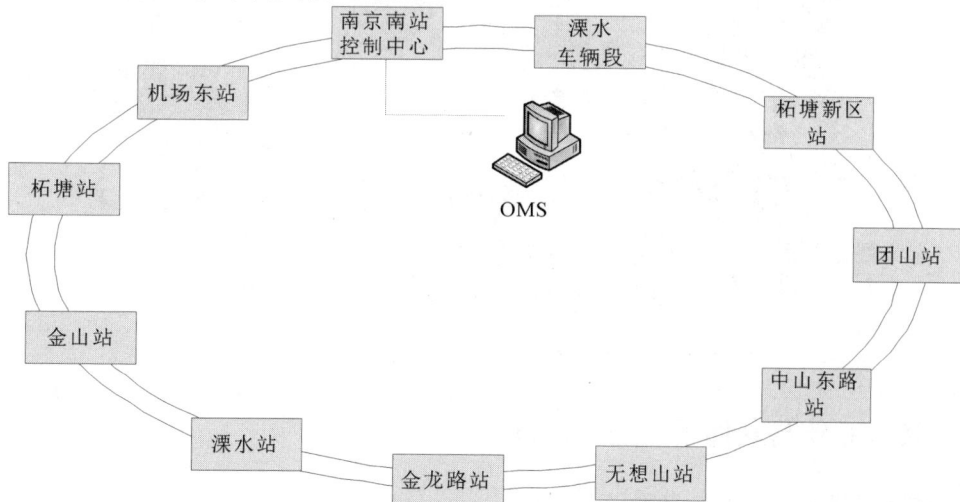

图 1-15　传输系统网络拓扑图

南京至高淳城际轨道中的禄口机场车站至溧水车辆段工程通信系统在南京南站控制中心

设 1 套 N42E 节点设备和 1 套 N7024CF 节点设备,在溧水车辆段车站各设 1 套 N415 节点设备和 1 套 N7024CF 节点设备。共使用 1 台 N42E 节点设备,10 台 N415 节点设备,11 台 N7024CF 节点设备组成自愈保护环。此光传输设备系统为南京至高淳城际轨道禄口机场至溧水段工程通信系统提供其各类业务应用系统所需的话音、数据、图像等各种信息的全透明传输通道。

通信系统中的光传输系统在南京南站控制中心、溧水车辆段和各个车站会根据接入传输业务的需求设置一个或多个主设备节点机,这些节点机均是分散控制、模块化结构,其内部配置的接口模块为各子系统提供传输通道。

OTN 是集传输与接入于一身的综合传输接入系统,不但具有光传输功能,还集成了各种接口,包括:

- 低速数据接口(点对点、点对多点、共线),RS232、RS422、RS485 总线接口;
- 共线宽带音频(宽带广播)接口;
- 多种压缩方式的视频接口;
- E1 接口;
- 10/100M/1000M 以太网接口(遵循 IEEE 802.3);
- 音频接口 VF2/4W,模拟电话、数字电话接口,ISDN 接口;
- 专用内存 SPM,磁悬浮专用接口。

根据该项目需求,在 OTN 系统上提供 E1 和以太网这两种类型的接口,若后期项目中需要其他类型的接口,只需增加相应的接口板卡就可以实现。其次,OTN 对业务采取一步复用,即一次把业务流复用到 OTN 的帧结构中。第三,OTN 具有一个统一的网络管理系统(OTN Management System,OMS)。OTN-X3M 网络图如图 1-16 所示,设在控制中心的 OTN-X3M 网管系统 OMS,可以管理整个 OTN 网络每一个站点的每一个节点机、每一个节点机的每一块卡板和每一块卡板的每一个端口。

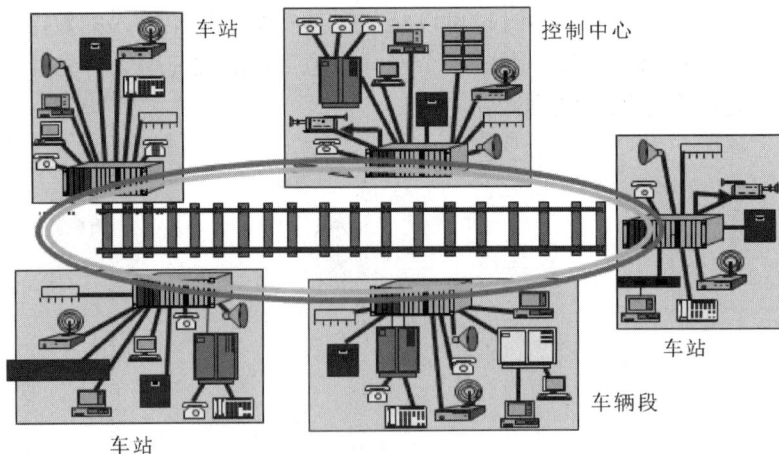

图 1-16　OTN-X3M 网络图

1.2.4　传输系统与其他子系统的接口

1. 传输系统与本专业内各系统的接口

(1) 传输系统与无线系统之间的 E1 接口。E1 接口分界示意图如图 1-17 所示。

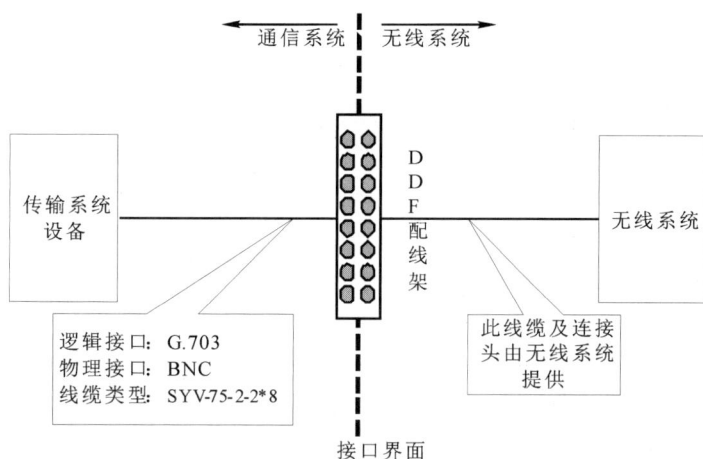

图 1-17 E1 接口分界示意图

接口规格描述如表 1-1 所示。表中 M 一般指 Mb/s，不再另述。

表 1-1 与无线系统之间的 E1 接口规格

接口用途	传输系统与无线系统 E1 接口			
逻辑接口	基于 G.703 协议			
物理接口	BNC 接口			
线缆类型	SYV-75-2-2*8			
分工界面	无线系统		传输系统	
	分工界面在 DDF 架			
	提出要求，负责接线、敷设电缆		提供满足无线系统要求的传输通道至接口单元，配合调试	
接口数量	控制中心	11 个	车站	每处 1 个
	车辆段	2 个	总计	22 个
接口业务	通信系统根据无线要求，提供控制中心至车辆段 2 个、车站至控制中心各 1 个 2 M 传输通道			

接口协议：基于 G.703 协议串行通信。

(2) 传输系统与无线系统之间的以太网接口。以太网接口分界示意图，如图 1-18 所示。

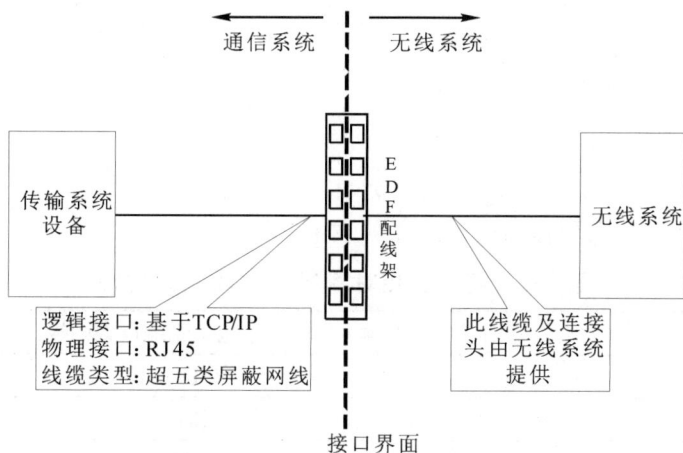

图 1-18 以太网接口分界示意图

接口规格描述如表 1-2 所示。

表 1-2 与无线系统之间的以太网接口规格

接口用途	传输系统与无线系统以太网接口			
逻辑接口	基于 TCP/IP 协议			
物理接口	RJ45 接口			
线缆类型	超五类屏蔽网线			
分工界面	无线系统		传输系统	
	分工界面在 EDF 架			
	提出要求，负责接线、敷设电缆		提供满足无线系统要求的传输通道至接口单元，配合调试	
接口数量	控制中心	2 个点对点 10 M 1 个共享型 10 M	车站	每处 1 个共享型 10 M
	车辆段	2 个点对点 10 M 1 个共享型 10 M	总计	15 个
接口业务	通信系统根据无线要求，提供控制中心至车辆段 2 个独立的点对点 10 M 带宽传输通道，及各车站、控制中心、车辆段 1 个共享型的 10 M 带宽传输通道			

接口协议：基于 TCP/IP 协议进行传输。

(3) 传输系统与公务电话系统之间的以太网接口。以太网接口分界示意图，如图 1-19 所示。

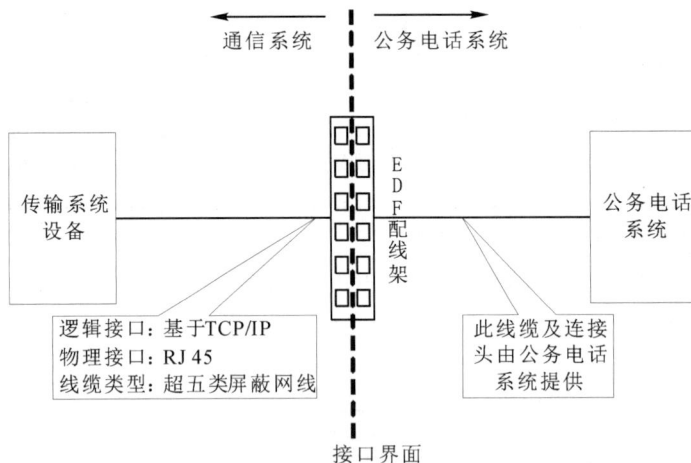

图 1-19 以太网接口分界示意图

与公务电话系统以太网接口规格描述如表 1-3 所示。

表 1-3 与公务电话系统以太网接口规格

接口用途	传输系统与公务电话系统以太网接口
逻辑接口	基于 TCP/IP 协议
物理接口	RJ45 接口
线缆类型	超五类屏蔽网线

续表

分工界面	公务电话系统		传输系统	
	分工界面在 EDF 架			
	提出要求，负责接线、敷设电缆		提供满足公务电话系统要求的传输通道至接口单元，配合调试	
接口数量	控制中心	1 个共享型 100 M 2 个点对点 10 M	车站	每处 1 个共享型 100 M
	车辆段	1 个共享型 100 M 2 个点对点 10 M	总计	15 个
接口业务	通信系统根据公务电话要求，提供车站、控制中心、车辆段 1 个共享的 100 M 传输以太网通道，用于传输公务电话中继、计费、网管；控制中心到车辆段 2 个点对点 10 M 带宽传输通道，用于公务电话接上层网汇聚交换机			

接口协议：基于 TCP/IP 协议进行传输。

(4) 传输系统与专用电话系统之间的 E1 接口。E1 接口分界示意图如图 1-20 所示。

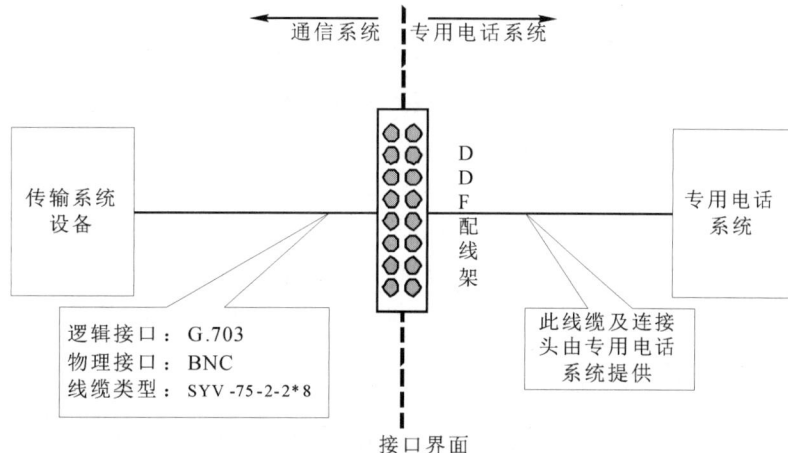

图 1-20　E1 接口分界示意图

与专用电话系统 E1 接口规格如表 1-4 所示。

表 1-4　与专用电话系统 E1 接口规格

接口用途	传输系统与专用电话系统 E1 接口			
逻辑接口	基于 G.703 协议			
物理接口	BNC 接口			
线缆类型	SYV-75-2-2*8			
分工界面	专用电话系统		传输系统	
	分工界面在 DDF 架			
	提出要求，负责接线、敷设电缆		提供满足专用电话系统要求的传输通道至接口单元，配合调试	
接口数量	控制中心	10 个	车站	每处 1 个
	车辆段	1 个	总计	20 个
接口业务	通信系统根据专用电话要求，提供各车站及车辆段至控制中心 1 对 2 M 传输通道。			

接口协议：基于 G.703 协议串行通信。

(5) 传输系统与专用电话系统之间的以太网接口。以太网接口分界示意图如图 1-21 所示。

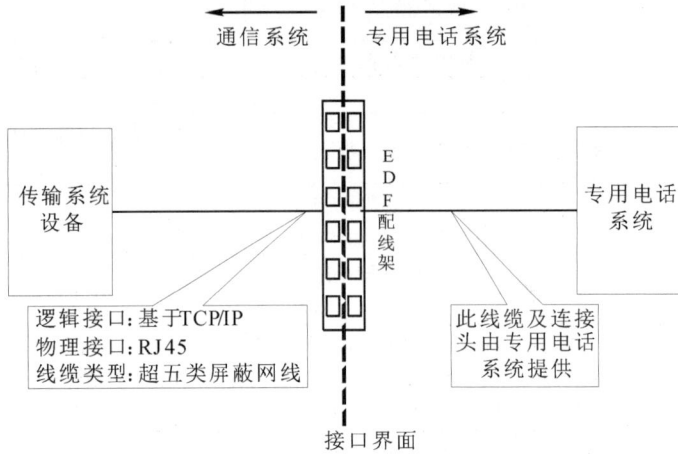

图 1-21　以太网接口分界示意图

以太网接口规格描述如表 1-5 所示。

表 1-5　与专用电话系统以太网接口规格

接口用途	传输系统与专用电话系统以太网接口			
逻辑接口	基于 TCP/IP 协议			
物理接口	RJ45 接口			
线缆类型	超五类屏蔽网线			
分工界面	专用电话系统		传输系统	
	分工界面在 EDF 架			
	提出要求，负责接线、敷设电缆		提供满足专用电话系统要求的传输通道至接口单元，配合调试	
接口数量	控制中心	1 个共享型 10 M	车站	1 个共享型 10 M
	车辆段	1 个共享型 10 M	总计	11 个
接口业务	通信系统根据专用电话要求，提供车站、控制中心、车辆段 1 个共享型的 10 M 传输以太网通道			

接口协议：基于 TCP/IP 协议进行传输。

(6) 传输系统与录音系统之间的以太网接口。以太网接口分界示意图如图 1-22 所示。

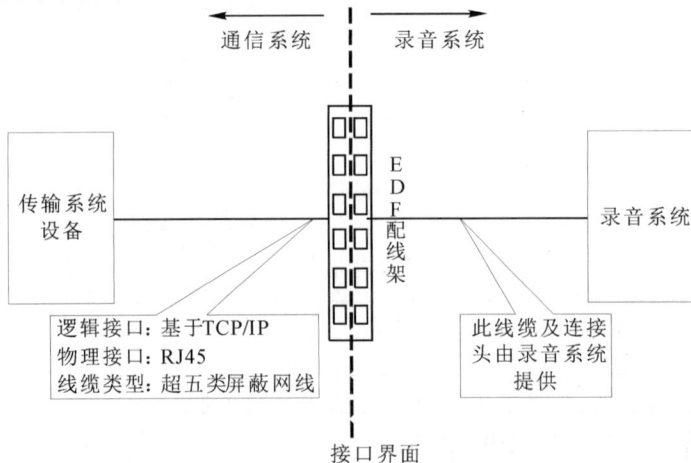

图 1-22　以太网接口分界示意图

以太网接口规格描述如表 1-6 所示。

表 1-6 与录音系统之间以太网接口规格

接口用途	传输系统与录音系统以太网接口		
逻辑接口	基于 TCP/IP 协议		
物理接口	RJ45 接口		
线缆类型	超五类屏蔽网线		
分工界面	录音系统		传输系统
	分工界面在 EDF 架		
	提出要求，负责接线、敷设电缆		提供满足录音系统要求的传输通道至接口单元，配合调试
接口数量	控制中心	1 个共享型 20 M	车站	1 个共享型 20 M
	车辆段	1 个共享型 20 M	总计	11 个
接口业务	通信系统根据录音系统要求，提供车站、控制中心、车辆段 1 个共享型的 20 M 传输以太网通道		

接口协议：基于 TCP/IP 协议进行传输。

(7) 传输系统与广播系统之间的以太网接口。以太网接口分界示意图如图 1-23 所示。

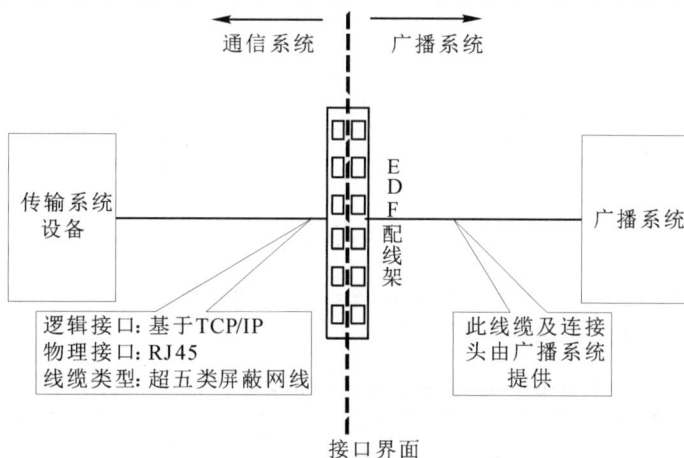

图 1-23 以太网接口分界示意图

以太网接口规格描述如表 1-7 所示。

表 1-7 与广播系统之间的以太网接口规格

接口用途	传输系统与广播系统以太网接口	
逻辑接口	基于 TCP/IP 协议	
物理接口	RJ45 接口	
线缆类型	超五类屏蔽网线	
分工界面	广播系统	传输系统
	分工界面在 EDF 架	
	提出要求，负责接线、敷设电缆	提供满足广播系统要求的传输通道至接口单元，配合调试

续表

接口数量	控制中心	1 个共享型 50 M 1 个共享型 20 M	车站	1 个共享型 50 M 1 个共享型 20 M
	车辆段	1 个共享型 50 M 1 个共享型 20 M	总计	22 个
接口业务	通信系统根据广播要求，提供车站、控制中心、车辆段 1 个共享的 50 M 传输以太网通道用于广播语音，提供车站、控制中心、车辆段 1 个共享型的 20 M 传输以太网通道，用于广播网管			

接口协议：基于 TCP/IP 协议进行传输。

(8) 传输系统与时钟系统之间的以太网接口。以太网接口分界示意图如图 1-24 所示。

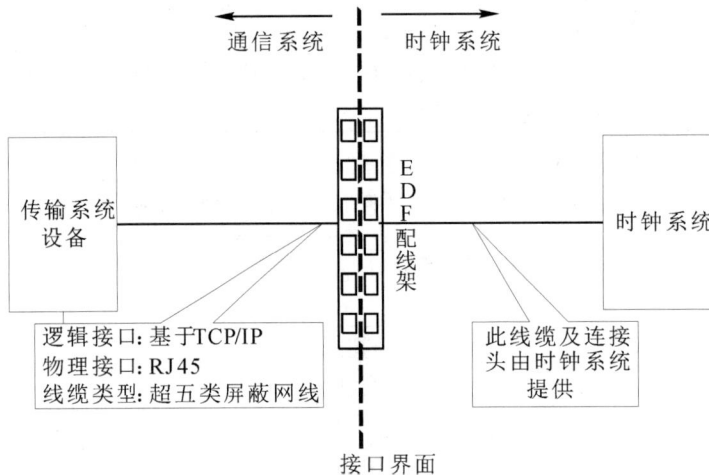

图 1-24　以太网接口分界示意图

以太网接口规格描述如表 1-8 所示。

表 1-8　与时钟系统之间的以太网接口规格

接口用途	传输系统与时钟系统以太网接口			
逻辑接口	基于 TCP/IP 协议			
物理接口	RJ45 接口			
线缆类型	超五类屏蔽网线			
分工界面	时钟系统		传输系统	
	分工界面在 EDF 架			
	提出要求，负责接线、敷设电缆		提供满足时钟系统要求的传输通道至接口单元，配合调试	
接口数量	控制中心	2 个共享型 10 M	车站	2 个共享型 10 M
	车辆段	2 个共享型 10 M	总计	22 个
接口业务	通信系统根据时钟要求，提供车站、控制中心、车辆段 2 个共享型的 10 M 传输以太网通道			

接口协议：基于 TCP/IP 协议进行传输。

(9) 传输系统与视频监控系统之间的 GE 接口。GE 接口分界示意图如图 1-25 所示。

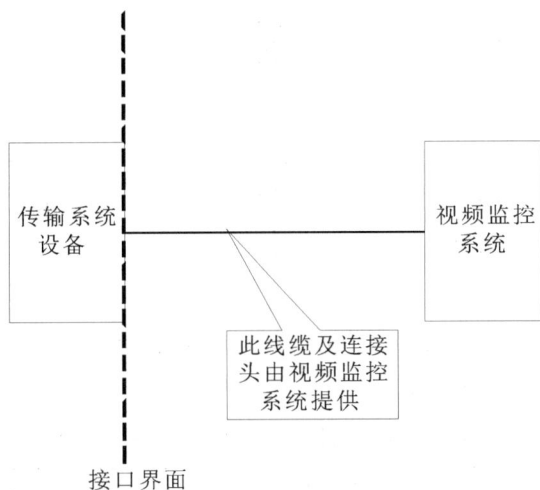

图 1-25　GE 接口分界示意图

GE 接口规格描述如表 1-9 所示。

表 1-9　与视频监控系统之间的 GE 接口规格

接口用途	与视频监控系统以太网接口			
逻辑接口	基于 TCP/IP 协议			
物理接口	LC/PC			
线缆类型	单模光纤			
分工界面	视频监控系统		传输系统	
	分工界面在传输设备侧			
	提出要求，负责接线、敷设电缆		提供满足视频监控系统要求的传输通道至接口单元，配合调试	
接口数量	控制中心	1 个共享型 600 M 1 个共享型 1000 M	车站	1 个共享型 600 M 1 个共享型 1000 M
	车辆段	1 个共享型 600 M 1 个共享型 1000 M	总计	22 个
接口业务	专用通信系统提供连接控制中心、车站、车辆段的 2 个共享型以太网通道，带宽分别为 1000 M(专用系统)和 600 M(公安系统)，用于传输视频监控系统的信息			

接口协议：基于 TCP/IP 协议进行传输。

(10) 传输系统与视频系统的视频存储之间的以太网接口。以太网接口分界示意图如图 1-26 所示。

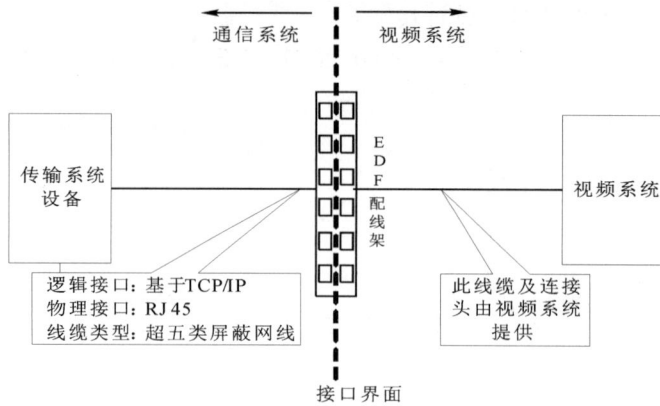

图 1-26　以太网接口分界示意图

以太网接口规格描述如表 1-10 所示。

表 1-10　与视频系统的视频存储之间的以太网接口规格

接口用途	传输系统与视频系统的视频存储以太网接口			
逻辑接口	基于 TCP/IP 协议			
物理接口	RJ45			
线缆类型	超 5 类屏蔽网线			
分工界面	视频系统		传输系统	
	分工界面在 EDF 架			
	提出要求，负责接线、敷设电缆		提供满足视频监控系统要求的传输通道至接口单元，配合调试	
接口数量	控制中心	0 个	车站	柘塘站 1 个点对点 100 M，其他站无该端口
	车辆段	1 个点对点 100 M	总计	2 个
接口业务	通信系统根据视频监控要求，提供车辆段至柘塘站 1 个点对点 100 M(视频存储)传输以太网通道			

接口协议：基于 TCP/IP 协议进行传输。

(11) 传输系统与电源系统之间的以太网接口。以太网接口分界示意图如图 1-27 所示。

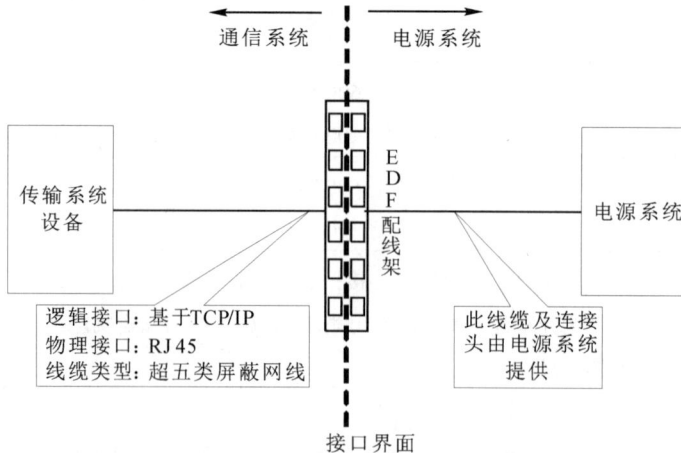

图 1-27　以太网接口分界示意图

以太网接口规格描述如表 1-11 所示。

表 1-11　与电源系统之间的以太网接口规格

接口用途	传输系统与电源系统以太网接口		
逻辑接口	基于 TCP/IP 协议		
物理接口	RJ45 接口		
线缆类型	超五类屏蔽网线		
分工界面	电源及接地系统		传输系统
	分工界面在 EDF 架		
	提出要求，负责接线、敷设电缆		提供满足电源系统要求的传输通道至接口单元，配合调试
接口数量	控制中心	2 个共享型 10 M	车站　2 个共享型 10 M
	车辆段	2 个共享型 10 M	总计　22 个
接口业务	通信系统根据电源要求，提供车站、控制中心、车辆段 2 个共享型的 10 M 传输以太网通道，分别用于电池和电源监控		

接口协议：基于 TCP/IP 协议进行传输。

(12) 传输系统与光缆工程界面。传输系统设备与光缆通过光配线架 ODF 连接。光缆按照传输系统的拓扑图在各车站、控制中心、车辆段熔接完毕后，引至机房内的光配线架 (ODF)，传输系统也将连接设备的尾纤连接至 ODF，通过光跳线的跳接完成传输系统与光缆的连接。传输系统与光缆的工程界面图如图 1-28 所示。

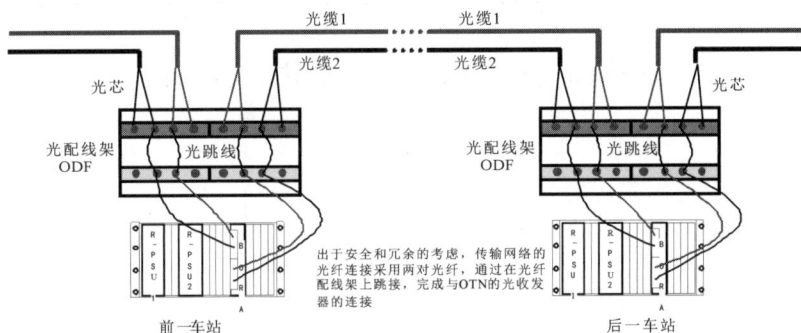

图 1-28　传输与光缆工程界面图

2. 传输系统与专业外或其他线路的接口

(1) 传输系统与信号系统之间的以太网接口。以太网接口分界示意图如图 1-29 所示。

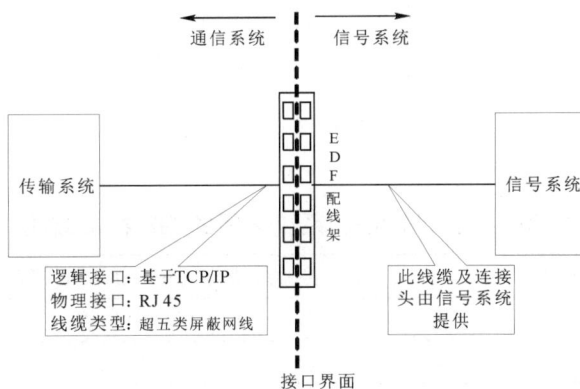

图 1-29　以太网接口分界示意图

以太网接口规格描述如表 1-12 所示。

表 1-12　与信号系统之间的以太网接口规格

接口用途	传输系统与信号系统以太网接口			
逻辑接口	基于 TCP/IP 协议			
物理接口	RJ45 接口			
线缆类型	超五类屏蔽网线			
分工界面	信号系统		传输系统	
	分工界面在 EDF 架			
	提出要求，负责接线、敷设电缆		提供满足信号系统要求的传输通道至接口单元，配合调试	
接口数量	控制中心	3 个共享型 50 M	车站	3 个共享型 50 M
	车辆段	3 个共享型 50 M	总计	33 个
接口业务	通信系统根据信号要求，提供车站、控制中心、车辆段各 1 个 50 M 的共享型以太网通道，用于信号电源监测；提供控制中心(2 个端口)、车站(1 个端口)、车辆段(1 个端口)各 1 个 50 M 的共享型以太网通道，用于信号 PIIS；提供车站(1 个端口)、车辆段(1 个端口)各 1 个 50 M 的共享型以太网通道，用于道岔缺口监测。			

接口协议：基于 TCP/IP 协议进行传输。

(2) 传输系统与自助售检票(AFC)系统之间的 GE 接口。GE 接口分界示意图如图 1-30 所示。

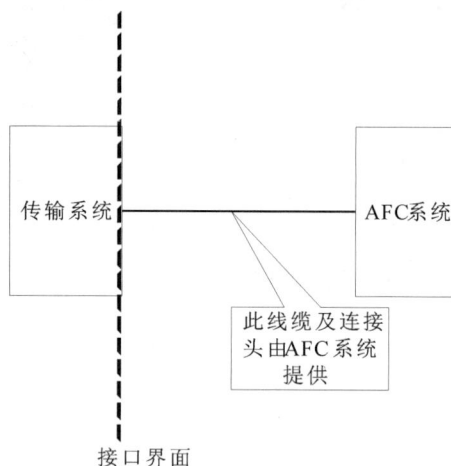

图 1-30　GE 接口分界示意图

接口规格描述如表 1-13 所示。

如表 1-13　与 AFC 系统之间的 GE 接口规格

接口用途	传输系统与 AFC 系统 GE 接口
逻辑接口	基于 TCP/IP 协议
物理接口	LC/PC
线缆类型	单模光纤

续表

	AFC 系统		传输系统	
分工界面	分工界面在传输设备侧			
	提出要求，负责接线、敷设电缆		提供满足 AFC 系统要求的传输通道至接口单元，配合调试	
接口数量	控制中心	2 个共享型 200 M	车站	2 个共享型 200 M
	车辆段	2 个共享型 200 M	总计	22 个
接口业务	专用通信系统提供连接控制中心、车站、车辆段的 2 个 200 M 的共享型以太网通道，用于传送 AFC 系统的信息。			

接口协议：基于 TCP/IP 协议进行传输。

(3) 传输系统与 AFC 系统的以太网接口。以太网接口分界示意图，如图 1-31 所示。

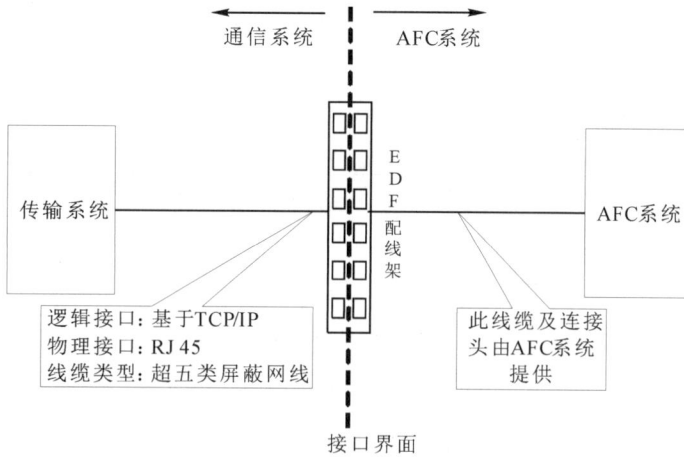

图 1-31　以太网接口分界示意图

以太网接口规格描述如表 1-14 所示。

表 1-14　与 AFC 系统之间的以太网接口规格

接口用途	传输系统与 AFC 系统以太网接口			
逻辑接口	基于 TCP/IP 协议			
物理接口	RJ45 接口			
线缆类型	超五类屏蔽网线			
分工界面	AFC 系统		传输系统	
	分工界面在 EDF 架			
	提出要求，负责接线、敷设电缆		提供满足 AFC 系统要求的传输通道至接口单元，配合调试	
接口数量	控制中心	1 个	车站	2 个(单通道双接口)
	车辆段	0 个	总计	19 个
接口业务	通信系统根据 AFC 要求，提供控制中心(1 个端口)、各车站(2 个端口)1 个共享型 100M 以太网传输通道，用于传输 AFC 一卡通信息			

接口协议：基于 TCP/IP 协议进行传输。

(4) 传输系统与综合监控系统之间的 GE 接口。GE 接口分界示意图如图 1-32 所示。

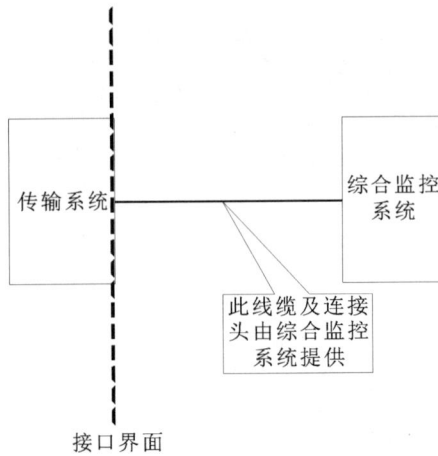

图 1-32　GE 接口分界示意图

GE 接口规格描述如表 1-15 所示。

表 1-15　与综合监控系统之间的 GE 接口规格

接口用途	传输系统与综合监控系统 GE 接口		
逻辑接口	基于 TCP/IP 协议		
物理接口	LC/PC		
线缆类型	单模光纤		
分工界面	综合监控		传输系统
	分工界面在传输设备侧		
	提出要求，负责接线、敷设电缆		提供满足综合监控系统要求的传输通道至接口单元，配合调试
接口数量	控制中心	2 个共享型 500 M	车站	2 个共享型 500 M
	车辆段	2 个共享型 500 M	总计	22 个
接口业务	专用通信系统提供连接控制中心、车站、车辆段的 2 个 500 M 共享型以太网通道，用于传送综合监控系统的信息		

接口协议：基于 TCP/IP 协议进行传输。

(5) 传输系统与综合监控系统之间的以太网接口。以太网接口分界示意图如图 1-33 所示。

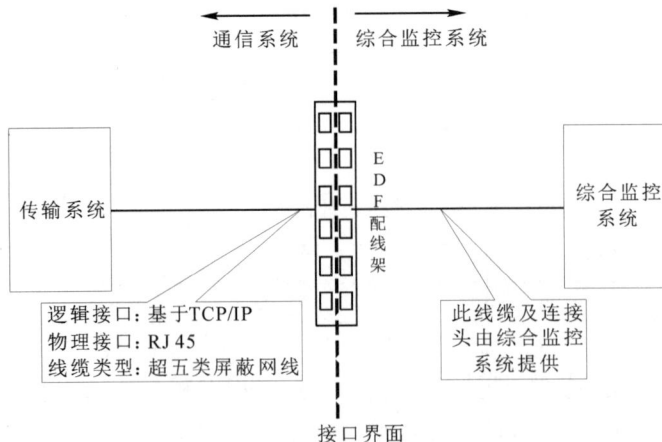

图 1-33　以太网接口分界示意图

以太网接口规格描述如表 1-16 所示。

表 1-16　与综合监控系统之间的接口规格

接口用途	传输系统与综合监控系统以太网接口		
逻辑接口	基于 TCP/IP 协议		
物理接口	RJ45 接口		
线缆类型	超五类屏蔽网线		
分工界面	综合监控系统		传输系统
	分工界面在 EDF 架		
	提出要求，负责接线、敷设电缆		提供满足综合监控系统要求的传输通道至接口单元，配合调试
接口数量	控制中心	2 个点对点 100 M 通道	车站	0 个
	车辆段	2 个点对点 100 M 通道	总计	4 个
接口业务	通信系统根据综合监控要求，提供控制中心、车辆段 2 个点对点 100 M 以太网传输通道，用于传送综合监控系统的信息		

接口协议：基于 TCP/IP 协议进行传输。

(6) 传输系统与数据采集与监控(SCADA)系统之间的以太网接口。以太网接口分界示意图如图 1-34 所示。

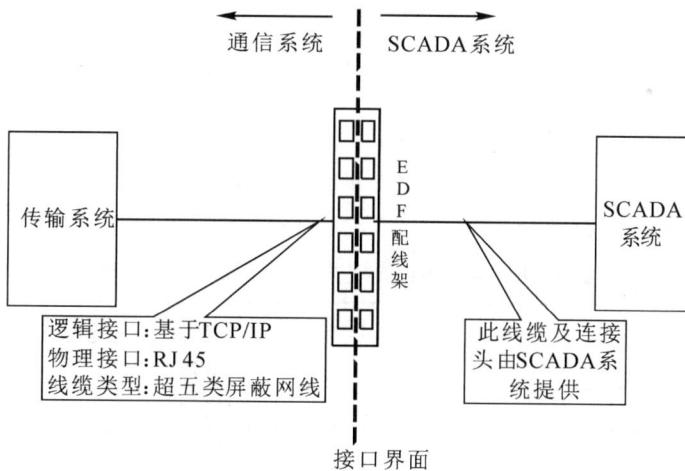

图 1-34　以太网接口分界示意图

以太网接口规格描述如表 1-17 所示。

表 1-17　与 SCADA 系统之间的以太网接口规格

接口用途	传输系统与 SCADA 系统以太网接口
逻辑接口	基于 TCP/IP 协议
物理接口	RJ45 接口
线缆类型	超五类屏蔽网线

分工界面	SCADA 系统		传输系统	
	分工界面在 EDF 架			
	提出要求，负责接线、敷设电缆		提供满足 SCADA 系统要求的传输通道至接口单元，配合调试	
接口数量	控制中心	1 个共享型 20 M	车站	1 个共享型 20 M
	车辆段	1 个共享型 20 M	总计	11 个
接口业务	通信系统根据 SCADA 要求，提供控制中心、车辆段、车站 1 个共享型 20 M 以太网传输通道，用于传输能源管理信息			

接口协议：基于 TCP/IP 协议进行传输。

(7) 传输系统与办公自动化(OA)系统之间的 GE 接口。GE 接口分界示意图如图 1-35 所示。

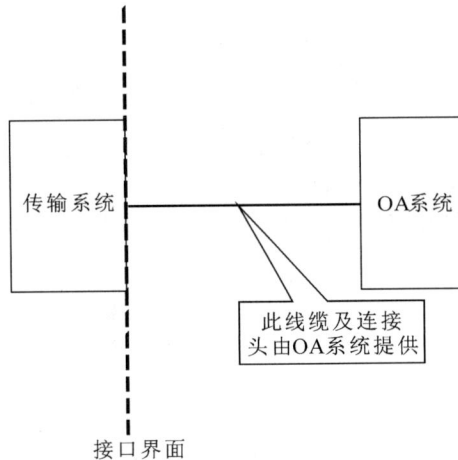

图 1-35 GE 接口分界示意图

GE 接口规格描述如表 1-18 所示。

表 1-18 与 OA 系统之间的 GE 接口规格

接口用途	传输系统与 OA 系统 GE 接口			
逻辑接口	基于 TCP/IP 协议			
物理接口	LC/PC			
线缆类型	单模光纤			
分工界面	OA 系统		传输系统	
	分工界面在传输设备侧			
	提出要求，负责接线、敷设电缆		提供满足综合监控系统要求的传输通道至接口单元，配合调试	
接口数量	控制中心	1 个共享型 500 M	车站	1 个共享型 500 M
	车辆段	0 个	总计	20 个
接口业务	专用通信系统提供 1 个连接控制中心(2 个端口)、车站(2 个端口)的 500 M 共享型以太网通道，用于传送 OA 系统的信息			

接口协议：基于 TCP/IP 协议进行传输。

小　　结

通信的目的是进行信息的时空传输。通信系统的作用是将信息从信源发送到一个或多个目的地。若要在多点进行通信，就需要建立多点对多点的复杂传输网络作为传输通道。传输网络由各种传输线路和传输设备组成，其中传输线路完成信号的传递，传输设备完成信号的处理。城市轨道交通通信系统不是单一的系统，而是多个独立而又相互关联的子系统的组合，其中传输系统是其重要的子系统，为城市轨道交通各系统提供丰富的接口。

复习思考题

1. 什么是有线传输，什么是无线传输？
2. 现阶段我国的 SDH 传输网分为哪几个层面？
3. 什么是城市轨道交通通信系统？
4. 在城市轨道交通通信系统中，传输系统的作用是什么？
5. 城市轨道交通传输系统有哪些特点？

第2章　电缆和光缆

学习目标

▲ 知识目标

掌握通信电缆的类型和结构，掌握全色谱全塑通信电缆的色谱和线序，了解同轴电缆的结构和类型及用途，了解漏泄电缆的结构和类型及工作原理；掌握通信光缆的结构和类别，了解光纤的主要特性，掌握光缆的端别和纤序，掌握光缆接续的步骤和方法。

▲ 技能目标

能够判定通信电缆的色谱和线序，能够判定通信电缆的端别；掌握判定光缆的端别及纤序方法，掌握光纤熔接步骤，掌握光缆续接要求及步骤。

城市轨道交通通信系统实现了各系统间的协同合作，为了保障通信系统的安全运营，需要建立公务电话网、有线/无线调度网、广播(Public Announcement，PA)系统网、视频监控网、时钟网、乘客信息系统(Passenger Information System，PIS)网、计算机网和各种监控系统的数据网等业务网络。有线传输系统为城市轨道交通各系统提供了一个大容量、高性能的光纤传输网络，实现了各业务系统的联动。

2.1　通信电缆概述

电缆是指经工厂生产拧成束的特殊导线，它由多股彼此绝缘的导线按照一定的结构方式组成。电缆自内向外被多种金属或非金属材料包裹，构成特定的防护层；电缆除了要保证其结构和导电特性不变外，还要具备一定的机械强度、密闭性、可弯曲、可卷绕等特性，以满足制造和敷设的实际需要。

电缆主要用于强电设备和弱电设备，其中用于弱电设备传输通信信号的电缆称为通信电缆。虽然目前轨道交通有线通信的主流传输介质是光纤光缆，但通信电缆也还在使用，尤其是在靠近用户终端的最后 500～1000 m。

全色谱全塑电缆是典型的用户线路电缆，是目前本地网中广泛使用的电缆。城市轨道交通和高速铁路区段一般亦采用全色谱全塑电缆，应用于车站站场区域，本章主要以全色谱全塑电缆为例介绍通信电缆的类型及结构。

2.1.1　通信电缆的概念和类型

1. 全色谱全塑电缆的概念

"全色谱"是因为电缆芯线绝缘层是由规定的 10 种颜色"白、红、黑、黄、紫、蓝、橘(橙)、绿、棕、灰"组成的，所以称为全色谱电缆。全色谱电缆中的任何一对芯线都可以通过各级单位的扎带颜色以及线对的颜色来识别，即给出线对序号就可以找出线对，给出线对就可以说出线对序号。

"全塑"是指电缆的芯线绝缘层、缆芯包带层和护套均是采用塑料制成。全色谱全塑电缆属于对称电缆。

2. 全色谱全塑电缆的类型

全塑电缆分为普通型和特殊型两大类，而特殊型又包括填充型、自承式和室内电缆等类型。

1) 普通型全塑电缆

普通型全塑电缆是使用最多的一种电缆类型，广泛用于架空、管道、墙壁及暗管等施工形式，分为 HYA、HYFA、HYPA 三大类。图 2-1 所示的电缆就是最常用的普通型 HYA 型电缆。

图 2-1　普通型 HYA 型全塑电缆

2) 填充型全塑电缆

目前本地网中经常使用的是由石油膏填充的填充型全塑电缆，主要用于无须进行充气维护或对防水性能要求较高的场合。其型号有 HYAT、HYFAT、HYPAT、HYAGT、HYAT 铠装、HYFAT 铠装、HYPAT 铠装等。图 2-2 是一条填充型全塑电缆。

图 2-2　填充型全塑电缆

3) 自承式全塑电缆

自承式全塑电缆是一种用于架空场合的全塑电缆，它不要吊线即可直接架挂在电杆上（"自承式"因此而得名），多用于墙壁敷设。其型号有 HYAC、HYPAC，结构如图 2-3 所示。

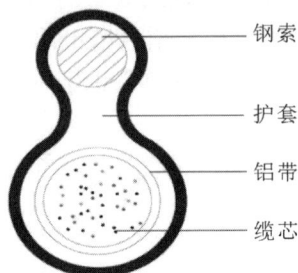

图 2-3　自承式全塑电缆结构

2.1.2　通信电缆的结构

全色谱全塑对称电缆的线芯在结构上主要由缆芯、内保护层和外保护层组成。

1. 缆芯结构

全色谱全塑对称电缆的线芯主要由芯线材料、芯线绝缘、芯线扎带及包带层等组成。

1) 芯线材料

芯线由金属导线和绝缘层组成。金属导线是用来传输电信号的。芯线由纯电解铜制成，一般为软铜线。通常的线径有 0.32 mm、0.4 mm、0.5 mm、0.6 mm 和 0.8 mm 等 5 种。

目前，小同轴综合电缆对称组线径的标称线径采用 0.9 mm，信号线对采用 0.6 mm 铜线线径。

2) 芯线绝缘

绝缘材料为高密度聚乙烯、聚丙烯或乙烯—丙烯共聚物等高分子聚合物塑料，一般称为聚烯经塑料。全塑电缆的芯线绝缘形式分为实心绝缘、泡沫绝缘、泡沫/实心皮绝缘，如图 2-4 所示。

电缆的绝缘方式过去采用的是纸绳绝缘，目前大部分采用泡沫聚乙烯绝缘。

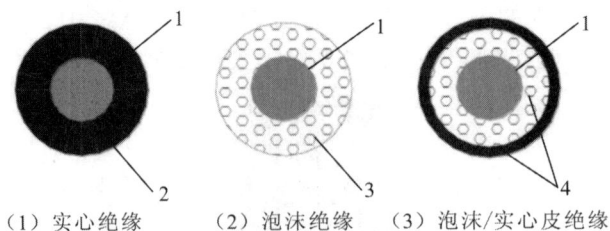

（1）实心绝缘　　（2）泡沫绝缘　　（3）泡沫/实心皮绝缘

1—金属导线；2—实心聚烯烃绝缘；

3—泡沫聚烯烃绝缘；4—泡沫/实心皮聚烯烃绝缘层。

图 2-4　全塑电缆的芯线绝缘形式

3) 芯线扭绞与线对色谱

扭绞是将一对线的两根导线或一个四线组的四根导线均匀地绕着同一轴线旋转。绝缘后的芯线大都采用对绞形式进行扭绞,即由 A、B 两线构成一个线组。芯线扭绞的主要作用是减少线对之间的电磁耦合,提高线对之间的抗干扰能力,便于电缆弯曲和增加电缆结构的稳定性,线对(或四线组)应当进行扭绞。

电缆芯线沿轴线旋转一周的纵向长度称为扭绞节距。芯线扭绞的节距越小,抗干扰的能力就越强。全色谱全塑电缆中线对的扭绞节距一般均在 14 mm 以上(五类线的扭绞节距为 3.8~14 mm)。扭绞节距如图 2-5 所示。

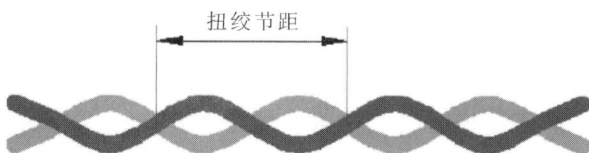

图 2-5 全色谱全塑电缆芯线线对的扭绞节距

2. 电缆内护套

电缆内护套可采用铝、铅材料。但由于铝的比重比铅小,可大大减轻电缆的重量,而且铝的导电率比铅大 7~8 倍,对外界电磁场干扰的防护性能好,特别是铝具有较好的密封性能,因此一般用铝来制造电缆内护套。为降低铝护套的腐蚀程度,一般在其外面增加半密封塑料护层作为防腐层,这种做法同时也增强了电缆的防震性能。

3. 电缆外护层

电缆外护层可分为一级外护层和二级外护层。一级外护层仅能保护金属护套,通常以编号 11、12、13 等表示。编号 22、23 等代表二级外护层,它可以保护里面的金属护套和外面的铠装层免受酸、碱、盐等的腐蚀。

电缆铠装一级外护层的结构如表 2-1 所示。电缆铠装二级外护层的结构如表 2-2 所示。

表 2-1 电缆铠装一级外护层的结构

层次	采用铝护套时	层次	采用铝护套时
1	铝护套	7	浸渍皱纹纸带不少于 2 层
2	沥青复合物	8	钢带或钢丝
3	聚氯乙烯第二层带厚不小于 0.2 mm	9	沥青复合物
4	浸渍皱纹纸带不少于 2 层	10	浸渍黄麻或玻璃纱毛
5	沥青复合物	11	沥青复合物
6	聚氯乙烯第二层带厚不小于 0.2 mm	12	防止黏合的涂料

表 2-2 电缆铠装二级外护层的结构

层次	采用铝护套时	采用铝护套时
1	钢带或细钢的铠装	粗钢层聚氯乙烯护套钢丝铠装
2	沥青复合物	浸渍皱纹纸不少于 2 层
3	纸带或其他材料缠绕 1~2 层	浸渍皱纹纸
4	聚氯乙烯塑料护套	浸渍皱纹纸不少于 2 层
5		沥青复合物
6		防止黏合的涂料

2.1.3　全色谱全塑对称电缆色谱

电缆的缆芯色谱可分为普通色谱和全色谱两大类。

普通色谱对绞同心式通信电缆缆芯线对的颜色有蓝/白对、红/白对(分子为 a 线色谱，分母为 b 线色谱)两种，每层中有一对特殊颜色的芯线作为该层计算线号的起始标记，这一对线称为标记(或标志)线对(作为本层最小线号)，其他线对称为普通线对。例如，普通线对为红/白对，则标记线对为蓝/白对；反之，如果普通线对为蓝/白对，则标记线对为红/白对。100 对及以上的市内通信电缆设置备用线对，备用线对数为电缆对数的 1%，色谱与普通线对相同。目前，普通色谱对绞同心式通信电缆已经很少采用。

全色谱是指电缆中的任何一对芯线都可以通过各级单位的扎带颜色及线对的颜色来识别，即线对与线号是一一对应的。

线组内绝缘芯线的颜色为全色谱，由十种颜色两两组合成 25 个组合。其中 A 线颜色包括：白，红，黑，黄，紫；B 线颜色包括：蓝，橘(橙)，绿，棕，灰。其组合形式如表2-3 所示。在一个基本单位 U(25 对为一个基本单位)中，线对序号与色谱存在一一对应的关系，如第 16 对芯线颜色为黄/蓝，第 20 对芯线为黄/灰等。这就是工程技术人员常讲的"芯线绝缘层全色谱"，它一共有 25 种，给施工时的编线及使用带来了很大方便。

表 2-3　全色谱线对编号与色谱

线对序号	颜色		线对序号	颜色		线对序号	颜色		线对序号	颜色		线对序号	颜色	
	A	B		A	B		A	B		A	B		A	B
1	白	蓝	6	红	蓝	11	黑	蓝	16	黄	蓝	21	紫	蓝
2		橘	7		橘	12		橘	17		橘	22		橘
3		绿	8		绿	13		绿	18		绿	23		绿
4		棕	9		棕	14		棕	19		棕	24		棕
5		灰	10		灰	15		灰	20		灰	25		灰

目前，全色谱全塑电缆的缆芯主要采用单位式。它主要由基本单位和超单位绞合而成，各种单位与单位之间用扎带分隔，类似于我们自然社会里各单位之间用围墙分开。单位式缆芯有如下 3 种最常见单位。

1. 基本单位 U

每个单位 U 含 25 对线，其色谱为白/蓝—紫/灰的 25 种全色谱组合，为了形成圆形结构，充分利用缆内有限的空间，也可将一个 U 单位分成有 12 对、13 对或更少线对的子单位。为了区别不同的 U 单位或子单位，每一单位外部都捆有扎带，U 单位的扎带全色谱是白/蓝—紫/棕的 24 种组合，如表 2-4 所示。所以 U 单位的扎带颜色循环周期为 25×24=600对，即从 601 对开始，U 单位的扎带又变成白/蓝，其排列结构如图 2-6(a)所示。

表 2-4　U 单位序号及扎带颜色

线对序号	U 单位序号	U 单位扎带颜色
1～25	1	白/蓝
26～50	2	白/橘
⋮	⋮	⋮
551～575	23	紫/绿
576～600	24	紫/棕

2. 超单位 S

1 个 S 等于 U+U=25+25=50 对，其排列结构如图 2-6(b)所示。1～25 对为第一个 U 单位，26～50 为第二个 U 单位。为了形成圆形结构的缆芯，同一 U 单位内的芯线又被分成两束线，如 1～12、13~25，但这两束线的扎带颜色仍然一致。

S 单位的扎带颜色为单色，具体如下：

1～600	对	为白色；
601～1200	对	为红色；
1201～1800	对	为黑色；
1801～2400	对	为黄色；
2401～3000	对	为紫色。

S 单位扎带颜色的循环周期为 3000 对，其线对序号、组合单位及扎带颜色见表 2-5。

表 2-5　S 单位的线对序号、组合单位及扎带颜色

U 单位序号	U 单位扎带颜色	S 单位序号及扎带颜色				
		白	红	黑	黄	紫
1	白/蓝	S1	S13	S25	S37	S49
2	白/橘	1～50	601～650	1201～1250	1801～1850	2401～2450
3	白/绿	S2	S14	S26	S38	S50
4	白/棕	51～100	651～700	1251～1300	1851～1900	2451～2500
5	白/灰	S3	S15	S27	S39	S51
6	红/蓝	101～150	701～750	1301～1350	1901～1950	2501～2550
7	红/桔	S4	S16	S28	S40	S52
8	红/绿	151～200	751～800	1351～1400	1951～2000	2551～2600
9	红/棕	S5	S17	S29	S41	S53
10	红/灰	201～250	801～850	1401～1450	2001～2050	2601～2650
11	黑/蓝	S6	S18	S30	S42	S54
12	黑/橘	251～300	851～900	1451～1500	2051～2100	2651～2700
⋮	⋮	⋮	⋮	⋮	⋮	⋮
19	黄/棕	S10	S22	S34	S46	S58
20	黄/灰	451～500	1051～1100	1651～1700	2251～2300	2851～2900
21	紫/蓝	S11	S23	S35	S47	S59
22	紫/橘	501～550	1101～1150	1701～1750	2301～2350	2901～2950
23	紫/绿	S12	S24	S36	S48	S60
24	紫/棕	551～600	1151～1200	1751～1800	2351～2400	2951～3000

3. 超单位 SD

1 个 SD = U + U + U + U = 100 对，其排列结构如图 2-6(c)所示。其中 U1～U4 对应第一个 SD 单位即 SD1；U5～U8 为第 2 个 SD 单位即 SD2。SD 单位的扎带颜色和 S 单位一样，循环周期为 $600 \times 5 = 3000$ 对，只不过在相同电缆对数的前提下，若采用 S 单位形成缆芯，则扎带数量是 SD 单位的两倍。

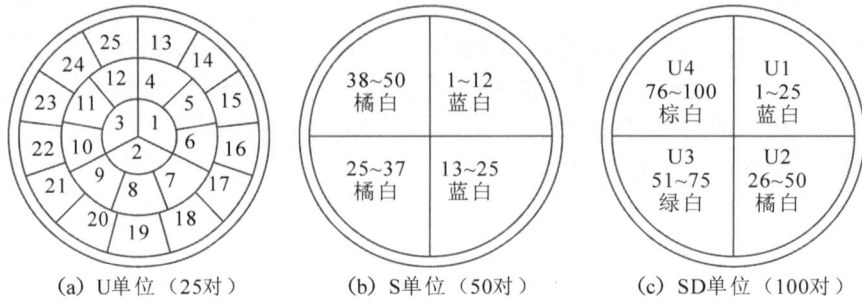

(a) U 单位（25对）　　(b) S 单位（50对）　　(c) SD 单位（100对）

图 2-6　全塑电缆中的 U、S、SD 单位

SD 单位的线对序号、扎带颜色及组成的 1 单元序号见表 2-6。

表 2-6　SD 单位的线对序号、扎带颜色及组成的 1 单位序号

U 单位序号	U 单位扎带颜色	SD 单位序号及扎带颜色				
		白	红	黑	黄	紫
1	白/蓝	SD1	SD7	SD13	SD19	SD25
2	白/橘					
3	白/绿	1～100	601～700	1201～1300	1801～1900	2401～2500
4	白/棕					
5	白/灰	SD2	SD8	SD14	SD20	SD26
6	红/蓝					
7	红/橘	101～200	701～800	1301～1400	1901～2000	2501～2600
8	红/绿					
9	红/棕	SD3	SD9	SD15	SD21	SD27
10	红/灰					
11	黑/蓝	201～300	801～900	1401～1500	2001～2100	2601～2700
12	黑/橘					
13	黑/绿	SD4	SD10	SD16	SD22	SD28
14	黑/棕					
15	黑/灰	301～400	901～1000	1501～1600	2101～2200	2701～2800
16	黄/蓝					
17	黄/橘	SD5	SD11	SD17	SD23	SD29
18	黄/绿					
19	黄/棕	401～500	1001～1100	1601～1700	2201～2300	2801～2900
20	黄/灰					
21	紫/蓝	SD6	SD12	SD18	SD24	SD30
22	紫/橘					
23	紫/绿	501～600	1101～1200	1701～1800	2301～2400	2901～3000
24	紫/棕					

4. 缆芯中的备用线对

备用线对是为方便紧急调用而设置的，在电缆芯线接续时，备用线必须用接线子完成良好连接。

备用线对在缆芯中处于"游离"状态，它们没有任何扎带缠绕，一般用"SP"表示，其色谱如表 2-7 所示。备用线对的数量一般为标称对数的 1%，最多不超过 6 对。

表 2-7　全色谱全塑电缆备用线对序号与色谱

备用线对序号	颜　色	
	A 线	B 线
SP1	白	红
SP2	白	黑
SP3	白	黄
SP4	白	紫
SP5	红	黑
SP6	红	黄

2.1.4　电缆的型号和端别判断

1. 全色谱全塑通信电缆型号表示

电缆型号是识别电缆规格和用途的代号，即将电缆的用途、芯线结构、导线材料、绝缘材料、保护层材料等分别用不同的汉语拼音字母和数字表示。

1) 类别

H——市内通信电缆。

HP——配线电缆。

HJ——局用电缆。

2) 绝缘

Y——实心聚烯烃绝缘。

YF——泡沫聚烯烃绝缘。

YP——泡沫/实心皮聚烯烃绝缘。

3) 屏蔽护套

A——涂塑铝带黏接屏蔽聚乙烯护套。

S——铝、钢双层金属带屏蔽聚乙烯护套。

V——聚氯乙烯护套。

4) 特征(派生)

T——石油膏填充。

G——高频隔离。

C——自承式。

电缆同时有几种特征存在时，型号字母顺序依次为 T、G、C。

5) 外护层

23——双层防腐钢带绕包铠装聚乙烯外护层。

32——单层细钢丝铠装聚乙烯外护层。

43——单层粗钢丝铠装聚乙烯外护层。

53——单层钢带皱纹纵包铠装聚乙烯外护层。

553——双层钢带皱纹纵包铠装聚乙烯外护层。

例：HYA-100×2×0.5 表示铜芯、实心聚烯烃绝缘、涂塑铝带黏接屏蔽聚乙烯护套、容量为 100 对、对绞式、线径为 0.5 mm 的全色谱全塑通信电缆。

2. 端别判断

(1) 对于新电缆红点端为 A 端，绿点端为 B 端；长度数字小的一端为 A 端，另外一端即为 B 端。

(2) 对于旧电缆，因为红、绿点及长度数字均有可能看不清楚，其判断方法为面对电缆端面，抓起同一层中的任何两个单位(基本单位或超单位均可)观察，如果这两个单位中的基本单位扎带颜色按白、红、黑、黄、紫顺时钟排列则为 A 端，反之则为 B 端。

3. 电缆 A、B 端布放

100 对以下的单位式全塑电缆不分端别。100 对以上的单位式全塑电缆施工布放时要按规定区分 A、B 端并按要求布放，即 A 端总要向着局方，以局为中心向外敷设。其中：

① 汇接局→分局，以汇接局为 A 端；

② 分局→支局，以分局为 A 端；

③ 端局→交接箱，以端局为 A 端；

④ 端局→用户，以端局为 A 端。

2.2　双绞线电缆

双绞线(twisted pair，TP)是综合布线工程中最常用的一种传输介质，一般由两根 22～26 号绝缘铜导线相互缠绕而成。把两根绝缘的铜导线按一定密度互相绞在一起，可有效降低信号干扰的程度,每一根导线在传输中辐射的电波会被另一根导线上发出的电波抵消。

在实际使用中，通常将多对双绞线包在一个绝缘电缆套管内。将一对或多对双绞线放在一个绝缘套管内，便成了双绞线电缆，日常生活中一般把双绞线电缆直接称为双绞线。双绞线的作用是使外部干扰在两根导线上产生的噪声相同，以便后续的差分电路提取出有用信号。与其他传输介质相比，双绞线在传输距离、信道宽度和数据传输速度等方面均受到一定限制，但价格较便宜。

数据通信中的双绞线电缆是由 4 对双绞线按一定密度逆时针扭绞在一起的，其外部包裹金属层或塑橡外皮，如图 2-7 所示。铜导线的直径为 0.4～1 mm，绞距为 3.81～14 cm，相邻双绞线的扭绞长度约为 1.27 cm。双绞线的缠绕密度、扭绞方向及绝缘材料，直接影响其特性阻抗、衰减和近端串扰。

外皮层
（抗晒/防雨/韧性强）

八芯全铜线芯
无氧铜芯
（信号传输更快更稳定）

低偏心率
（防止击穿,安全保障）

均匀绞距
（信号稳定,线材牢固）

图 2-7 数据通信中的双绞线电缆

2.3 同轴电缆

同轴电缆主要用于有线电视(CATV)入户线、移动通信网中基站到发射天线之间的数据线、交换机到传输设备电接口的数据线等。

2.3.1 同轴电缆的结构

同轴电缆(Coaxial Cable)是一种中间为导线，外裹管状的金属屏蔽层，导体和屏蔽层共用同一轴心，两者之间用绝缘材料隔离，由保护套封装起来的电缆，如图 2-8 所示。屏蔽层可以是薄金属片、金属线编织物或固体金属，屏蔽层不仅是构成通信回路的导体之一，还用来屏蔽电磁干扰，从而使其屏蔽性能好、传输损耗小、抗干扰性强、使用频带宽，同轴电缆常用于频率较高的信号的传输。

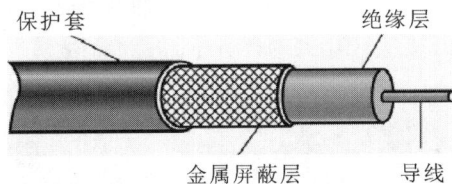

保护套   绝缘层

金属屏蔽层   导线

图 2-8 同轴电缆的结构图

外导体的外表面包有一层塑料防护套，以保护外导体绝缘层免受伤害。室外工作电缆一般采用抗紫外线的塑料作为保护套。室内工作的电缆则多采用阻燃的塑料作为保护套。在有强烈机械损伤的场合,应使用在标准护套外缠绕一层钢带后再加一层护套的铠装电缆。

2.3.2 同轴电缆的分类与型号

1. 同轴电缆的分类

同轴电缆可分为两种基本类型，基带同轴电缆和宽带同轴电缆。目前基带同轴电缆较为常用,其屏蔽线是用铜做成的,且为网状,基带同轴电缆特性阻抗为 50 Ω(如 RG-8、RG-58

等），它仅仅用于数字传输，数据率可达 10 Mb/s；宽带同轴电缆常用的屏蔽层通常由铝冲压而成，特性阻抗为 75 Ω(如 RG-59 等)。

同轴电缆根据其直径大小可以分为粗同轴电缆与细同轴电缆。粗缆适用于比较大型的局部网络，它的标准距离长，可靠性高。由于安装时不需要切断电缆，因此可以根据需要灵活调整计算机的入网位置，但粗缆网络必须安装收发器电缆，安装难度大，所以总体造价高。相反，细同轴电缆安装比较简单，造价低，但由于安装过程要切断电缆，两头须装上基本网络连接头(BNC)，然后将 BNC 接在 T 型连接器两端，所以当接头多时容易产生接触不良的隐患，这是目前运行中的以太网所发生的常见故障之一。

无论是粗缆还是细缆均为总线拓扑结构，即一根缆上接多部机器，这种拓扑适用于机器密集的环境，但是当一触点发生故障时，故障会串联影响到整根电缆上的所有机器。故障的诊断和修复都很麻烦，因此，同轴电缆将逐步被非屏蔽双绞线或光缆取代。

2. 同轴电缆的型号

目前 SDH 光网络中常用的同轴电缆有 SYV-75-2-1、SYV-75-2-2、SFYZ-75-2-1、SFYFZ-75-1-1 等型号，特性阻抗都是 75 Ω，可以适应不同的传输距离，是以非对称基带方式传输视频信号的主要传输介质。图 2-9 为 SYV-75-2-1 型同轴电缆。

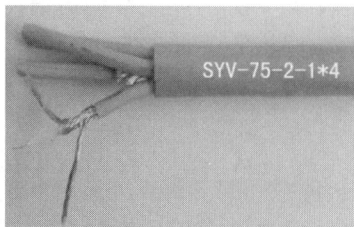

图 2-9　SYV-75-2-1 型同轴电缆

图 2-9 中的"S"表示同轴射频电缆；"Y"表示绝缘介质为聚乙烯；"V"表示保护套材料为聚氯乙烯；"75"表示特性阻抗为 75 Ω；"2"代表以毫米为单位的绝缘介质芯线外径整数值；"1"代表屏蔽层层数，SYV-75-2-1 型同轴电缆是比较常见的一种电缆。

常用同轴电缆实物图(带接头)如图 2-10 所示。

图 2-10　常用同轴电缆实物图(带接头)

传输系统中的这些电缆和接头常用于交换机中继模块与 DDF 的连接、光网络设备的电接口与 DDF 的连接、适配器与 DDF 的连接等。常见的有 75 Ω 的 2M/45M/155M 中继线，均采用同轴电缆。

2.4　漏泄电缆

2.4.1　漏泄电缆的作用

漏泄电缆是漏泄同轴电缆的简称(Leaky Coaxial Cable)，通常又简称为泄漏电缆或漏缆，其结构与普通的同轴电缆基本一致，由内导体、绝缘介质和开有周期性槽孔的外导体三部分组成。漏泄电缆是在同轴管外导体上开设一系列的槽孔或缝隙，其目的是将电磁波在漏缆中纵向传输的同时通过槽孔向外界辐射电磁波；外界的电磁场也可通过槽孔感应到漏缆内部并传送到接收端，如同为无线电波的进出打开了一扇开放的"大门"，实现有线和无线通信的转换。

漏泄同轴电缆既具有信号传输作用，又具有天线功能，通过对外导体开口的控制，可将受控的无线电波能量沿线路均匀辐射出去和接收进来，实现对电磁场盲区的无线覆盖，达到移动通信畅通的目的，从而得以可靠地实现对"限定空间"的无线电双向通信。所以在存在电磁场传播盲区的环境下，对于无线信号接收装置来说，采用漏泄同轴电缆是最佳的无线覆盖手段。

城市轨道交通多为封闭式环境，站台、站厅、区间隧道内各种无线信号几乎均为盲区。无线信号在隧道场景中无线传输也很困难，传播容易产生快衰落，因此区间隧道采用漏泄电缆覆盖。

2.4.2　漏泄电缆的结构

漏泄电缆的结构与普通的同轴电缆基本一致，主要由内导体、绝缘介质、带槽孔外导体和电缆护套等构成，如图 2-11 所示。

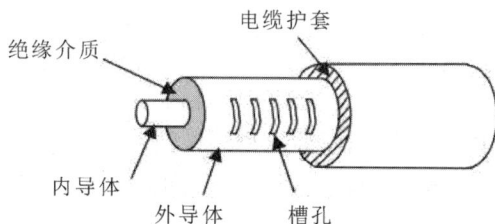

图 2-11　漏泄电缆的构成

普通同轴电缆的作用是将能量从一端传输到另一端，有着最大的横向屏蔽效果，可以减小传输过程中的能量损耗。漏泄电缆的设计目的恰恰是减小横向屏蔽，使部分电磁能量可以从电缆内穿透到电缆外。

漏泄同轴电缆内导体采用光滑铜管或轧纹螺旋铜管，外导体采用薄铜皮，其上开有不同形式的槽孔，槽孔形式多种多样，有八字形、U 字形、L 字形、一字形、椭圆形等，而且槽孔的排列也不尽相同。槽孔的形式、尺寸、排列与频带、频率、漏泄、极化、辐射方向图等密切相关。内外导体可以轧纹成为波纹管，也可以不轧纹，轧纹是为了减小由于弯曲给外导体和槽孔带来的应力及截面变形。

绝缘介质为物理发泡聚乙烯，其介电常数很小。电缆护套的材料是黑色聚乙烯或无卤低烟阻燃聚烯烃，要求防火、防水、防震、防腐蚀、阻燃、低烟、无卤、无毒及防紫外线。

漏泄电缆的槽孔形式、工作频率和应用场合如表 2-8 所示。

表 2-8　漏泄电缆的槽孔形式、工作频率和应用场合

序号	槽孔形式	工作频率/MHz	应 用 场 合
1	L 字槽	75～2500	GSM-R 移动通信、城市轨道交通各通信领域
2	U 字槽	75～2500	移动通信、城市轨道交通各通信领域
3	八字槽	75～2500	450 MHz 铁路无线列调系统、350 MHz 公安消防系统、广播系统
4	椭圆槽	宽频率	各通信领域，由于场强波动较大，目前已基本不使用
5	稀疏编织	低频率	矿井通信

漏泄电缆的安装方式，主要有自承式(见图 2-12)和非自承式(见图 2-13)两种。自承式漏缆由 $\Phi 2.2 \times 6$ 的镀锌钢丝绞合而成，位于漏泄电缆上方，截面呈 8 字形。非自承式漏缆夹具可以用 PA66 阻燃尼龙材料制品，预先按一定的间距(如 1.2 m)装在墙上或隧道壁上。

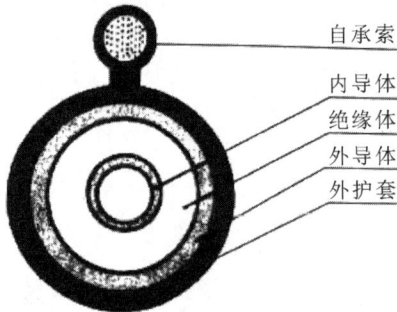

图 2-12　自承式漏缆截面图

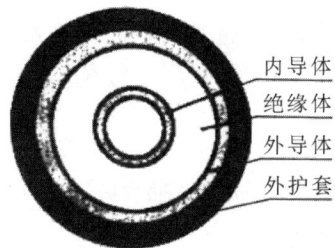

图 2-13　非自承式漏缆截面图

2.4.3　漏泄电缆的分类

漏泄电缆一般用薄铜皮作为外导体，在外导体上开切不同形式的槽孔。按漏泄方式不同，漏泄电缆可以分为两类：耦合型和辐射型，分别如图 2-14 和 2-15 所示。

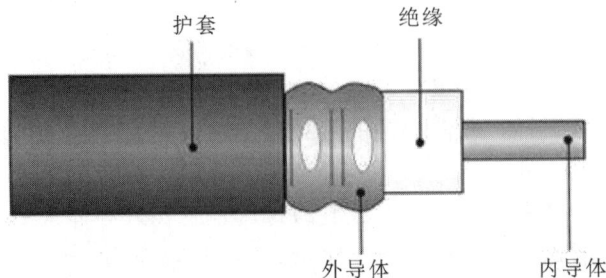

图 2-14　耦合型漏泄同轴电缆

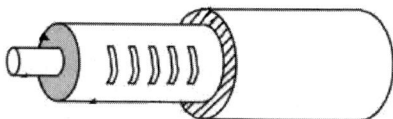

图 2-15　辐射型漏泄同轴电缆

1. 耦合型漏缆

耦合型漏缆的外导体上开的槽孔(一个长条形槽，或一组小孔，或在漏缆两边开缝)的间距远小于工作波长。电磁场通过小孔衍射，激发电缆外导体外部电磁场，因而外导体的外表有电流，于是存在电磁辐射。电磁能量以同心圆的方式扩散在电缆周围，并随着距离增加而迅速减少。因此这种形式的电磁波又称为"表面电磁波"。这种电磁波主要分布在漏缆周围，但也有少量存在于附近障碍物和间断点(如吸收夹钳、墙壁处)，进而产生衍射。外导体轧纹、纹上铣孔的电缆是典型的耦合型漏缆。耦合型漏缆的辐射过程如图 2-16 所示。

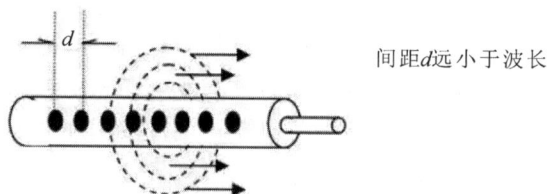

图 2-16　耦合型漏缆的辐射过程

2. 辐射型漏缆

辐射型漏缆外导体上，按一定的规律连续开制不同形式的槽孔，槽孔有八字形、斜一字形、横一字形等，而电磁波就是这些槽孔产生的，如图 2-17 所示。

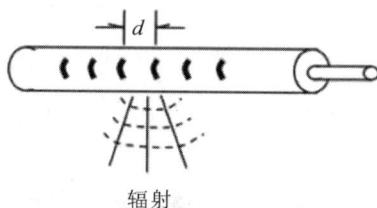

图 2-17　辐射型漏缆的辐射过程

辐射型漏缆的外导体上开的槽孔的间距 d 与波长(或半波长)相当，其槽孔结构使在槽孔处的信号产生同相叠加。唯有非常精确的槽孔结构和特定的频率才会产生同相叠加。同相叠加时，耦合损耗最低，但频带很窄。高于或低于特定的频率，耦合损耗都会增加。

辐射型漏缆的电磁能量有方向性，相同的漏泄能量可在辐射方向上相对集中，并且不会随距离的增加而迅速减小。其外导体上开着周期性变化的槽孔，周期性变化的 L 字槽、八字槽是典型的辐射型漏缆。

3. 两种类型漏缆的比较

耦合型漏缆的槽孔间距远小于工作波长，漏泄能量扩散在电缆周围，无方向性，随着电缆的距离增加信号迅速衰减，受环境影响较大，适合宽频带工作。

辐射型漏缆的槽孔间距与工作波长相当，漏泄能量扩散在电缆周围，有方向性，在辐射方向上不会随距离的增加而迅速衰减，受环境影响较小，适合窄频带工作。

根据不同的使用场合，可选择不同类型的漏泄电缆。目前，耦合型漏缆和传统辐射型漏缆应用较少，新型辐射型漏缆应用较多。

2.4.4　漏泄电缆的工作原理

横向电磁波通过同轴电缆从发射端传至电缆的另一端。当电缆外导体完全封闭时，电缆传输的信号与外界是完全屏蔽的，电磁波无法辐射到外部，也不会受到外部干扰的影响。然而，通过同轴电缆外导体上所开的槽孔，电缆内传输的一部分电磁能量能发送至外界环境。同样，外界能量也能传入电缆内部。外导体上的槽孔使电缆内部的电磁场和外界电波之间产生耦合。具体的耦合机制取决于槽孔的排列形式。

图 2-18 为漏泄电缆工作示意图。由车站固定台发出的信号，经中继器传给隧道里的漏泄电缆，漏泄电缆一边向前传输一边向外辐射，其辐射信号被沿线行驶的列车移动台所接收。同时，列车移动台发出的信号，也可以通过漏泄电缆和中继器传到车站固定台。而且在两个或多个移动台之间，也可利用该漏泄电缆实现直接相互通信。这样能很好地解决了列车进隧道后无法收到无线信号的难题。

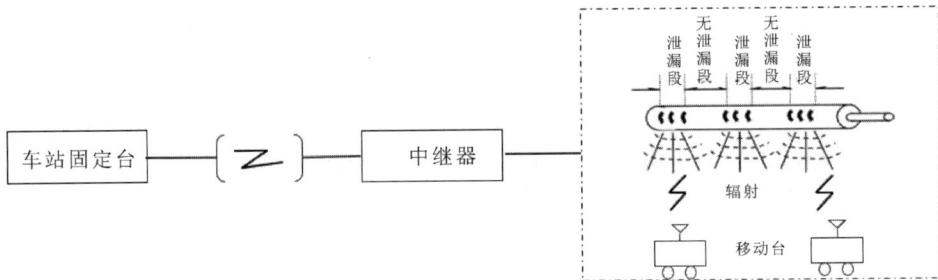

图 2-18　漏泄电缆工作示意图

2.5　通信光缆

光纤是光信号传输的介质，是光缆通信的基础，光纤具有抗干扰能力强，传输距离远，带宽大等优势，广泛用于传输系统中。一套完整光纤传输系统主要是由光纤配线架、耦合器、跳线、尾纤、光纤收发器等组成。

光缆是一定数量的光纤按照一定方式组成缆芯，外包有护套，有的还包覆外护层，用以实现光信号传输的一种通信线路。即：由光纤(光传输载体)经过一定的工艺而形成的线缆。

2.5.1　光纤简介

1. 光纤的组成

光纤由纤芯、包层和涂覆层 3 部分组成，如图 2-19 所示。

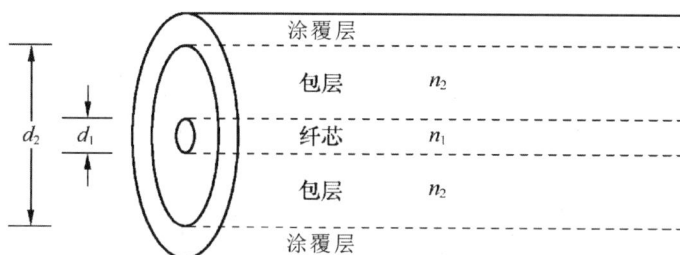

图 2-19　光纤结构图

1) 纤芯

纤芯位于光纤的中心部位。多模光纤的纤芯直径为 50 μm。纤芯的成分是高纯度 SiO_2。

2) 包层

包层位于纤芯的周围。直径 $d_2 = 125$ μm，纤芯与包层的折射率满足 $n_1 > n_2$，使得光信号封闭在纤芯中传输，这是光信号在光线中传输的必要条件。

3) 涂覆层

光纤的最外层为涂覆层，包括一次涂覆层，缓冲层和二次涂覆层。一次涂覆层一般使用丙烯酸酯、有机硅或硅橡胶材料；缓冲层一般为性能良好的填充油膏；二次涂覆层一般用聚丙烯或尼龙等高分子聚合物。

涂覆层的作用是保护光纤不受水汽侵蚀和机械擦伤，同时又增加了光纤的机械强度与可弯曲性，有延长光纤寿命的作用。涂覆后的光纤外径约 1 mm。

信号的传输由纤芯完成，包层与纤芯的折射率不同，将光信号封闭在纤芯中传输并起到保护纤芯的作用。

2. 光纤的分类

按传输模式的不同可以将光纤分为单模光纤和多模光纤，按折射率的变化不同可以将光纤分为阶跃型光纤和渐变型光纤。

1) 单模光纤

当光纤的几何尺寸(主要是指芯径)较小，与光波长在同一数量级，如芯径 d_1 在 4～10 μm 范围。光纤只允许一种模式(基模)在其中传播，其余的高次模全部截止，这样的光纤称为单模光纤。

2) 多模光纤

当光纤的几何尺寸(主要是指芯径)远大于光波波长时(约 100 μm)，光纤传输的过程中会存在着几十种乃至几百种传输模式，成为多模光纤。

3. 光纤的特性

光纤是光信号的传输介质，是光缆通信的基础，光纤具有损耗特性、色散特性、机械特性和温度特性。光纤的传输特性主要是指损耗特性和色散特性，其特性的好坏直接影响光纤通信的中继距离和传输速率(或传输容量)。

目前光缆是城市轨道交通、高速铁路以及电信等实现有线通信不可缺少的传输介质，本章将介绍通信光缆的结构特点、光缆的端别判断以及光缆续接。

2.5.2　通信光缆的结构

光缆由缆芯、保护层和加强元件 3 部分组成。缆芯结构有单芯型和多芯型两种；单芯型有充实型和管束型两种；多芯型有带状和单位式两种。保护层有金属铠装和非铠装两种。

在实际工程应用中，需要把若干根光纤绞合成光缆，在光缆外面再加上各种保护套，以防止外界各种机械压力和施工过程中可能发生的损耗。光缆的结构取决于用途，在一些简单的情况下，只需在光纤外面加一层塑料外套；在另外一些复杂应用中，必须使用钢质加强芯之类的增强材料以保证光缆具有足够的机械强度。

1. 缆芯

为了进一步保护光纤、增加光纤的强度，一般会将带有涂覆层的光纤再套上一层塑料层(通常称为套塑)，套塑后的光纤称为光纤芯线。缆芯由光纤芯线组成，分为单芯型和多芯型。单芯型光纤由单根经二次涂覆处理后的光纤组成，多芯型光纤由多根经二次涂覆处理后的光纤组成。

根据使用条件和用户要求，套塑可分为紧结构和松结构。将套塑后且满足机械强度要求的单根或多根光纤芯线以不同的形式组合起来，就成为了缆芯，如图 2-20 所示。多芯型光缆一般以紧结构或松结构为单位组成单元式结构，或者在松结构的套管中放入多根光纤绞合而成。

图 2-20　光缆缆芯

紧结构光缆的主要形式是绞合型，它是将光纤以一定的节距绞合成光缆，并紧紧地包在塑料之中。这种结构的光缆一般都是用中心强度元件来承受应力的，从而减小外力对光纤的作用。紧结构光缆的缓冲层一般采用硅树脂，二次涂覆层采用尼龙材料，这种光缆的优点是结构简单、使用方便，如图 2-21(a)所示。

松结构光缆中的光纤具有较大的活动空间。将一次涂覆后的光纤放在一根管子中，管中填充油膏，形成松套管结构，如图 2-21(b)所示。这种光纤的优点是机械性能好、防水性好、便于成缆。

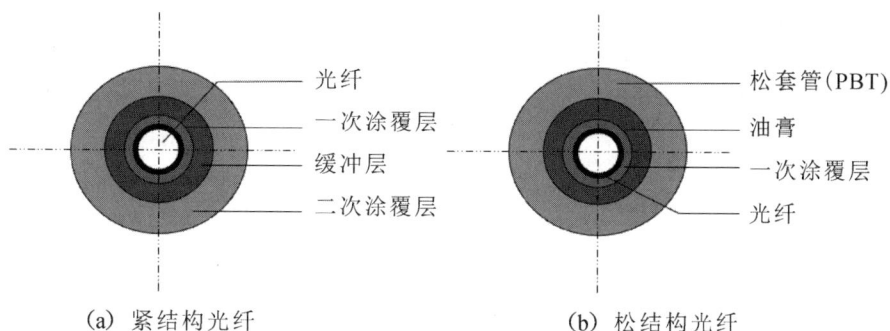

（a）紧结构光纤　　　　　　　　（b）松结构光纤

图 2-21　光缆的基本结构

2. 保护层

保护层的主要作用是保护缆芯，提高光缆机械性能和防护性能。不同的保护层结构适合不同的敷设条件。

光缆的保护层可分为内保护层和外保护层。内保护层一般采用聚乙烯或聚氯乙烯等，用来防止钢带、加强构件等金属构件损伤光纤；外保护层可根据敷设条件的不同而采用由铝带和聚乙烯组成的双面涂塑铝带黏接层外护套加钢线铠装等，达到进一步加强光缆保护的目的。

3. 加强构件

加强构件的作用是增加光缆的抗拉强度，提高光缆的机械性能。光纤材料、易断裂，为使光缆能够承受敷设安装时所加的外力，应在光缆中加一个或多个加强构件。位于中心或分散在四周的加强构件的材料可用钢丝或纤维增强复合材料(Fiber Reinforced Polymer/Plastic，FRP)等。一般光缆的加强构件采用镀锌钢丝、钢丝绳、不锈钢丝或高强度塑料加强构件等。

4. 光缆中各种材料的作用

光缆是由光纤、加强元件、松套管、油膏、铠装层、保护层等各种材料组成的，各种材料的作用如表 2-9 所示。

表 2-9　光缆中各种材料的作用

光 缆 材 料	作　用
光纤	光信号传输
加强构件	提高机械强度
纤用油膏	光纤纵向阻水
松套管	保护光纤
缆用油膏	缆芯纵向阻水
覆膜带	防水、防潮
金属铠装层	抗侧压
外保护套	耐磨损、抗侧压
特殊材料	特殊性能

2.5.3　通信光缆的分类

1. 常用光缆的分类

1) 按缆芯结构分类

按缆芯结构分类,可以分为层绞式光缆、中心管式光缆和骨架式光缆,其缆芯结构如图 2-22 所示。

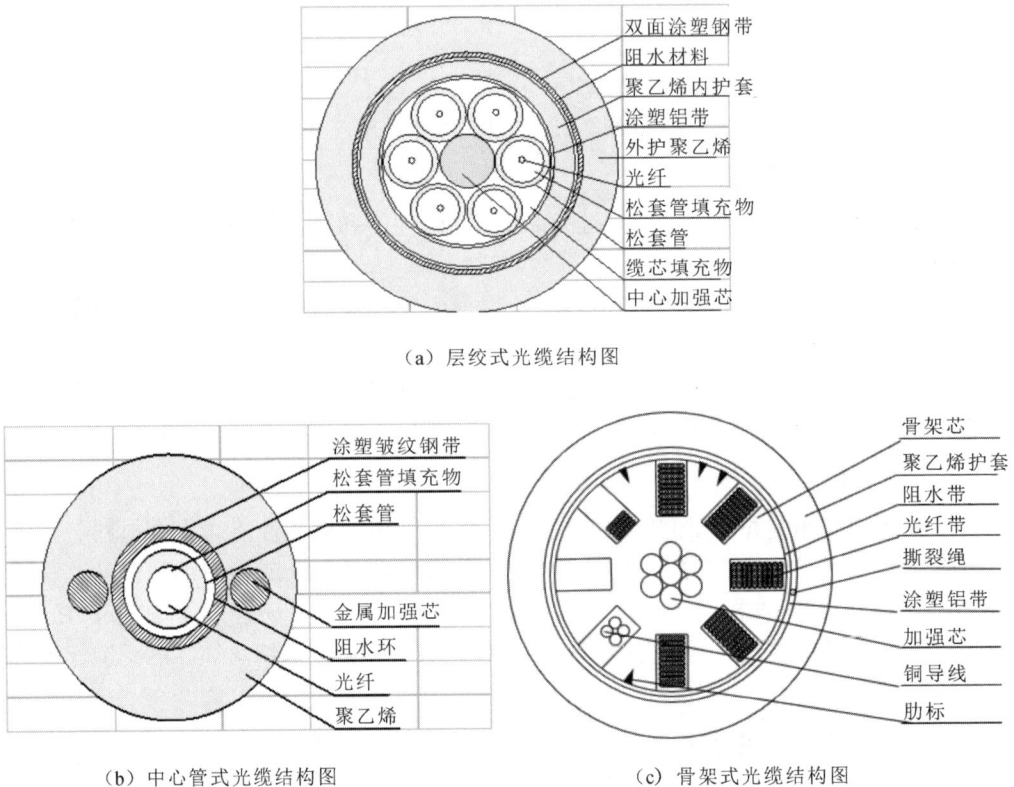

双面涂塑钢带
阻水材料
聚乙烯内护套
涂塑铝带
外护聚乙烯
光纤
松套管填充物
松套管
缆芯填充物
中心加强芯

（a）层绞式光缆结构图

涂塑皱纹钢带
松套管填充物
松套管
金属加强芯
阻水环
光纤
聚乙烯

（b）中心管式光缆结构图

骨架芯
聚乙烯护套
阻水带
光纤带
撕裂绳
涂塑铝带
加强芯
铜导线
肋标

（c）骨架式光缆结构图

图 2-22　缆芯结构图

(1) 层绞式光缆将几根至十几根或更多根光纤或光纤带子单元围绕中心加强件螺旋绞合(S 绞或 SZ 绞)成一层或几层的光缆。

(2) 中心管式光缆是将光纤或光纤带无绞合直接放到光缆中心位置而制成的光缆。

(3) 骨架式光缆是将光纤或光纤带经螺旋绞合置于塑料骨架槽中构成的光缆。

2) 按线路敷设方式分类

按线路敷设方式分类主要可分为架空光缆、管道光缆、直埋光缆、水底光缆。

(1) 架空光缆是指借助吊挂钢索或自身具有抗拉元件,悬挂在已有的电线杆、塔上的光缆。

(2) 管道光缆是指在城市地下穿入用于保护的管道等内的光缆。

(3) 直埋光缆是指光缆线路经过市郊或农村时,直接埋入规定深度和宽度的缆沟的光缆。

(4) 水底光缆是穿越江河湖海水底的光缆。

3) 按光缆中光纤状态分类

按光纤在光缆中是否可自由移动的状态,光缆可分为松套光纤光缆和紧套光纤光缆。

(1) 松套光纤光缆的特点是光纤在光缆中有一定自由移动空间，这样的结构有利于减少外界机械应力(或应变)对涂覆光纤的影响。

(2) 紧套光纤光缆的特点是光缆中光纤无自由移动空间。紧套光纤是在光纤预涂覆层外直接紧贴一层合适的塑料紧套层。紧套光纤光缆直径小、重量轻、易剥离、敷设和连接，但高的拉伸应力会直接影响光纤的衰减等性能。

4) 按使用环境与场合分类

根据使用环境与场合光缆主要分为室外光缆、室内光缆及特种光缆三大类。

5) 按网络层次分类

按光纤网络层次可以分为长途光缆(干线光缆)、市内光缆(中继线路)和接入网光缆(用户线路)。

2. 光缆结构中的其他材料

通常，除了光纤外，构成光缆的材料可分为以下三大类。

(1) 高分子材料：松套管材料、聚乙烯护套料、无卤阻燃护套料、聚乙烯绝缘料、阻水油膏、阻水带、聚酯带。

(2) 金属—塑料复合带：钢塑复合带、铝塑复合带。

(3) 中心加强件：磷化钢丝、不锈钢丝、玻璃钢圆棒等。

3. 常用光缆的结构

光缆的结构通常是根据其应用条件和环境确定的，习惯上分为室外光缆、室内光缆及特种光缆三大类。

1) 室外光缆

室外光缆常用的基本结构有层绞式、中心管式和骨架式。每种基本结构中既可放置分离光纤，亦可放置带状光纤。

(1) 层绞式是将若干根光纤芯线以加强件为中心绞合在一起的一种结构，如图 2-23 所示。这种光缆的制造方法和电缆较相似，可以采用电缆的成缆设备，因此成本较低。层绞式光缆的芯线数一般不超过 10 根。

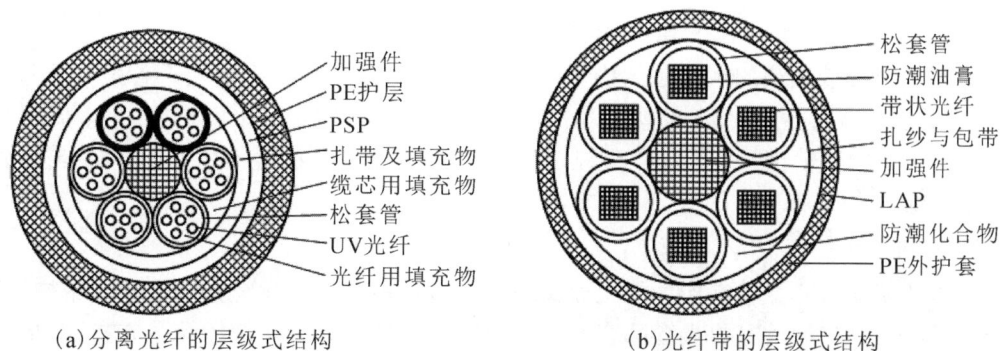

（a)分离光纤的层级式结构　　　　　（b)光纤带的层级式结构

图 2-23　层绞式光缆结构图

层绞式光缆的优点是光缆中容纳的光纤数量多，光缆中光纤余长易控制，光缆的机械、环境性能好，它可用于直埋、管道敷设，也可用于架空敷设。其缺点是光缆结构、工艺设备较复杂、生产工艺环节较复杂、材料消耗多等。

(2) 中心管式光缆是由一根无绞合直接放在光缆中心位置的二次被覆光纤松套管或螺旋形光纤松套管、纵包阻水带和双面涂塑钢(铝)带、位于聚乙烯保护层中的两根平行加强圆磷化碳钢丝或玻璃钢圆棒组成的,如图 2-24 所示。按松套管中放入的是分离光纤、光纤束还是光纤带,中心管式光缆分为分离光纤的中心管式光缆、光纤束中心管式光缆和光纤带中心管式光缆等。

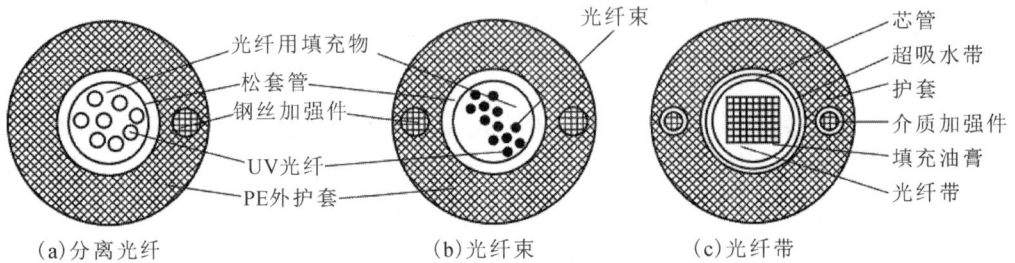

图 2-24　中心式光缆结构图

中心管式光缆结构的优点是光缆结构简单、制造工艺简洁,光缆截面小、重量轻,可用于架空敷设,也可用于管道或直埋敷设。其缺点是缆中光纤芯数不宜过多(如分离光纤为 12 芯、光纤束为 36 芯、光纤带为 216 芯),松套管挤塑工艺中松套管冷却不够,成品光缆中松套管会出现后缩,光缆中光纤余长不易控制等。

(3) 骨架式光纤带光缆是将单根或多根光纤放入骨架的螺旋槽内,骨架的中心是加强件,螺旋槽的形状可以是 V 形、U 形或凹形,其结构如图 2-25 所示。

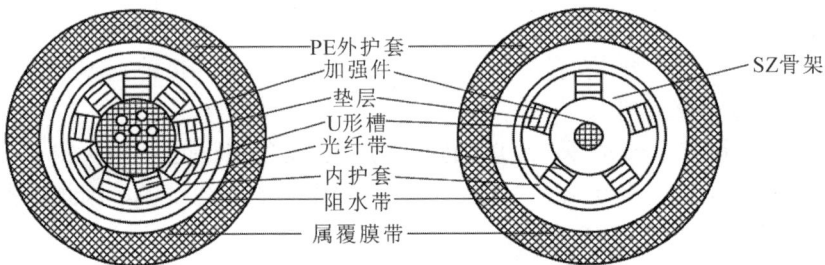

图 2-25　骨架式光纤带光缆结构图

骨架式光纤带光缆的优点是结构紧凑。缆径小、光纤芯密度大(上千芯至数千芯),施工续接时无须清除阻水油膏、续接效率高。骨架式光纤带光缆适用于在接入网、局间中继、有线电视网络中传输馈线。其缺点是制造设备复杂(需要专用的骨架生产线)、工艺环节多、生产技术难度大等。

2) 室内光缆

室内光缆均为非金属结构,故无须接地或防雷保护;室内光缆采用全介质结构保证抗电磁干扰,各种类型的室内光缆都容易开剥;紧套缓冲层光纤结构的绞合方式取决于光缆的类型。为便于识别,室内光缆的外护层多为彩色,且其上印有光纤类型、长度标记和制造厂家名称等。

与室外光缆的结构特点所不同的是,室内光缆尺寸小、重量轻,柔软、耐弯,便于布放,易于分支及具有阻燃性等。

3) 特种光缆

(1) 电力光缆是指用于高压电力通信系统的光缆以及铁路通信网络的光电综合光缆。光纤对电磁干扰不敏感。将光缆直接悬挂在电杆或铁塔上，或缠绕在高压电力的相线上。安装的光缆抗拉强度能承受自重、风力作用和冰棱的重量。并有合适的结构措施来预防枪击或撞、挂等破坏。

(2) 水底光缆需要将光缆进行钢丝铠装，以便提供足够的抗拉强度。一般水底光缆要求在缆芯中填充阻水油膏，在缆芯外加金属护套密封。

(3) 阻燃光缆用在一些特殊场合，如高层住宅、地铁、矿井、船舶、飞机中。

2.5.4　通信光缆的型号

根据原邮电部部颁标准 YD/T908—2000，光缆的型号由光缆的类型代号和光纤的代号两部分组成。即光缆的型号=类型代号＋规格代号。

1. 光缆类型代号

光缆的类型代号由如图 2-26 所示五部分组成。

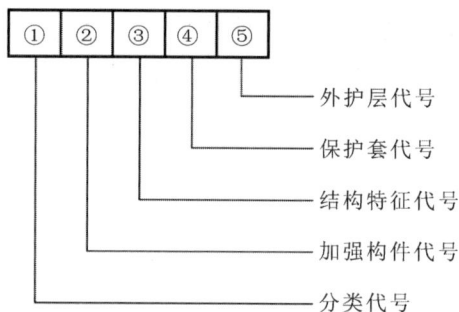

图 2-26　光缆类型代号

1) 分类代号

GY——通信用室(野)外光缆；

GM——通信用移动光缆；

GJ——通信用室(局)内光缆；

GS——通信用设备用光缆；

GH——通信用海底光缆；

GT——通信用特殊光缆。

2) 加强构件代号

无符号——金属加强构件；

F——非金属加强构件；

G——金属重型加强构件；

H——非金属重型加强构件。

3) 结构特征代号

无符号——层绞式结构；

S——光纤松套被覆结构；

J——光纤紧套被覆结构；

D——光纤带结构；

G——骨架槽结构；

X——缆中心管(被覆)结构；

T——填充式结构；

B——扁平结构；

E——椭圆结构；

Z——阻燃；

C——自承式。

4) 保护套代号

Y——聚乙烯保护套；

V——聚氯乙烯保护套；

U——聚氨酯保护套；

A——铝-聚乙烯黏结保护套(简称 A 保护套)；

S——钢-聚乙烯黏结保护套(简称 S 保护套)；

W——夹带平行钢丝的钢-聚乙烯黏结护套(简称 W 保护套)；

L——铝保护套；

G——钢保护套；

Q——铅保护套。

5) 外保护层代号

外保护层代号由两位数字构成，第一位数字表示铠装层材料，第二位数字表示外保护层材料，代号及其意义如表 2-10 所示。

表 2-10　外保护层代号及意义

代　号	铠装层(方式)	代　号	外保护层(材料)
0	无	0	无
1	—	1	纤维层
2	双钢带	2	聚氯乙烯套
3	细圆钢丝	3	聚乙烯套
4	粗圆钢丝	—	—
5	单钢带皱纹纵包	—	—

2. 光纤规格代号

光纤的规格代号由光纤数目和光纤类别两部分组成，如果同一根光缆中含有两种或者两种以上的规格，则光纤数目和光纤类别中间应用"＋"连接，为"①＋②"，如图 2-27 所示。

光纤数目代号用光缆中同类别光纤的实际有效

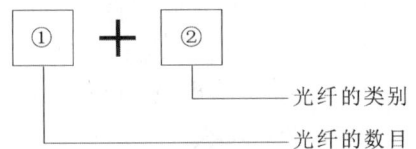

① ＋ ②

—— 光纤的类别
—— 光纤的数目

图 2-27　光缆规格代号

数目的数字表示。

光纤类别代号应采用光纤产品的分类代号表示,用大写字母 A 表示多模光纤,大写字母 B 表示单模光纤,再以数字和小写字母表示不同种类、类型的光纤。多模光纤与单模光纤代码表示含义分别如表 2-11 与表 2-12 所示。

表 2-11　多 模 光 纤

分类代码	特　性	纤芯直径/mm	包层直径/mm	材　料
A1a	渐变折射率	50	125	二氧化硅
A1b	渐变折射率	62.5	125	二氧化硅
A1c	渐变折射率	85	125	二氧化硅
A1d	渐变折射率	100	140	二氧化硅
A2a	突变折射率	100	140	二氧化硅

表 2-12　单 模 光 纤

分类代码	ITU-T 标准	名　称	材　料
B1.1(或 B1)	G652	非色散位移型	二氧化硅
B1.2	G654	截止波长位移型	二氧化硅
B2	G653	色散位移型	二氧化硅
B4	G655	非零色散位移型	二氧化硅
B6	G657	弯曲损耗不敏感型	二氧化硅

3. 光缆型号示例

例 1:　光缆型号为 GYTAW-12B1。

其表示意义:通信用室外光缆,金属加强构件,填充式,夹带钢丝—聚乙烯黏结保护套,中心束管式内含 12 根常规单模光纤(G652)。

例 2:　光缆型号为 GYTA53-12A1。

其表示意义:通信用室外光缆,金属加强构件,填充式、铝—聚乙烯黏结保护套,纵包轧纹钢带铠装,聚乙烯外保护套,内装 12 根渐变型多模光纤。

例 3:　光缆型号为 GJFBZY-12B1。

其表示意义:通信用室内光缆,非金属加强件,扁平型结构,阻燃聚烯烃外保护套,内含 12 根常规单模光纤(G652)。

例 4:　光缆型号为 GYTA03-144B1。

其表示意义:通信用室外光缆,金属加强构件,填充式,铝—聚乙烯黏结保护套,聚乙烯外保护套,内含 144 根常规单模光纤(G652)。

4. 光纤选用建议

光纤类型的选择必须依据实际需求,综合考虑光纤的传输性能(如衰减、色散、偏振模色散、非线性效应)、系统单信道速率、传输距离、是否采用 WDM 技术以及具体采用 DWDM 还是 CDWM 等技术因素,同时要有较高的性价比。光纤选用建议如表 2-13 所示。

表 2-13　光纤选用技术建议

应用场合＼光纤分类	核 心 网	城 域 网	接 入 网
A1a、A1b			可用
G652B	可用	可用	可用
G652D	可用	可用	
G655	适用	适用	
G657			适用

2.5.5　通信光缆的端别判断及纤序

　　光缆中光纤单元、单元内光纤、导线组(对)及组(对)内的纤芯,采用全色谱或领示色谱来识别光缆的端别与光纤序号。

　　一般识别方法是面对光缆截面,由领示光纤(或导线或填充线)色谱以红－绿(或蓝－黄等)排列,顺时针为 A 端;逆时针为 B 端。

　　光纤纤序排列主要有下列几种方式(以下以 A 端截面为例):

　　以红、绿领示电导线或填充线中间的光纤为 1#纤方式排列,顺时针数为 2#,3#,…

　　以红、绿领示色紧套、松套(单芯)、骨架(单芯)方式排列,其红色为 1#纤,绿色为 2#纤,顺时针数为 3#、4#……

　　以红、绿(或蓝、黄)领示色松套(双芯)方式排列,其红色(或蓝)为 1 管,绿色(或黄)为 6 管,红(或蓝)—绿(或黄)顺时针计数。纤序如表 2-14 所示。

表 2-14　光纤纤序排列表

管序	1		2		3		4		5		6	
管色	红(或蓝)		白(本色)		白		白		白		绿(或黄)	
纤序	1	2	3	4	5	6	7	8	9	10	11	12
纤色	红(或黑)	白	红(或黑)	白	红(或黑)	白	红(或黑)	白	红(或黑)	白	红(或黑)	白

　　以蓝、黄领示单元松套(6 芯)为例,蓝色为一单元(组),黄色为二单元(组),单元管内 6 芯光纤全色谱,光纤纤序如表 2-15 所示。

表 2-15　光纤纤序排列表

单元	一(蓝)						二(黄)					
纤序	1	2	3	4	5	6	7	8	9	10	11	12
纤色	蓝	橙	绿	棕	灰	白	蓝	橙	绿	棕	灰	白

　　判断端别:因领示色管由蓝—黄是顺时针,故为光缆的 A 端。

　　排定纤序:蓝色套管中的蓝、橙、绿、棕、灰、白分别对应 1～6 号纤;紧靠蓝松套管的白松套管中的蓝、橙、绿、棕、灰、白分别对应 7～12 号纤……以此类推,直至排列完毕。

2.5.6　光纤配线架及连接器

1. 光纤配线架(optical distribution frame，ODF)

光纤配线架(见图 2-28)用于光纤通信系统中局端主干光缆的成端和分配，可方便地实现光纤线路的连接、分配和调度。

光纤总配线架为一侧连接交换机外线，另一侧连接交换机入口和出口的内部电缆布线的配线架，如图 2-29 所示。配线架通常安装在机柜或墙上。通过安装附件，配线架可以全线满足非屏蔽双绞线(UTP)、屏蔽双绞线(STP)、同轴电缆、光纤、音视频的需要。在网络工程中常用的配线架有双绞线配线架和光纤配线架。总配线架适用于与大容量电话交换设备配套使用，用以接续内、外线路；一般还具有配线、测试和保护局内设备及人身安全的作用。总配线架由机架、保安接线排、测试接线排、保安单元及其他附件组成，具有良好的保护功能，防止雷电或其他原因产生的过电流、过电压对通信设备和机房的人员造成伤害。机架具有可靠的接地系统。

图 2-28　光纤架配线

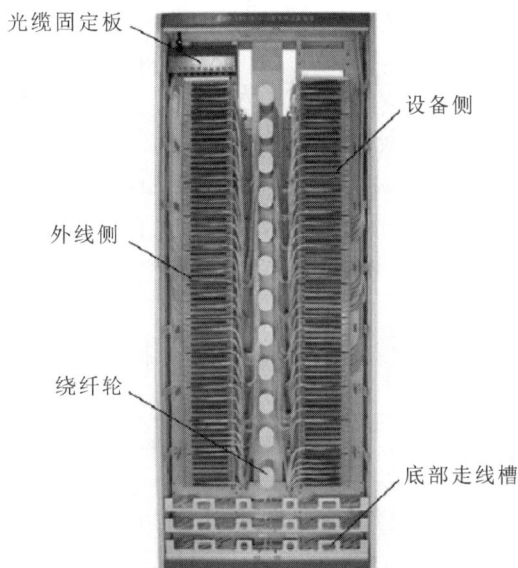

光缆固定板　设备侧　外线侧　绕纤轮　底部走线槽

图 2-29　光纤总配线架

2. 光纤连接器的类型

光纤连接器是光纤与光纤之间进行可拆卸(活动)连接的器件，它把光纤的两个端面精密对接起来，使发射光纤输出的光能量能够最大限度地耦合到接收光纤中。下面介绍几种常用的光纤连接器，如图 2-30 所示。

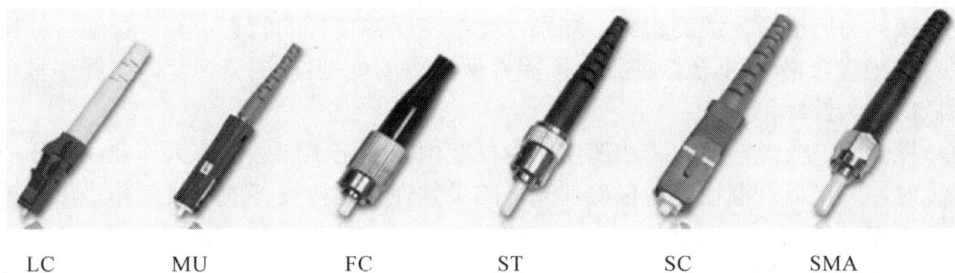

LC　　MU　　FC　　ST　　SC　　SMA

图 2-30　常用的光纤连接器

(1) FC 型光纤连接器。

FC 是 Ferrule Connector 的缩写，表明其外部加强方式是采用金属套，紧固方式为螺纹连接。此类连接器结构简单，操作方便，但光纤端面对微尘较为敏感。

(2) SC 型光纤连接器。

SC 型光纤连接器的外壳呈矩形，紧固方式采用插拔销闩式，无须旋转。此类连接器插拔操作方便，插入损耗波动小，抗压强度高，安装密度大。

(3) ST 型光纤连接器。

ST 型光纤连接器的纤芯外露，外壳呈圆形，紧固方式为螺纹连接(对于 10Base F 连接来说，连接器通常是 ST 型的；对于 100Base FX 来说，连接器在大多数情况下是 SC 型的)。

(4) LC 型光纤连接器。

LC 型光纤连接器采用操作方便的模块化插孔(RJ)门锁机理制成。其采用的插针和套筒的尺寸是 SC、FC 型光纤连接器等所用尺寸的一半，为 1.25 mm，这提高了整个通信网络配线系统连接器的容量。LC 型光纤连接器广泛应用于光纤接入网、光仪表测试、光纤局域网等光通信网络。

(5) MT-RJ 型光纤连接器。

MT-RJ 型光纤连接器带有与 RJ-45 型 LAN 电接口连接器相同的闩锁结构，通过安装于小型套管两侧的导向销对准光纤，为便于与光收发信机相连，连接器端面光纤为双芯(间隔距离为 0.75 mm)排列设计。MT-RJ 型光纤连接器是主要用于数据传输的下一代高密度光纤连接器。

2.6　通信光缆的续接

光缆接续(也称续接)是光缆工程必不可少的工序，也是光缆故障修复中经常用到的，是我们学习的重点。

光缆接续包括缆内光纤、铜导线等的连接以及光缆外保护套的连接。其中直埋光缆还应包括监测线的连接。本节重点介绍光缆熔接的流程和过程，并进行光纤熔接实训。

2.6.1　通信光缆的熔接方法

1. 光缆接续的要求

光缆接续前应核对光缆的程式、端别；光缆应保持良好的状态：光纤传输特性良好，保护层对地绝缘合格(若不合格应找出原因并做必要的处理)。接头护套内光纤序号和光缆端别须做出永久性标记。

就环境而言，光缆接续应防止灰尘影响；在雨雪天施工应避免露天作业；当环境温度低于零度时，应采取升温措施，以确保光纤的柔软性和熔接设备的正常工作，以及施工人员的正常操作。

光缆接头余留和接头护套内光纤的余长应留足，接头护套内最终余长应不少于 60 cm。

光缆接续应注意连接作业须一次性完成。

光纤接头损耗必须符合要求，单模低于 0.08 dB，多模低于 0.15 dB，并保证全中继段的衰减余留。

2. 光缆连接部分的组成

光缆连接部分，即光缆接头，是由光缆接续保护套将两根被连接的光缆连为一体，并满足传输特性和机械性能的要求。图 2-31 为光缆接头的组成，图 2-32 是光缆接头的实物图。

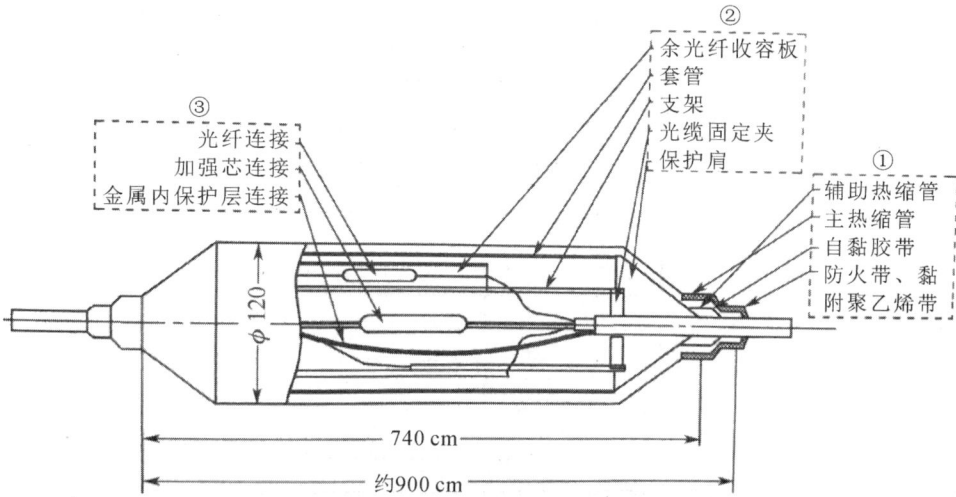

图 2-31　光缆接头的组成

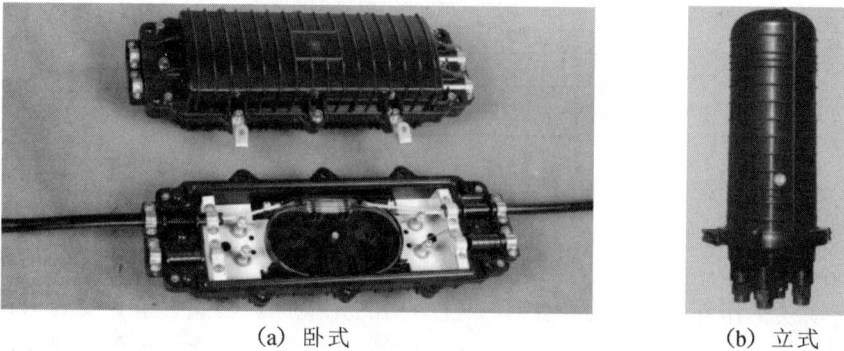

（a）卧式　　　　　　　　　　（b）立式

图 2-32　光缆接头的实物

光缆接头由三部分组成。

(1) 外保护套和密封部分。

外保护套和密封部分包括辅助热缩管、主热缩管、自黏胶带及防水带、黏附聚乙烯带等。

(2) 保护套支撑部分。

保护套支撑部分包括套管、支架、光缆固定夹、保护肩及余纤收容板等。

(3) 盒内连接部分。

盒内连接部分包括接续光纤、加强件(芯)连接和金属保护层的连接等。

3. 光缆接续的流程

光纤接续对光缆的传输质量和寿命都有直接的影响，它是光缆施工中一个非常重要的环节。目前，由于光缆接头盒的结构和光缆的程式较多，不同结构的保护套所需的连接材料、工具以及接续的方法步骤是不完全相同的。但其主要的程序及操作的基本要求是一致的。

光缆接续的流程由 9 个部分组成，如图 2-33 所示，其具体的步骤及方法如下：

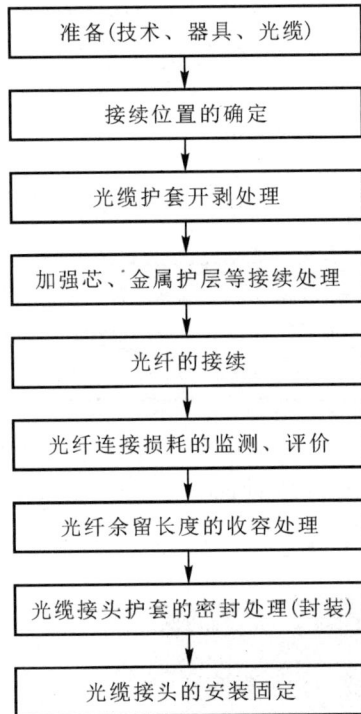

准备(技术、器具、光缆)

↓

接续位置的确定

↓

光缆护套开剥处理

↓

加强芯、金属护层等接续处理

↓

光纤的接续

↓

光纤连接损耗的监测、评价

↓

光纤余留长度的收容处理

↓

光缆接头护套的密封处理(封装)

↓

光缆接头的安装固定

图 2-33　光缆接续的流程

1) 光缆接续准备阶段

(1) 技术准备。

在光缆接续工作开始前，必须熟悉工程所用的光缆保护套的性能、操作方法和质量要点。对于第一次采用的保护套(指以往未操作过的)，应编写出操作规程，必要时进行短期培训，避免盲目作业。

(2) 器具准备。

器材：光缆的连接保护套的配套部件，不同结构的保护套其构件有差别。施工准备阶段以一套为包装单位，并考虑一个中继段设一个备用保护套。

机具：光缆外保护层的开缆工具，如图 2-34 所示。制作光纤端面的工具，应视光纤连接方法而定，采用熔接法时，必须配备光纤切割刀(高精度)，如图 2-35 所示，光纤熔接机以及光纤接头保护用工具。光纤熔接机，如图 2-36 所示，必须注意区别多模还是单模，是单芯还是带状。

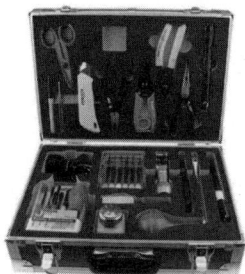

图 2-34　光缆开剥工具　　　　图 2-35　光纤切割刀　　　　图 2-36　单芯光纤熔接机

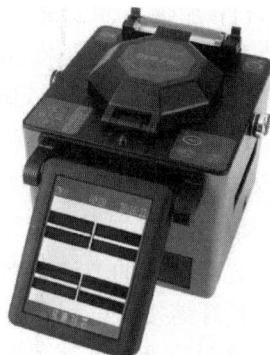

帐篷：长途光缆施工，为了防止风沙、雨雪等影响，在帐篷中接续非常必要。

车辆：满足运输需要。

(3) 光缆准备。

① 必须按设计文件规定的芯数、程式、规格、路由和布放端别的规定方向敷设安装到位。

② 光缆内光纤的传输特性良好。

③ 光缆金属层的对地绝缘应达到规定要求值，对于存在保护层不完整即有损伤时，应及时处理。当对地绝缘不合格而一时处理又有困难时，应做检查分析找出原因。

2) 接续位置的确定

光缆接续位置的选择原则如下：

(1) 架空线路的接头应落在杆旁 2 m 以内。

(2) 埋式光缆的接头应避开水源、障碍物及坚石地段。

(3) 管道光缆接头应避开交通要道，尤其是交通繁忙的丁字路口、十字路口。

虽然这些原则在光缆配盘和光缆敷设时已基本确定，但在光缆接续前还要做必要的调整和确定具体的接续位置。光缆接头预留长度重叠位置、长度的确定，埋式光缆应按已挖好的接头坑盘放好余留长度，在光缆上做好连接部分的交叉点、重叠长度等标记，然后将光缆移至接续台(操作用工作台)。管道光缆在人孔内按规定的余留安装方式盘好，在光缆上做好标记，然后由人孔拉至操作台。

3) 光缆护层的开剥处理

光缆外保护层、金属层的开剥尺寸、光纤预留尺寸按不同结构的光缆接头保护套所需长度在光缆上做好标记。然后用专用工具逐层开剥，松套光纤一般暂不剥去松套管以防止在操作过程中损伤光纤。例如，光缆的环切，采用分层渐进法，切忌"一步到位"式的一刀切，开剥长度一般为 1.2~1.5 m，如图 2-37 所示。光缆保护层开剥后，缆内的油膏可用专用清洁剂擦干净，一般正式接头不宜用汽油清洁以避免对保护层、光纤被覆层的老化影响。

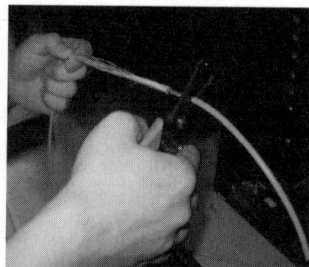

图 2-37　光缆外护套的环切

4) 加强芯、金属保护层等接续处理

(1) 加强芯、金属层的连接方法一般应按选用接头保护套的规定方式进行。金属保护层在接头保护层内是接续连通、断开或引出应根据设计要求实施。

(2) 光缆加强芯固定要牢靠，不得弯曲。

(3) 接头盒进缆孔光缆外保护层胶带黏结处(一般 5 cm)，需用细砂纸打毛，并绕包密封胶带，光缆外保护层绕包密封胶带可有效防止光缆转动。

5) 光纤的接续

光纤接续的方法有熔接、活动连接和机械连接三种。在工程中光纤接续大都采用熔接法。光纤熔接的过程及其工艺流程如图 2-38 所示，它是确保连接质量的操作规程，现场正式熔接时应严格掌握各道工艺的操作要领。

(1) 光纤端面的制备。

光纤的端面处理，又称为端面制备。它包括去除套塑层、去除涂覆层、切割、制备端面和清洗四个步骤，如图 2-38 所示。合格的光纤端面是熔接的必要条件，端面质量直接影响到熔接质量。

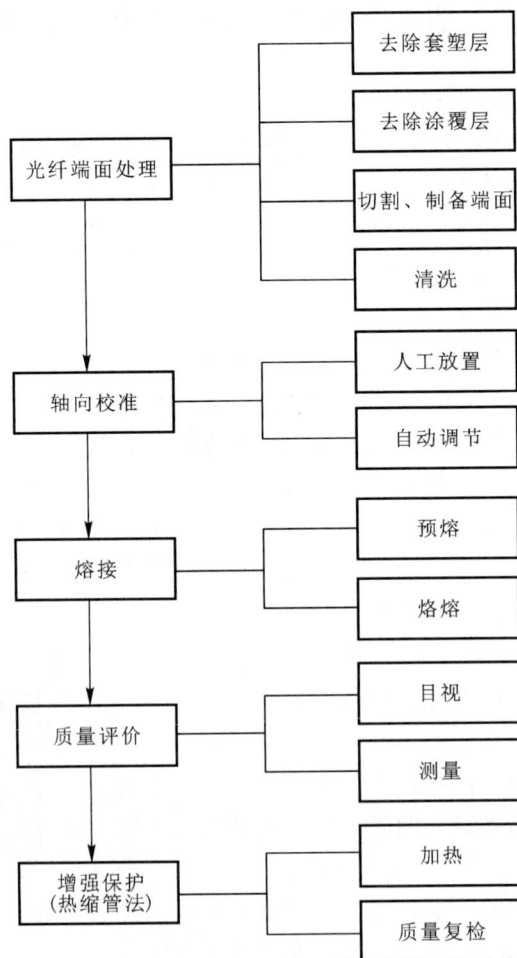

图 2-38　熔接法光纤连接工艺流程

(2) 光纤自动熔接。

对于自动熔接来说，关键是光纤放置于 V 形槽内的状态，如位置放得好，工作开始后控制电路就自动进行校准，直至熔接和连接损耗估算结束。

(3) 光纤接头的增强保护。

光纤采用熔接法完成连接后，其 2～4 cm 长度裸纤的一次涂覆层已不存在，加上熔接部位经电弧烧灼后变得更脆。因此，光纤在完成熔接后必须马上采取增强保护措施，目前常用的是热可缩管补强法。如图 2-39(a)所示，这种增强件由三部分组成。

① 易熔管，一种低熔点胶管，当加热收缩后，易熔管与裸纤熔在一体成为新的涂层。

② 加强棒，其材料主要有不锈钢针、尼龙棒(玻璃钢)、凹形金属片等几种，它起抗张力和抗弯曲的作用。

③ 热可缩管，收缩后使增强件成为一体，起保护作用。热可缩管是增强件，熔接前先套在光纤一侧，光纤熔接完以后再移至接头部位。然后加热收缩(全自动熔接机上配有专用加热装置)，如图 2-39(b)所示。

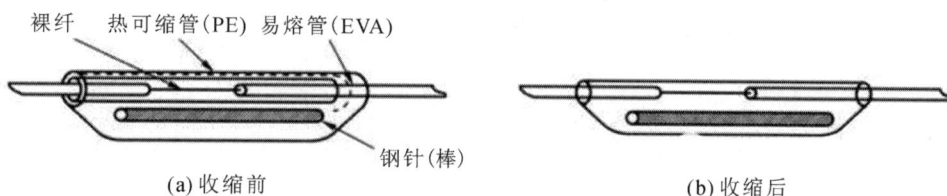

(a) 收缩前　　　　　　　　　　　　(b) 收缩后

图 2-39　光纤熔接接头损耗的现场监测

6) 光纤连接损耗的现场监测、评价

光纤连接损耗的现场监测主要采用熔接机监测法(直接显示)和 OTDR(光时域反射仪)监测法。由于熔接机显示的只是一个估计值，它是根据光纤自动对准过程中获得的两根光纤的轴偏离、端面角偏离及纤芯尺寸的匹配程度等图像信息推算出来的。当熔接比较成功时，熔接机提供的估算值与实际损耗值比较接近。但当熔接发生气泡、夹有杂物或熔接温度选择不合适等非几何因素发生时，熔接机提供的估算值一般都偏小，甚至将完全不成功的熔接接头评估为质量好的接头。因此，对于现场接续来说实施监测是必要的。如果监测结果与熔接机的估算结果较为吻合，便可以装配接头盒，完成光缆的接续。如果监测结果明显劣于估算值，应提示熔接需返工重接。不难想象，及时发现不合格的接头，现场重新熔接比盲目完成接续任务后再返工要简单得多。

目前，工程中连接损耗的监测普遍采用 OTDR。采用此法有两个优点，一是 OTDR 除了提供接头损耗的测量值外，还能显示端头到接头点的光纤长度，继而推算出接头点至端局的实际距离，又能监测被接光纤是否在光缆敷设中已出现损伤和断纤，这对现场施工有很好的提示作用。二是可以监测连接过程。

OTDR 监测方法有远端监测、近端监测和远端环回双向监测 3 种主要方式，如图 2-40所示。

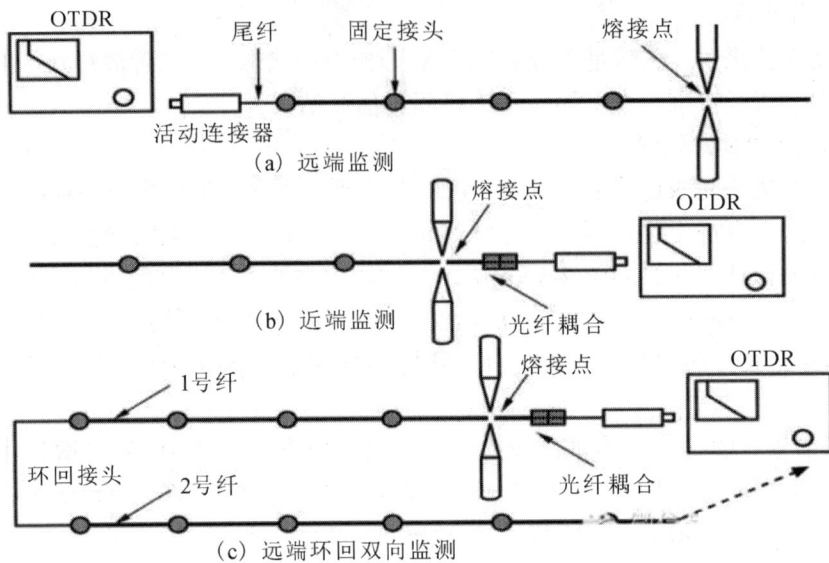

图 2-40　光纤熔接接头损耗的 OTDR 监测

(1) 远端监测方式。

OTDR 放在端站机房，不必在野外作业，有利于保护仪表，并节省仪表测量的准备时间，而且所有连接都是固定的有用连接，如图 2-40(a)所示。要求沿测试前进方向逐点完成熔接，多用于新建线路。

(2) 近端监测方式。

要求 OTDR 连接在熔接点前一个盘长处，每完成一个接头，熔接机和 OTDR 都要向前移动一个盘长，如图 2-40(b)所示。当然，这种监测方式不如远端监测方式理想。但光缆开剥和熔接可以形成流水作业，有利于缩短施工时间，适合多断点线路的抢修作业。

(3) 远端环回双向监测方式。

如图 2-40(c)所示，需将始端光纤两两环接，使之能同时进行正反向测试，但耗时较长。因光纤质量良好，单双向测试结果区别不大。实际上较少采用。

7) 光纤余留长度的收容处理

光纤连接后，经检测连接损耗合格，并完成保护后，按保护套结构所规定的方式进行光纤余长的收容处理。光纤收容的盘绕中，应注意曲率半径和放置整齐易于今后操作等。光纤余长盘绕后，一般还要用 OTDR 复测光纤的连接损耗。当发现连接损耗有变大现象时，应检查原因并予以排除。

光缆接头必须余留有一定的长度的光纤，一般完成光纤连接后的余留长度(光缆开剥处到接头间的长度)一般为 60~100 cm。

(1) 光纤余长的作用。

光纤由接头保护套内引出到熔接机或机械连接法的工作台，需要一定的长度，一般最短长度为 40 cm，这就是光纤余长，它满足再连接的需要以及传输性能的需要。

(2) 光纤余留长度的收容方式。

光纤余留长度的收容方式如图 2-41 所示。

① 近似直线法。图 2-41(a)是在接头保护套内不做盘留的近似直线法，显然，这种方式不适合于室外光缆间的余留放置要求，使用较少。

② 平板式盘绕法。图 2-41(b)所示的收容方式是使用最为广泛的收容方式。如

盘纤盒、余纤板等多数收容方式属于这个方法。在收容平面上以最大的弯曲半径，采用单一圆圈或" "双圈盘绕方法。

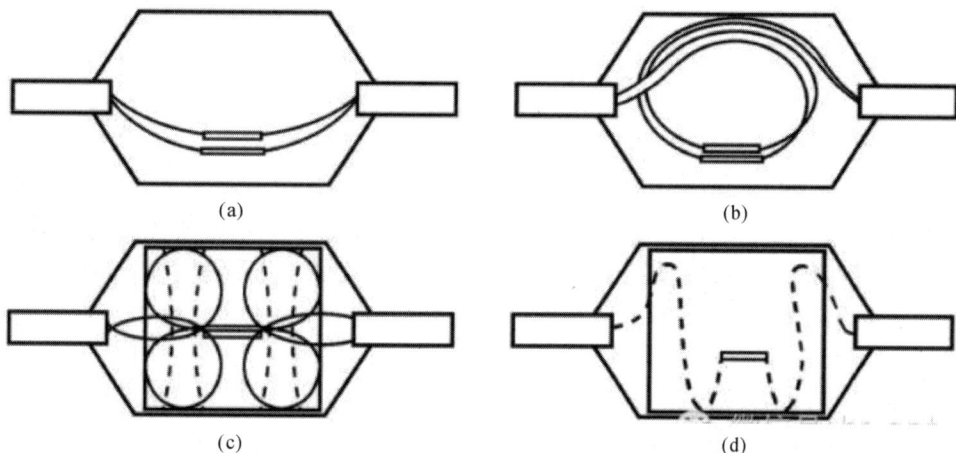

图 2-41 光纤余长的收容方式

这种方法盘绕较方便，但对于在同一板上余留多根光纤时，容易混乱，查找某一根光纤或重新连接时，操作较麻烦且容易折断光纤。解决的办法是采用单元式立体分置方式，即根据光缆中的光纤数量，设计多块盘纤板(盒)，层叠式放置。

平板盘绕式对松套、紧套光纤均适用，目前在工程中应用较为普遍。图 2-42 是光纤收容盒(板)的一个实例，上边还有盖子保护，一般一个盘纤盒可收容 6 根光纤。

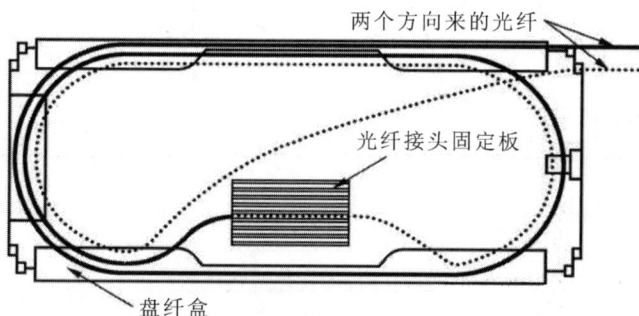

图 2-42 光纤收容盒(板)实例

③ 绕筒式收容法。如图 2-41(c)所示，其光纤余留长度沿绕纤骨架(笼)放置。将光纤分组盘绕，接头安排在绕纤骨架的四周，铜导线接头等可放于骨架中。光纤盘绕有与光缆轴线平行盘绕，也有垂直盘绕，这取决于保护套的结构以及绕纤骨架的位置、空间。这种方式比较适用于紧套光纤。

④ 存储袋筒形卷绕法。如图 2-41(d)中所示，其采用一个塑料薄膜存储袋，

光纤盛入袋后沿绕纤筒垂直方向盘绕并用透明胶纸固定，然后按同样的方法盘留其他光纤。这种方式彼此不交叉、不混纤，查找、处理十分方便。存储袋筒形卷绕法的收容方式比较适合紧套光纤。图 2-43 为这种方式的实例。

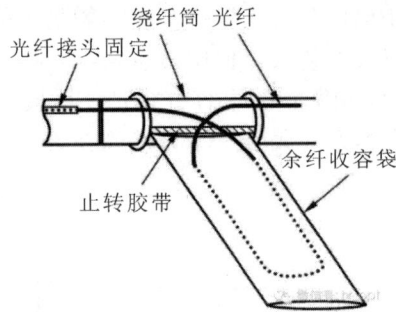

图 2-43　光纤存储袋筒形卷绕式收容实例

8) 光缆接头保护套的密封处理

光缆接头保护套的密封处理须根据接头保护套的规定，严格按操作步骤和要领进行。对于光缆密封部位均应做清洁和打磨，以提高光缆与防水密封胶带之间的密封性能可靠性。注意，打磨砂纸不宜太粗，打磨方向应沿光缆垂直方向旋转打磨，不宜与光缆平行方向打磨。

9) 光缆接头的安装固定

(1) 直埋式光缆接头坑应位于路由前进方向的右侧，位于左侧时应在路由竣工图上标明。接头坑如图 2-44 所示。直埋式光缆的接头的埋深应同该位置直埋式光缆的埋深一致，坑底应铺 10 cm 厚的细土，接头盒上方应加盖水泥盖板保护。如图 2-45 所示，水泥盖板上为回填土。

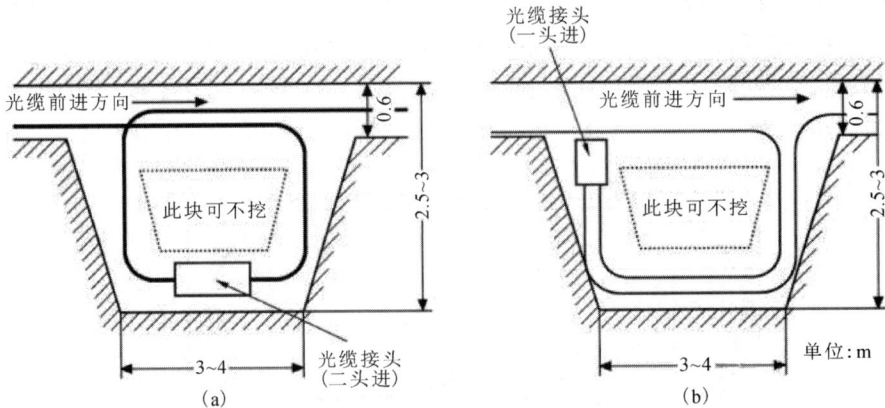

图 2-44　直埋式光缆接头坑

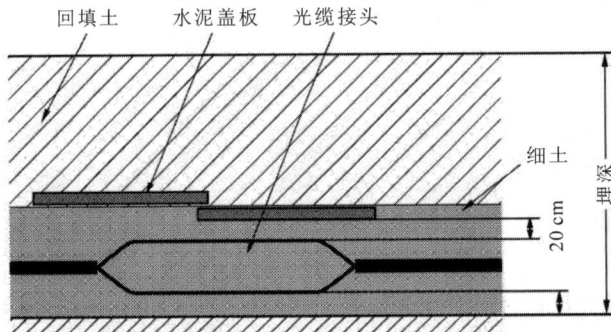

图 2-45　直埋式光缆接头安装

(2) 架空光缆的接头一般安装在杆旁，并应做伸缩弯，如图 2-46 所示。接头的余留长度应妥善地盘放在相邻杆上，可以采用塑料带绕包或用盛缆盒(箱)安装。图 2-47 是适用于南方、接头位置不做伸缩弯的一种安装方式，对于气候变化不剧烈的中负荷区，这种安装方式应在邻杆留有伸缩弯。

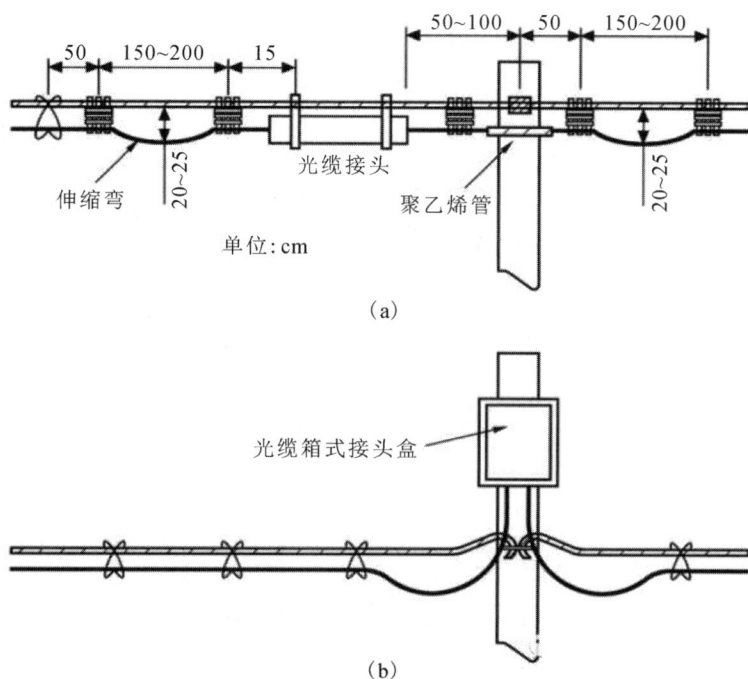

（a）

（b）

图 2-46　架空光缆接头安装

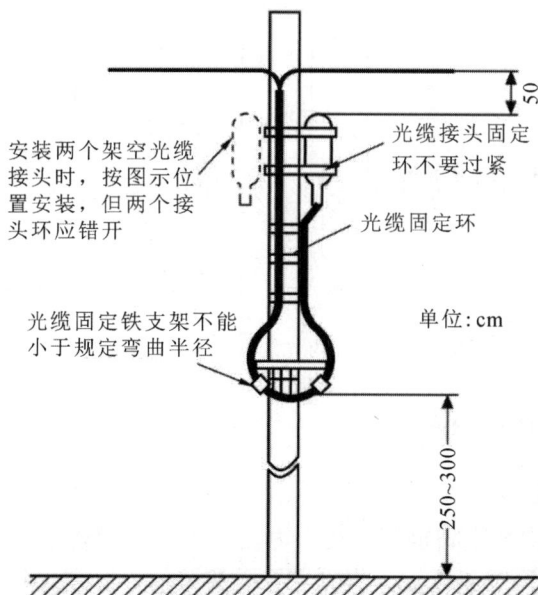

图 2-47　架空光缆接头及余留光缆安装

(3) 管道人孔内光缆接头及余留光缆的安装方式，应根据光缆接头保护套的不同和人孔内光(电)缆占用情况进行安装。

① 尽量安装在人孔内较高的位置，减少雨季时人孔积水浸泡。

② 安装时应注意尽量不影响其他线路接头的放置和光(电)缆走向。

③ 光缆应有明显的标志，即对于两根光缆走向不明显时应做方向标记。

④ 按设计要求方式对人孔内的光缆进行保护。

采用接头保护套为一头进缆时，可按如图 2-48 所示方式安装。两头进缆时可按如图 2-49(a)所示的相类似的方式，把余留光缆盘成圈后，固定于接头的两侧。采用箱式接头盒时，一般固定于人孔内壁上，余留光缆可按如图 2-49(b)所示的两种方式进行安装、固定。

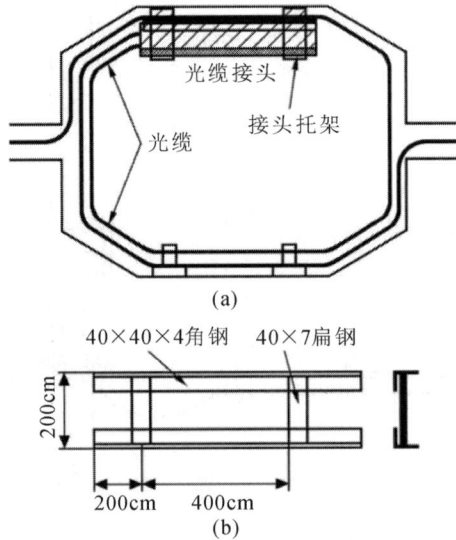

图 2-48　管道人孔接头套的安装

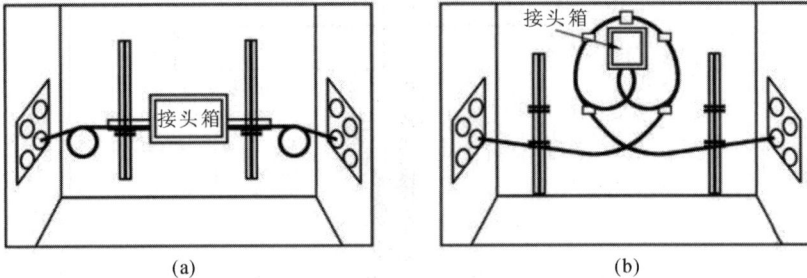

图 2-49　人孔内光缆接头箱(盒)的安装

2.6.2　通信光缆的熔接过程

1. 光纤的熔接过程

(1) 开剥光缆，并将光缆固定到接续盒内。在固定多束管层式光缆时，由于要分层盘纤，各束管应依序放置，以免缠绞。将光缆穿入接续盒，固定钢丝时一定要压紧，不能有松动，否则有可能造成光缆打滚纤芯。注意不要伤到管束，开剥长度取 1 米左右，用卫生纸将油膏擦拭干净。

(2) 将光纤穿过热缩管。将不同管束、不同颜色的光纤分开，穿过热缩套管。剥去涂覆层的光缆很脆弱，使用热缩套管可以保护光纤接头。

(3) 打开熔接机电源，选择合适的熔接方式。熔接机的供电电源有直流和交流两种，要根据供电电流的种类来合理开关熔接机。每次使用熔接机前，应使熔接机在熔接环境中放置至少 15 分钟。根据光纤类型设置熔接参数、预放电时间、及主放电时间等。如没有特殊情况，一般选择用自动熔接程序。在使用中和使用后要及时去除熔接机中的粉尘和光纤碎末。

(4) 制作光纤端面。光纤端面制作的好坏将直接影响接续质量，所以在熔接前一定要做好合格的端面。

① 去除套塑层。松套光纤去除套塑层，是将调整好(进刀深度)的松套切割钳旋转切割一周，然后用手轻轻一折，松套管便断裂了，再轻轻从光纤上退下。如图 2-50 所示，一次去除长度一般不超过 30 cm，当需要去除长度较长时，可分段去除。去除时应操作得当，避免损伤光纤。

图 2-50　去除套塑层

② 去除涂覆层。塑管去除后，用无水酒精清洗纤用油膏。松套光纤在剥除了松套管后，一般有两种不同材料的结构涂层，多数为紫外光固化环氧涂层，另一种为硅树脂涂层。它们去除的方法相同，都是采用涂层剥离钳去除。用这种专用剥离钳去除，方便迅速。图 2-51 是用光纤涂层剥离钳去除涂覆层的实物照片。

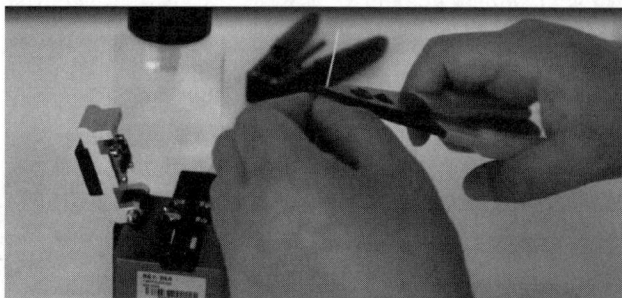

图 2-51　剥除光纤的涂覆层

③ 切割、制备端面。首先清洁切刀和调整切刀位置，切刀的摆放要平稳，切割时，动作要自然、平稳、勿重，勿轻，如图 2-52 所示。一个合格的接头要求端面为平整的镜面，端面垂直于光纤轴，对于多模光纤要求误差小于 1°，对于单模光纤要求误差小于 0.5°，同时要求边缘整齐，无缺损、毛刺。

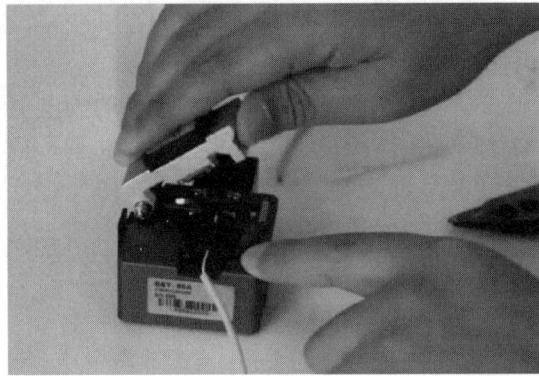

图 2-52　切割光纤

光纤切割方法利用石英玻璃特性，通过"刻痕"方法来获得成功的端面。这种方法类似于用金刚刀裁划窗户玻璃，如图 2-53 所示，在光纤表面用金刚石刻一伤痕，然后按一定的半径施加张力，由于玻璃的脆性，在张力下可获得平滑的端面。

图 2-53　光纤切割方法

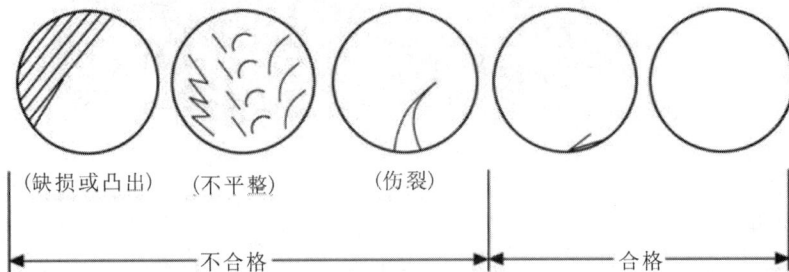

端面制备标准：光纤切割、制备后的裸纤长度为 1.6~2 cm(切割器上有定位标记)，实际上这个长度是与所采用的补强热缩管长度密切相关的。光纤端面要平整无损伤，图 2-54 是光纤端面制备的五种状态。一般遇到前边三种不良端面时，应重新制备。

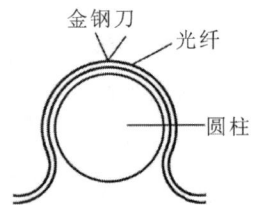

图 2-54　光纤端面制备的五种状态

(5) 熔接光纤，将光纤放在熔接机的 V 形槽中，小心压上光纤压板和光纤夹具，要根据光纤切割长度设置光纤在压板中的位置，关上防风罩，按熔接键就可以自动完成熔接，在熔接机显示屏上会显示估算的损耗值。如图 2-55 所示。

(a) 将光纤放入熔接机　　　　　　　(b) 光纤熔接完成

图 2-55　光纤熔接

(6) 移出光纤用熔接机加热炉加热。

(7) 盘纤并固定。科学的盘纤方法可以使光纤布局合理、附加损耗小，经得住时间和恶劣环境的考验，可以避免因积压造成的断纤现象。在盘纤时，盘纤半径越大、弧度越大整个线路的损耗就越小。所以一定要保持一定半径，使激光在纤芯中传输时避免产生一些不必要的损耗。

(8) 密封接续盒。野外接续盒一定要密封好。如果接续盒进水，光纤以及光纤熔接点长期浸泡在水中，可能会导致光纤衰减增大。

2. 光纤的熔接后续处理

将熔接好的光纤放到光纤熔接机里的加热处，套上热缩管进行加热，热缩管会牢牢地套在熔接处，图 2-56 为将光纤热缩管套入刚熔接好的热光纤。

图 2-56　光纤热缩管套入热光纤

以 4 芯的光缆为例，依次将 4 股光芯(1 股为黄色，1 股为红色，其余两股是白色)进行熔接(两股白色的光芯根据实际需求决定是否熔接)。

熔接好的光纤要按照顺序一圈一圈地排在端子盒里，和耦合器相连接。这样，光纤熔接才算完成。

2.6.3　通信光缆的续接实训

1. 光纤的熔接

1) 实训内容

(1) 光纤熔接机的结构及其操作。

(2) 光纤的熔接。

2) 实训目的

(1) 掌握光纤熔接机的使用方法。

(2) 掌握光纤熔接的方法。

3) 实训器材

(1) 光纤熔接机一台。

(2) 裸光纤。

(3) 切割刀一把。

(4) 剥线钳一把。

(5) 无水酒精和棉花。

(6) 热缩套管一根。

4) 实训步骤

参照本书 2.6.2。

2. 光缆的续接

1) 实训内容

光缆的续接。

2) 实训目的

(1) 掌握光缆开剥工具的正确使用方法，熟练开剥光缆，掌握松套层绞式光缆缆芯结构，准确排定纤序，了解光缆中各构件的作用。

(2) 掌握光缆续接的方法和技巧。

3) 实训器材

(1) 两根光缆。

(2) 光缆接续工具一套。

(3) 光纤熔接机、切割刀等。

4) 实训步骤

参照本书 2.6.2 小节相关内容。

小　　结

1. 电缆

全色谱全塑电缆是典型的用户线路电缆，是目前本地网中广泛使用的电缆。其主要是由缆芯、屏蔽层和保护层组成，芯线采用聚乙烯(或其他聚烯烃)绝缘。由于塑料易于着色，便于形成全塑电缆芯线的全色谱。缆芯外面加涂塑铝带为屏蔽层，保护层采用低密度高分子的黑色聚乙烯材料。

全塑电缆的全色谱由 10 种颜色组成，A 线：白、红、黑、黄、紫，B 线：蓝、橘、绿、棕、灰，将其两两组合，构成一个包含 25 个线对的基本单位，一般称为 U 单位。U 单位的扎带色谱为白/蓝～紫/棕的 24 种组合(比芯线色谱少一个紫/灰组合)。两个 U 单位构成一个 S 单位(50 对线)，4 个 U 单位构成一个 SD 超单位(100 对线)。U 单位外面用双色塑料扎带，S、SD 单位采用单色扎带。

同轴电缆是数据和视频电缆，它由中心轴线互相重合的内外导体构成，其传输性能优于全塑电缆。

双绞电缆是综合布线工程中最常用的一种传输介质，一般由两根 22～26 号绝缘铜导线绞合而成。把两根绝缘的铜导线按一定密度互相绞合在一起，可有效降低信号干扰的程度。

漏泄电缆的结构与普通的同轴电缆基本一致，由内导体、绝缘介质和开有周期性槽孔的外导体三部分组成。电磁波在漏缆中纵向传输的同时又通过槽孔向外界辐射电磁波，外界的电磁场也可通过槽孔感应到漏缆内部并传送到接收端。

2. 光缆

光纤由纤芯、包层和涂覆层组成。信号的传输由线芯完成，包层与纤芯的折射率不同，将光信号封闭在纤芯中传输起到保护纤芯的作用，涂覆层起到保护纤芯和包层的作用。按传输模式的不同可以将光纤分为单模和多模两种类型，按折射率的变化不同可以将光纤分为阶跃型和渐变型。光纤的主要特性有几何特性、光学特性和传输特性，其中传输特性主要是指损耗特性和色散特性，其特性的好坏直接影响光纤通信的中继距离和传输速率(或传输容量)。

光缆按缆芯结构的特点不同，可分为层绞式光缆、中心管式光缆和骨架式光缆。光缆的种类很多，无论不同种类光缆结构形式如何，其基本的组成结构都是由缆芯、保护层和加强件构成的。光缆的型号由类型代号和规格代号两部分组成。室外、室内所常用的单模光纤的型号表示方法是必须掌握的。

准确排定光缆中的纤序和判断光缆的 A、B 端是正确完成光缆、光纤的接续、测试及维护的前提和基础。当光缆同一层中松套管颜色按照蓝、橙、绿、棕、灰、白顺时针排列时就是 A 端，反之是 B 端。而对应的蓝管中的蓝、橙、绿、棕、灰、白六根光纤即为 1~6 号纤，橙管中的蓝、橙、绿、棕、灰、白六根光纤为 7~12 号纤，依此类推，直至排列完毕。光缆的接续由内到外分为三个部分：盒内接续部分、护套支撑部分和密封部分，其中后两个部分是由接头盒生产厂家已做好的，而盒内的接续主要是光纤接续、加强芯连接和金属保护层连接等。光缆的接续流程及光纤的接续流程是本章需重点掌握的内容。

本章主要围绕传输线路，介绍了通信电缆和光缆的概念、结构、类型、型号、端别判断等，在此基础上，介绍了工作场景中非常常见的光缆接续，学生在完成本章的学习后，可以具备传输线路的理论知识和实践能力，更好地理解传输系统在整个通信系统中的地位和作用。

复习思考题

1. 常用的光纤分类方法有哪些？
2. 光缆保护层的作用是什么？
3. 常用光缆的分类方法有哪些？
4. 层绞式光缆的优点有哪些？
5. 光纤连接器的类型有哪些？
6. 光纤熔接需要哪些器材？

第3章 同步数字体系SDH

学习目标

知识目标

掌握同步数字体系 SDH 的基本概念、基本网络单元、速率等级与帧结构、映射与复用、SDH 设备、SDH 网络等。

技能目标

在掌握 SDH 基本原理的基础上，了解通信机房的组成，为 SDH 网络的维护打好基础。

3.1 初识 SDH

同步数字体系(Synchronous Digital Hierarchy，SDH)，最早是美国贝尔通信研究所提出的概念 SONET(光同步网络)，1988 年经国际电报电话咨询委员会(CCITT)重新命名为 SDH。

3.1.1 同步与准同步

提到 SDH，就需要回答一个问题，同步的具体含义。不同频率的低速信号经过复用器，复用为一个高速的信号，首先必须进行信号在时间上的同步。在 SDH 之前，PDH (Plesiochronous Digital Hierarchy)称为准同步数字体系，是通过码速调整进行同步的，SDH 颠覆了 PDH 的同步体制，使用指针进行同步。这是理解 SDH 的关键点，本章会详细介绍。

3.1.2 PDH 的不足之处

1. 标准和规范不统一

只有地区性的标准电接口规范和帧结构标准，没有世界统一的标准光接口规范，IUFT 建议的三大 PDH 系列如图 3-1 所示。

北美系列　　　　　　　日本系列　　　　　　欧洲(中国)系列

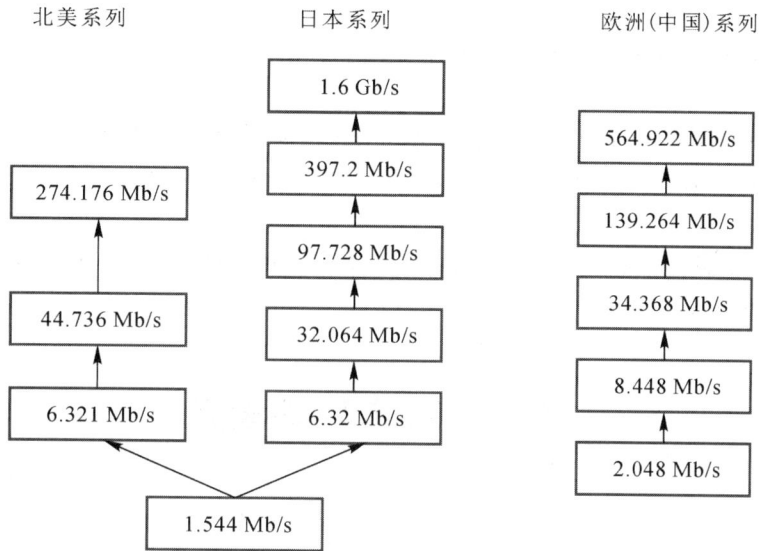

图 3-1　IUT-T 建议的 3 大 PDH 系列

2. 复用方式复杂，灵活性差

PDH 的复用和解复用需要通过码速调整一级级实现，在上下电路的过程中，需要先从高速信号一步一步地分解为低速信号，再一步一步地复用为高速信号进行传输，因此降低了效率，增加了设备的复杂性。

3. 运行维护(OAM)能力差

帧结构中用于管理的字节较少，导致运行、维护的功能自动化程度差。

4. 网络结构功能单一

PDH 为点到点的传输体制，在路由选择、自愈功能方面无法适应网络的高速演进。

3.1.3　SDH 的发展

PDH 的主要不足恰恰是 SDH 的主要优点。

(1) SDH 定义了统一的网络节点接口(NNI)，包括数字速率等级、帧结构、复接方法等，简化了信号的传输、复用以及交叉连接等过程，同时具有标准的光接口规范，可以实现不同厂家的设备互联互通。

(2) 采用了同步复用方式和灵活的分插功能，复用和解复用过程可以一次完成，不需要逐级实现，简化了设备逻辑功能，优化了网络结构。

(3) SDH 的帧结构中有足够的开销比特，包括段开销(SOH)、通道开销(POH)等，提升了网络的自动化程度，OAM 功能大大增强，可以适应未来的网络演进需求。

(4) SDH 具有先进的网络管理系统、网络动态配置、路由自动选择等功能，自愈能力强，网络可靠性高。

PDH 的速率信号可以装入 SDH 的虚容器，复用到 STM-1 的帧结构中，实现了 PDH 到 SDH 的过渡。在体现前向兼容性的同时，还支持微波和卫星传输。当然，SDH 也有一些不足之处。

(1) 由于 SDH 系统增加了 OAM 开销，使得传输净荷的字节减少，因此频带利用率不如 PDH。

(2) 网络自动化程度高也意味着软件系统在整个网络系统中的重要程度，如果网络系统出现故障或被外部攻击，会导致业务受损甚至网络瘫痪，网络安全被提升到一个从前所未有的级别。

(3) 指针是 SDH 的技术特点，省去了多级复用、解复用过程，但同时会使其产生抖动损伤，特别是在网络边界处性能劣化。

3.2　基本网络单元

SDH 的业务特性是由若干逻辑单元完成的，主要包括三类，分别为复用器、再生中继器和数字交叉连接设备。

3.2.1　复用器

复用器是 SDH 最重要的网络单元，也是 SDH 的基础功能，细分为终端复用器 TM(Terminal Multiplexer)和分插复用器 ADM(Add/Drop Multiplexer)。

1. 终端复用器

终端复用器(图 3-2)是一个二端口器件，用于端点站，主要功能是把低速支路信号复用到高速信号 STM-N 的帧结构中，或者将高速信号解复用为低速支路信号，同时具有交叉和光电转换的功能。

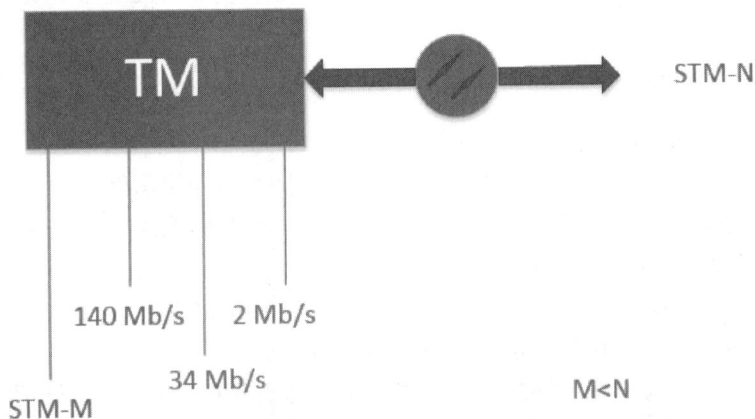

图 3-2　终端复用器

2. 分插复用器

分插复用器(图 3-3)是一个三端口器件，用于节点站，是网络中最常用的网元，具有同步复用和数字交叉的功能，可以代替其他器件，例如终端复用器。

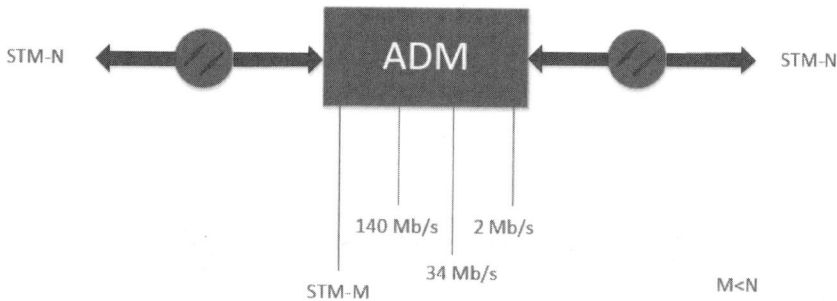

图 3-3　分插复用器

3.2.2　再生中继器

再生中继器 REG(regenerative repeater)是一个二端口设备，如图 3-4 所示。用于节点站。它不需要交叉复用的功能，但是对于长距离传输来说 REG 具有信号中继作用。光再生中继器对光功率进行放大，电再生中继器对光信号进行光/电转换、放大、整形、再生、电/光转换等一系列处理后继续传输。

图 3-4　再生中继器

3.2.3　数字交叉连接设备

数字交叉设备 DXC(Digital Cross Connector)是一个多端口器件，如图 3-5 所示。用于重要节点，在 SDH 系统中有时也称为同步数字交叉设备 SDXC(Synchronous Digital Cross Connector)，具有强大的 STM-N 的交叉连接功能。

图 3-5　数字交叉连接设备

3.2.4　复用段与再生段

基本网络单元的逻辑图中，复用段和再生段是两个常用的概念，一般将终端复用器(TM)与分插复用器(ADM)或者数字交叉连接设备(DXC)之间的物理实体称为复用段，将再生中继器(REG)与其他网元之间连接的全部实体称为再生段。这两个概念也是理解帧结构中段开销的前提，其示意图如图 3-6 所示。

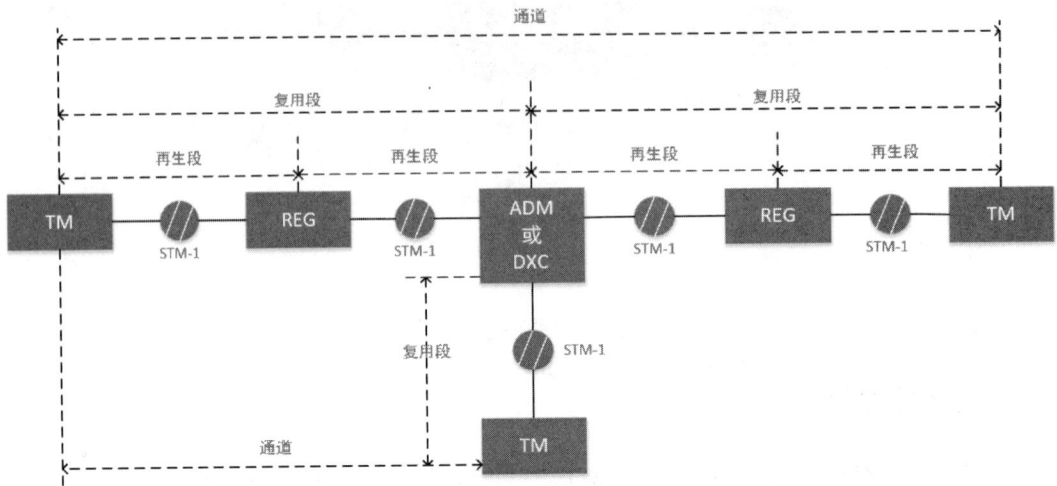

图 3-6　复用段与再生段

3.3 速率等级和帧结构

3.3.1　速率等级

SDH 具有统一网络节点接口 NNI(Network-to Network Interface)，其规范了一个统一的网络节点接口和帧结构。SDH 信号以同步传送模块 STM-N(Synchronous Transport Module) 的形式传输，其中 N 代表 1，4，16，64，256 几种等级，见表 3-1，其中最基本的模块信号是 STM-1，网络节点接口速率为 155.520 Mb/s。

表 3-1　STM-N 不同等级对应网络节点接口速率

等　级	速率/(Mb/s)
STM-1	155.520
STM-4	622.080
STM-16	2488.320
STM-64	9953.280
STM-256	39813.12

STM-N 的速率等级可以通过帧结构计算。

3.3.2　帧结构

ITU-T 规定 STM-N 的帧结构采为矩形块状，或者页状，也可以理解为一种重复性的图案，如图 3-7 所示。

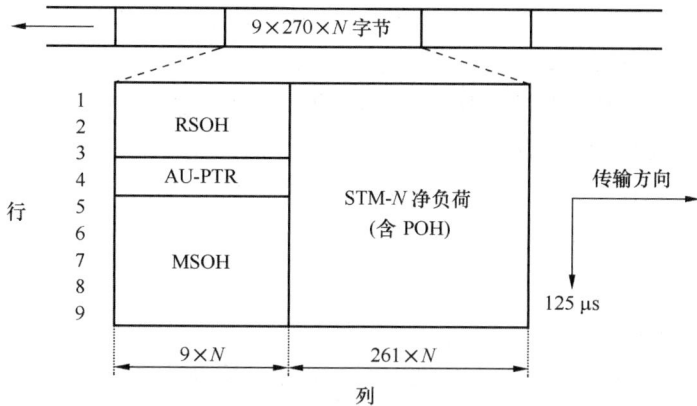

图 3-7　帧结构

STM-N 以字节(1 个字节包含 8 个比特)为单位,按照从左向右的方向依次传送,传送完成第一行后,再按照从上往下的顺序,开始传送第二行,以此类推,传送完一帧后,传送下一帧。

STM-N 的帧周期为 125 μs,即 1 秒传输 8000 帧。以 STM-1 为例,其传输速率为 9(行) × 270(列) × 8(每字节 8 比特) × 8000 = 155.520 Mb/s,STM-N 逐字节间插复用,速率为 STM-1 的 N 倍。

SDH 的帧主要由三部分组成,分别为段开销 SOH(Section Overhead)、管理单元指针 AU-PTR(Administrative of pointer)、净荷区(Payload),其中段开销又分为再生段开销 RSOH(Regenerator Section Overhead)和复用段开销 MSOH(Multiplex Section Overhead)两个部分,净荷区包含通道开销 POH(Path Overhead)。

1. 段开销(SOH)区域

段开销是网络运行、管理和维护使用的字节,传输的虽然不是用户直接的业务信息,却是保证业务信息传输的必要条件。

如图 3-8 所示的 STM-1 的帧结构,再生段开销 RSOH 占用第 1~3 行的空间,复用段开销 MSOH 占用第 5~9 行各 9 列的空间。

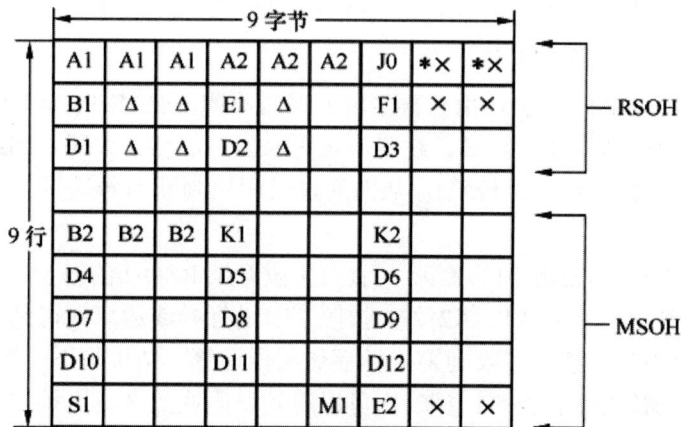

图 3-8　段开销(SOH)区域

△为与传输介质有关的字节，专用于具体传输介质的特殊功能，例如用单根光纤做双向传输时，可用此字节来实现辨明信号方向的功能。×为国内保留使用的字节，*为不扰码字节，所有未做标记的字节的用途待将来的国际标准确定。

STM-N帧结构按照字节间插复用。

再生段开销 RSOH 和复用段开销 MSOH 分别在再生段和复用段的始端封装、末端终结，各字节的功能和含义如下。

1) 定帧字节：A1、A2

SDH 不同于 PDH 的通过码速调整同步，而是直接从高速信号中分离出低速支路信号，这是通过指针来实现的，而指针实现的前提是准确地识别每个 STM-N 帧的起始位置。

A1、A2 字节填充的是固定的比特值，形成识别帧头的固定图案：A1=11110110(F6H)，A2=00101000(28H)。

接收端识别到 $3N$ 个 F6H 字节以及 28H 字节时，判断为一个 STM-N 帧。如果系统 625 μs 内(即连续 5 帧)收不到定帧字节，即判断帧失步，上报帧失步 OOF(Out Of Frame)告警；如果该告警持续 3 ms，则判断帧丢失，上报帧丢失 LOF(Loss Of Frame)告警，此时会下插 AIS(Alarm Indication Signal)信号，全 1 填充，对端在 2 个帧周期内检查到的 0 的数量少于 3，上报告警指示信号 AIS，业务中断。在帧丢失状态下，如果连续 1ms 以上收到处于定帧状态，告警消失，恢复正常。

2) 再生段追踪字节：J0

J0 为再生段追踪字节重复的发送段接入点标识符，在同一个运营者的网络内，该字节可为任意字符，在两个不同运营者的网络边界处要使设备收发两端的 J0 字节相匹配，用于监控接收端是否与指定的发送端处于连接状态，以便提前发现和解决故障。发送段接入点标识符本质上可以理解为一个接入点名称。

在早期的 SDH 设备中，J0 字节的位置安排的是 C1 字节，用来表示 STM-1 在 STM-N 中的位置，辅助帧定位。这类设备与采用 J0 字节的新设备通信时，可以将新设备的 J0 字节设置为"00000001"，表示"再生段追踪字节未规定"。

3) 比特间插奇偶校验 8 位码：B1

比特间插奇偶校验 8 位码 B1 用于再生段的误码监测，简称 BIP(Bit Interleaved Parity)-8。信号在传输过程中因为软硬件异常、线路质量等原因可能存在误码，BIP-8 实质上就是对信号做的一种偶校验(相对于奇校验)，从而通过误码块判断信号质量并做相应处理，它的工作原理如下。

发送端将第 X 个 STM-N 帧的除第一行(再生段开销 RSOH 的第一行不参与扰码，以便接收端能正确找到定帧字节 A1、A2)外，按照字节进行异或运算，得到的结果存放在下一帧($X+1$)的 B1 字节中，接收端收到第 X 帧后做同样运算，结果与下一帧($X+1$)的 B1 字节比较，如果相同则认为没有误码，相反则可以得到误码块数量。这种误码监测的方法应用广泛，但是不能保证监测完全正确，因为有可能恰好某一列存在偶数个误码，不过发生这种情况的概率较小。

4) 公务字节：E1、E2

公务字节早期用于提供公务联络的语音通道，随着通信网络的发展，目前现网基本不再使用。E1 属于 RSOH 中的字节，用于为再生段的公务语音通道，E2 为 MSOH，用于复用段的公务语音通道，速率值为 64 Kb/s。

5) 使用者通道字节：F1

使用者通道字节是保留给使用者(通常指运营商)用于特定维护目的的临时公务联络通道，可提供 64 Kb/s 的语音或者数据业务。

6) 数字通信通路 DCC(Digital Communication Channel)字节：D1～D12

数字通信通路字节提供管理网到网元的数据通道，是 SDH 网络运行、管理和维护功能强大的直观体现。有了这条通路，可以通过网管系统，方便地对网元进行下发命令、数据查询、性能测试、故障定位等。其中 D1～D3 字节属于 RSOH，速率为 64 Kb/s × 3 = 192 Kb/s，为再生段提供操作、维护和管理信息；D4～D12 属于 MSOH，速率为 64 Kb/s × 9 = 576 Kb/s，为复用段终端间提供 OAM，现网一般将自动交换光网络 ASON(Automatically Switched Optical Network)作为控制通道。

7) 比特间插奇偶校验 N × 24 位码(BIP-N × 24)：B2

比特间插奇偶校验 $N \times 24$ 位码 B2 是复用段中用于在线误码监测的字节，它与 B1 字节的区别在于：B1 字节用于对整个 STM-N 帧进行误码监测，B2 字节用于对每一个 STM-1 帧进行误码监测。

STM-N 帧中有 $N \times 3$ 个 B2 字节，每三个 B2 字节监测一个 STM-1 帧。它对 STM-1 帧中除了 RSOH 的 3 行以外所有字节进行 BIP-24 校验，工作原理与 B1 字节类似。

8) 自动保护倒换 APS(Automatic Protect Switch)通路字节：K1 和 K2(b1～b5)

自愈网络的一个重要功能就是自动倒换，K1 和 K2(b1～b5)用于传送复用段自动保护倒换(APS)指令。K1(b1～b4)用于指示倒换请求的原因，K1(b5～b8)用于指示请求倒换的信道号，K2(b1～b4)用于指示桥接到保护信号的通道号，K2(b5)取 0 时表示 1 + 1APS 倒换，取 1 时表示 1：N 倒换。关于倒换详细内容可参考 APS 协议。

9) 复用段远端缺陷指示 MS-RDI(Multiplex Section-Remote Defect Indication)字节：K2(b6～b8)

K2(b6～b8)用于接收端向发送端指示 MS-RDI，即接收端收到发送端信号劣化或者接收到发送端的复用段告警指示信号(MS-AIS)时，将 K2(b6～b8)在扰码前置"110"，发送端收到复用段远端缺陷指示 MS-RDI 后产生告警。

10) 同步状态字节：S1(b5～b8)

S1(b5～b8)表示同步状态信息 SSM(Synchronous Status Message)，其将上游站点的时钟同步状态传递到下游站点，设备可以根据 S1(b5~b8)的值(越小表示时钟质量等级越高)判断时钟同步的质量，并据此决定是否切换到较高质量的时钟源上，S1 字节含义见表 3-2。

表 3-2　S1 字节含义

S1(b5~b8)	时 钟 质 量
0x00	同步质量不可知
0x02	G.811 时钟信号
0x04	G.812 转接局时钟信号
0x08	G.812 本地局时钟信号
0x0b	同步设备定时源时钟信号
0x0f	同步源不可取
0xff	自动提取

11) 复用段远端差错指示 MS-REI(Remote Error Indication)字节：M1

复用段远端差错指示 MS-REI(Remote Error Indication)字节 M1 与 B2 字节配合，用于接收端将 BIP-24 监测出来的误码块数量发送给发送端，以便发送端了解接收端的收信误码情况。

12) 备用字节

图 3-8 中的×表示国内使用的保留字节，所有未做标记的字节的用途待由将来的国际标准确定。

2. 管理单元指针(AU-PTR)区域

管理单元指针区域占据帧结构的第 4 行和第 $9 \times N$ 列字节的条形区域，用于指示 STM-N 帧中信息净负荷第一个字节的准确位置，以便接收端可以正确地分解提取信号。

3. 净负荷(Payload)区域

净负荷区域占据帧结构的第 1~9 行和第 $10 \times N$~$270 \times N$ 列字节的矩形区域，装载的是具体的业务信息和少部分监控、管理和控制通道性能的通道开销 POH(Path Overhead)字节。与段开销主要负责段层(再生段和复用段)的 OAM 功能不同，通道开销主要负责虚容器 VC(Virtual Container)通道层的 OAM 功能。虚容器 VC(Virtual Container)是映射复用的基本单元。

3.4　映射与复用

3.4.1　基本映射复用单元

SDH 体制基本的复用单元包括容器 C(Container)、虚容器 VC(Virtual Container)，支路单元 TU(Tributary Unit)、支路单元组 TUG(Tributary Unit Group)、管理单元 AU(Administrative Unit)和管理单元组 AUG(Administrative Unit Group)。

1. 容器 C

容器是以 ITU-T 建议 G.707 定义的标准容器，用来装载各种速率业务信号的信息结构，主要完成准同步数字体系信号 PDH 与虚容器 VC 之间的码速调整。5 种标准容器表示为 C-11、C-12、C-2、C-3、C-4，速率分别为 1.544 Mb/s、2.048 Mb/s、6.312 Mb/s、34.368 Mb/s、139.264 Mb/s，我国 SDH 网络中仅使用了 C-12、C-3 和 C-4。

2. 虚容器 VC

容器 C 输出的净负荷加上通道开销 POH 组成了虚容器 VC：

VC-n = C-n + VC-n's POH

虚容器 VC 用于支持 SDH 通道层的连接，是 SDH 中可以用来传输、交换、处理的最小信息单元。VC-4 和 AU-3 中的 VC-3 为高阶虚容器，如果通过 TU-3 把 VC-3 复用进 VC-4，则 VC-3、VC-11、VC-12 和 VC-2 都属于低阶虚容器。在我国，VC-4 属于高阶虚容器，VC3、VC-12 属于低阶虚容器。

3. 支路单元 TU

低阶虚容器 VC 加上相应的支路单元指针 TU-PTR 组成了支路单元 TU：

TU-n = 低阶虚容器 VC-n + TU-n-PTR

支路单元指针 TU-n-PTR 指示 VC-n 净负荷起点在 TU 帧内的准确位置。

支路单元 TU 用于提供低阶通道层和高阶通道层之间的适配性，是一种负责将低阶虚容器经支路单元组 TUG 装进高阶虚容器的信息结构。

4. 支路单元组 TUG

一个或者多个在高阶虚容器 VC 净负荷中固定占有规定位置的支路单元 TU 的集合构成支路单元组 TUG。支路单元组 TUG 有两种：由 1 个 TU-2 或者 3 个 TU-12 或者 4 个 TU-11 按字节间插组合而成的为 TUG-2；由 1 个 TU-3 或者 7 个 TU-2 按字节间插组合而成的为 TUG-3。

5. 管理单元 AU

高阶虚容器 VC 加上相应的管理单元指针 AU-PTR 组成了管理单元 AU：

AU-n = 高阶虚容器 VC-n + AU-n-PTR

管理单元指针 AU-n-PTR 指示 VC-n 净负荷起点在 AU 帧内的准确位置。

管理单元 AU 用于提供高阶通道层和复用段层之间的适配性，是一种负责将高阶虚容器经管理单元组 AUG 装进 STM-N 帧的信息结构。

6. 管理单元组 AUG

一个或者多个在 STM-N 帧的净负荷中固定占有规定位置的管理单元 AU 的集合构成管理单元组 AUG。一个 AUG 由一个 AU-4 或者 3 个 AU-3 按字节间插组合而成。

以上 6 个基本单元完成了各种业务信号装进 STM-N 帧的三大步骤：映射、定位和复用。

3.4.2　映射

映射是将装入标准容器的各种低速支路信号再次适配装入虚容器 VC(容器 C 输出的净负荷加上通道开销 POH 组成了虚容器 VC)的过程。通过前面已有的技术基础，本小节进行通道开销 POH 的分析，并为映射过程做好准备。

1. 通道开销 POH

通道开销位于 STM-N 帧结构的净负荷区域。

1) 低阶通道开销 LP-POH(Lower order Path Path Overhead)

低阶通道开销监控 VC-12 通道的 OAM 性能。

为了适应不同容量的净负荷在网络中的传输场景，有不同类型的帧结构。通常把 C-n 的标准帧称为基帧或者基本帧，由几个连续的基帧组成的称为复帧，把基帧的一部分称为子帧。

一个 VC-12 复帧包含 4 个 VC-12 基本帧,如图 3-9 所示,低阶通道开销位于每个 VC-12 基本帧的第一个字节，共四个字节，分别为 V5、J2、N2、K4。

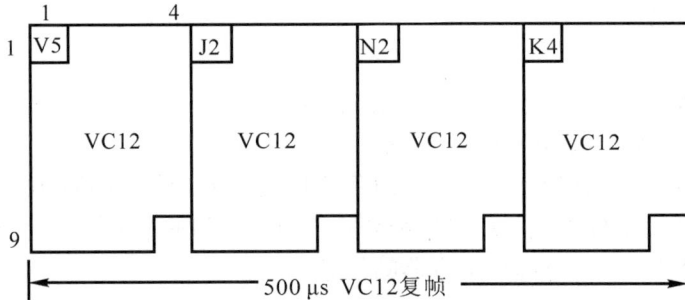

图 3-9　VC-12 的复帧结构

(1) 通道状态和信号标记字节 V5：用于 VC-12 帧的误码监测、信号标记和通道状态指示。

(2) 低阶通道踪迹字节 J2：低阶通道接入点标识符，被重复发送，用于确认接收端是否与指定的发送端处于连续的连接状态，功能与段开销中的 J0、高阶通道开销中的 J1 类似。

(3) 网络运营者字节 N2：用于串联监视 TCM(Tandem Connection Monitor)功能。

(4) 备用字节 K4：预留未使用的字节，当接收端接收到该字节时，忽略该字节值。

2) 高阶通道开销 HP-POH(Higher order Path Path Overhead)

高阶通道开销监控 VC-4 通道的 OAM 性能。

高阶通道开销位于每个 VC-4 帧的第一列，共 9 个字节，如图 3-10 所示，分别为 J1、B3、C2、G1、F2、H4、F3、K3、N1。

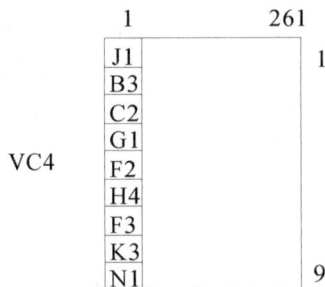

图 3-10　高阶通道开销的结构图

(1) 高阶通道踪迹字节 J1：高阶通道接入点标识符，被重复发送用于确认接收端是否与指定的发送端处于连续的连接状态,功能与段开销中的 J0、低阶通道开销中的 J2 类似。

(2) 高阶通道误码监测字节 B3:用于对 VC-3 和 VC-4 通过 BIP-8 码进行误码监测,工作原理和 B1、B2 字节类似。

(3) 高阶通道信号标记 C2:用于指示高阶通道 VC-3 和 VC-4 的信息组成,即 VC 帧的复接结构和信息净荷的性质,例如判断高阶通道是否装载,装载的业务种类以及映射方式。C2 字节的详细含义见表 3-3。

表 3-3 C2 字节含义

C2 字节 (Hexadecimal)	含 义
00	通道未装载
01	通道装载非特定的净负荷
02	TUG 结构
03	锁定的 TU
04	速率为 34.368 Mb/s 和 44.736 Mb/s 的信号异步映射到 C-3
12	速率为 139.264 Mb/s 的信号异步映射到 C-4
13	异步转移模式 ATM(Asynchronous Transfer Mode)
14	城域网 MAN(Metropolitan Area Network)分布式队列双总线 DQDB(Distributed Queue Dual Bus)映射
15	光纤分布式数据接口 FDDI(Fiber Distributed Data Interface)映射
16	高级数据链路控制 HDLC (High-Level Data Link Control)/点对点协议 PPP(Point to Point Protocol)映射,HDLC 和 PPP 是两种典型的串口封装协议
17	简单数据链路 SDL(Simple Data Link)带 SDH 自同步扰码映射
18	高级数据链路控制 HDLC(High-Level Data Link Control)/ SDH 上的链路接入规程(Link Access Procedure-SDH)帧映射
19	简单数据链路 SDL(Simple Data Link)带扰码映射
1A	速率为 10 Gb/s 以太网帧映射
1B	可变拓扑数据链路映射
CF	保留字节
E1…FC	保留国内应用字节
FE	ITU O.181 测试信号规定的映射
FF	VC 连接告警指示信号 VC-AIS(仅用于串联)

(4) 通道状态字节 G1:用于将通道接收端的状态和性能信息回传给通道发送端设备,使得可以在通道的任何一端对整个通道的双向状态和性能信息进行监控。G1 字节的安排见表 3-4。

表 3-4 G1 字节安排

REI				RDI	未 使 用		
1	2	3	4	5	6	7	8
0	0	0	0	远端接收失效信号 AIS,当信号失效条件成立或者通道追踪失配时发 1,否则发 0			
0	0	0	1				
0	0	1	0				
0	0	1	1				
0	1	0	0				
0	1	0	1				
0	1	1	0				
0	1	1	1				
1	0	0	0				
1	x	x	x				

正常情况下 B3 检测出的误码块数由 G1 的前四位传递给发送端, 发送端根据阈值上报性能事件"高阶通道远端误码块指示"HP-REI(Higher order Path-Remote ErrorIndication)。当接收端收到 AIS、误码超限、J1 和 C2 字节失配时, G1 字节的第 5 位给发送端发送一个性能事件——高阶通道远端劣化指示 HP-RDI(Higher order path-Remote Defect Indication), 发送端可以了解到接收端接收的信号状态, 及时发现和定位故障。

(5) 高阶通道使用者字节 F2、F3: 用于提供公务通信的通道单元, 与净负荷有关。

(6) TU 位置指示字节 H4: 用于指示复帧的类别和净负荷的位置。当 2 Mb/s 的 PDH 信号复用进 VC-4 帧时, 通过 H4 字节可以确定当前的基本帧是复帧中的第几帧。H4 字节的取值范围是 00H~03H, 如果超出此范围, 接收端会产生支路单元复帧丢失告警 TU-LOM(TU-Loss Of Multi-frame)。

(7) 自动保护倒换通路字节 K3: 前 4 位用于传送 APS(Automatic Protect Switch)协议, 后四位作为空闲字节预留, 暂时没有规定值。

(8) 网络运营者字节 N1: 用于提供串联监视 TCM(Tandem Connection Monitor)功能, 与网络运营者字节 N2 类似。

2. 映射方法和映射模式

映射是 SDH 技术体制首先要解决的技术问题, 即为了适应各种不同的网络应用情况, 进而形成统一的速率体系, 需要选择合适的映射方法和工作模式。一般来说, 可以概括为两种映射方法和两种映射模式。

1) 映射方法

(1) 异步映射。异步映射对被映射信号的结构没有任何限制(即信号有无帧结构均可), 也不需要与网络同步, 仅仅利用码速调整的方法将信号适配进虚容器 VC。在映射过程中通过在固定的位置上随机插入比特填充信息, 将其适配成与 SDH 网络同步的虚容器 VC 基本单元，在解映射过程中，去除这些塞入的比特，恢复出原始信号。异步映射包含一个子集，即比特同步映射。它对支路信号的结构同样没有任何限制，但是在低速支路信号与网络同步的情况下，不需要进行码速调整就可以将其适配成与 SDH 网络同步的虚容器 VC 基本单元。

(2) 字节同步映射。字节同步映射要求被映射信号具有以字节为单位的帧结构，并且信号与网络同步(即帧频一致)，不需要码速调整就可以将信息字节装入 VC 内规定位置，这种同步方式的信号每一个字节在虚容器 VC 中的位置都是固定的，解映射时可以直接从 STM-N 中提取指定的字节出来。

2) 映射模式

(1) 浮动 VC 模式。在浮动 VC 模式下，虚容器 VC 净负荷在支路单元 TU 内的位置不固定，由支路单元指针 TU-PTR 指示起点位置。它采用 TU-PTR 和 AU-PTR 两层指针解决虚容器 VC 净负荷与 STM-N 帧的频差和相差问题，从而不需要滑动缓存器就可以实现同步，并且引入的信号时延最小(约 10 us)。同时帧内有通道开销字节，可以进行通道性能的端到端监测。

(2) 锁定 TU 模式。锁定 TU 模式的信息净负荷与网络同步并且处于 TU 帧内的固定位置，不需要 TU-PTR 定位，可以直接从 STM-N 信号中装入、取出低速支路信号，但是当高速信号和低速信号之间出现频差和相差时，需要用 125 μs 的滑动缓存器进行频率校正和相位对准，容易造成信号延迟和滑动损伤。锁定 TU 模式没有通道开销字节，不能进行通道性能的端到端监测。

SDH 技术要求同时满足异步复用(例如 PDH 信号装入 STM-N 信号)和同步复用(例如 STM-1 信号适配为 STM-N 信号)，并且方便地完成低速信号和高速信号的装入和分插，所以必须根据网络的不同情况，选取合适的映射方法以及映射模式，当前我国绝大多数厂家的设备采用的是异步映射的浮动工作模式。

3.4.3 定位

定位是将帧偏移信号装入支路单元 TU-n 或管理单元 AU-n 的过程，即通过支路单元指针和管理单元指针的调整，使指针值指向低阶 VC 帧的起点在 TU 净负荷的具体位置或者高阶 VC 帧的起点在 AU 净负荷中的具体位置，使接收端实现对相应 VC 正确的提取。

定位过程的关键技术是指针，指针的作用可以归纳为：① 当网络处于同步状态时，指针用于同步信号的相位校准；当网络失去同步状态时，指针用于信号的频率校准和相位校准；当网络处于异步状态时，指针用于频率跟踪校准。② 容纳网络中的频率抖动和漂移。

下面分别介绍管理单元指针和支路单元指针。

1. 管理单元指针

管理单元指针称为 AU-4 指针，用来指示 VC-4(高阶 VC)在 AU-4 中准确的起点，即 J1 的位置，从而解决 VC-4 和 AU-4 在频率和相位上的差异。

AU-4 指针位于 STM-1 帧的第 4 行、第 1~9 列，共 9 个字节中，如图 3-11 所示。

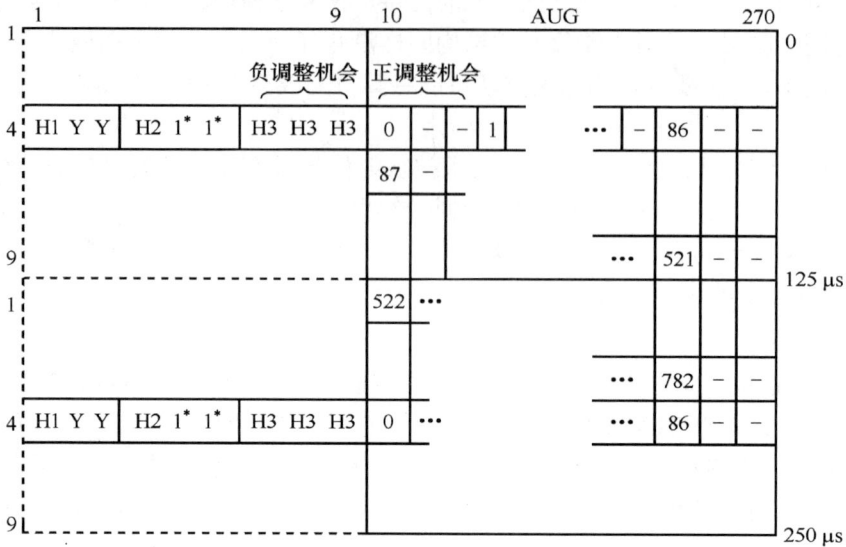

图 3-11　AU-4 指针在 STM-1 中的位置

AU-4 PTR= H1,Y,Y,H2,11111111,11111111,H3,H3,H3

H1、H2 的后 10 位用于装载实际的指针值。

H3 是负调整机会字节，在负调整时，以 3 个 H3 为一个调整单位，其携带额外的 VC-4 数据。

Y=1001SS11，其中 SS 是未规定值的位。

为了使指针值明确装进 AU-4 中的 VC4 起点(第一个字节 J1)的具体位置，我们对 STM-1 净负荷区域的所有字节进行编号，第 4 行 3 个 H3 字节之后三个连续的 0 字节为正调整机会字节，紧接着以 3 个字节为单位继续编号，直到 782(261 × 9/3=783)，VC-4 的起点可以在 0～782 的任意位置，这个位置就由指针数值(HI 和 H2 字节的后 10 位)标明。

为了更好地理解 AU-4 指针工作原理，以货车车厢(信息净负荷区)运输货物(VC-4)来举例说明，假定货车的停站时间是 125 μs，货物(VC-4)逐字节连续装入货车车厢(信息净负荷区)。

1) AU-4 指针正调整

当 VC-4 的速率低于 AU-4 的速率时，装载一个 VC-4 货物所用的时间多于货车停站时间 125 μs(帧频低，帧周期长)，AU-4 在时间上无法装完一个 VC-4，要把 VC-4 中剩下的字节在下一辆车运输。由于 AU-4 未装完 VC-4，车厢中空出一部分位置。为防止由于车厢未装满而在运输过程中引起货物散乱，在 AU-PTR 的 H3 字节后面以 3 个字节为单位填充伪随机信息，使货物的位置向后移动 N 个单位(3 个字节)，这种调整方式叫作正调整，插入 3N 个冗余字节的位置叫作正调整位置。

2) AU-4 指针负调整

当 VC-4 速率高于 AU-4 的速率时，装载一个 VC-4 货物包所用的时间少于货车停站时间 125 μs(帧频高，帧周期短)，由于货车未开走，VC-4 的装载一直在进行，直到 AU-4 这辆货车的车厢(信息净负荷区)装满，无法再容纳不断装入的货物，需要将 H3 字节的位置用来存放货物，此时货物的位置以 3 个字节为单位都向前移动了一个单位。这种调整方式叫作负调整，H3 字节所占的位置叫作负调整位置，H3 字节的位置上放的是 VC-4 的有效信息。

负调整位置只有 1 个(H3 所占字节)，调整位置在 AU-PTR 区域，正调整位置可以有多个，调整位置在 AU-4 信息净负荷区域。

正调整和负调整都会使 VC-4 在 AU-4 净负荷中的位置发生改变，即 VC-4 的第 1 个字节在 AU-4 净负荷中的位置发生改变，此时 AU-PTR 的值也会作出相应的正/负调整。正/负调整每次按一个单位进行，指针值也随着正/负调整进行+1 (指针正调整)或者 −1(指针负调整)的操作。

3) AU-4 零指针调整

当 VC-4 与 AU-4 之间无频率差和相位差时，AU-PTR 的值是 522(AU-PTR 指下一帧 VC-4 的 J1 字节的位置)。

现场应用中，指针调整不会经常出现(时钟同步)，H3 所占字节大部分时间内填充的都是伪随机信息。

2. 支路单元指针

支路单元指针包含 TU-3 指针和 TU-12 指针两种。

TU-3 指针由 TU-3 帧结构中第 1～3 行、第 1 列纵向位置的 H1、H2、H3 三个字节组成，用于提供 VC-3 在 TU-3 帧内灵活、动态的定位方法。H1 和 H2 合在一起作为指针值使用，H3 字节用于负调整机会，工作原理和 AU-4 类似。

从紧跟 H3 之后的字节(正调整机会字节)开始顺序编号 0～764(85 × 9 = 765)作为指针值，如图 3-12 所示。

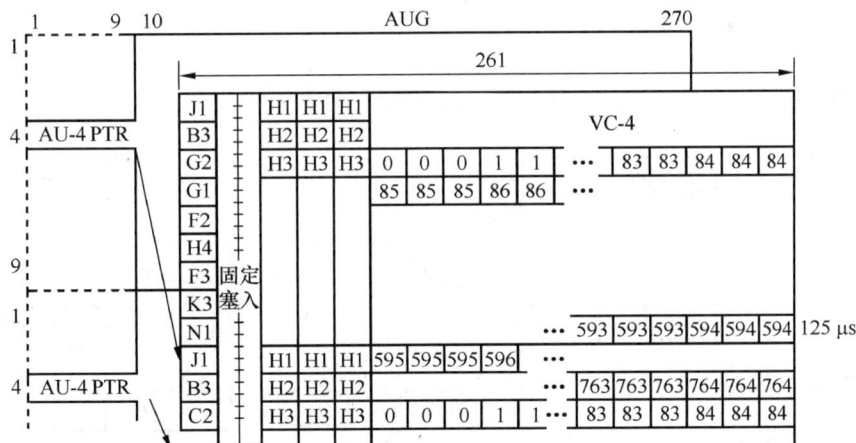

图 3-12　TU-3 指针位置

TU-12 指针由 TU-12 复帧的 V1、V2、V3、V4 字节组成，用于和 VC-12 在 TU-12 复帧内灵活、动态的定位方法。V1、V2 合在一起作为指针值使用，V3 字节用于负调整机会，V4 备用，工作原理和 AU-4 类似。

从紧跟 V2 之后的字节(正调整机会字节)开始顺序编号 0～139 作为指针值，即 VC-12 帧的首字节 V5 所在的偏移编号位置，在没有频率差和相位差时，V5 字节的位置值为 70，如图 3-13 所示。

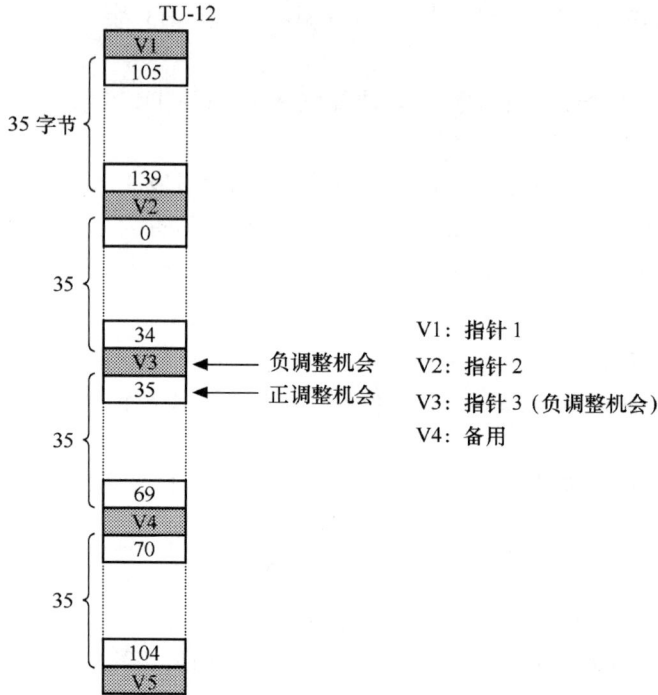

图 3-13　TU-12 指针位置

V1：指针 1
V2：指针 2
V3：指针 3（负调整机会）
V4：备用

3.4.4　复用

复用将低速支路信号(例如 2 Mb/s、34 Mb/s、140 Mb/s 等)适配为 SDH 信号，将低阶 SDII 信号适配为高阶 SDH 信号。

ITU-T 规定了一套完整的映射复用路线，如图 3-14 所示。

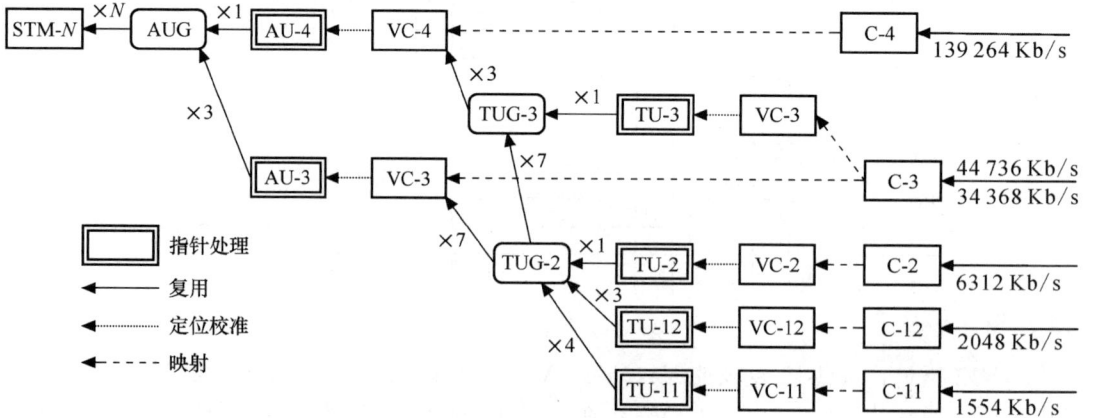

图 3-14　ITU-T 规定的 SDH 映射复用结构

在众多复用路线中，一个国家或者地区的复用路线一般是唯一的。我国的传输技术体制规定以 2 Mb/s 信号为基础，选用 AU-4 复用路线，如图 3-15 所示。

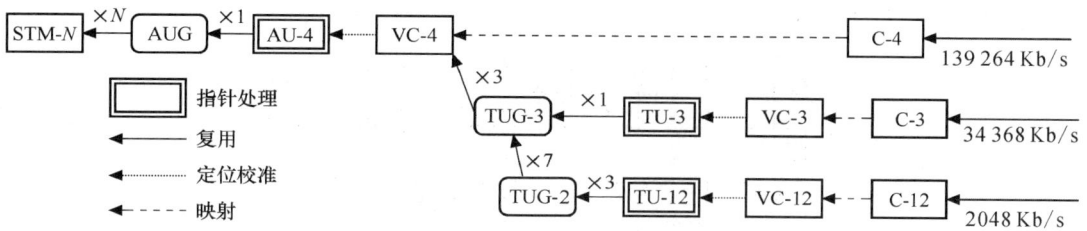

图 3-15　我国的 SDH 映射复用结构

3.4.5　映射复用过程

下面以 2 Mb/s PDH 信号形成 STM-N 信号这一具体信号为例，介绍映射复用过程。

由 2 Mb/s PDH 信号复用为 STM-N 信号是当前网络中应用最多的，也是 PDH 信号复用为 SDH 信号中最复杂的，本小节将重点介绍。

1) 2 Mb/s 的 PDH→C-12

2 Mb/s 的 PDH 信号速率范围为 2.048 Mb/s ± 50 ppm，即 2.0481 Mb/s～2.0479 Mb/s。

待封装有效信息净荷以 2.048 Mb/s 标称值的速率装入 C-12 标准容器时，每个 C-12 平均装入 256 b，即 32 字节。如果待封装有效信息净荷的实际速率有可能偏高或偏低，不为 2.048 Mb/s 标称值装入 C-12 标准容器时，每个 C-12 装入的位数有可能不是整数(速率除以 8000 帧)，需要将几个连续的 C-12 组成一个复帧，通过码速调整实现封装。

将 4 个帧频为 8000 帧/s 的 C-12 基帧组成一个复帧，帧频为 2000 帧/s，复帧结构如 3-16 所示。

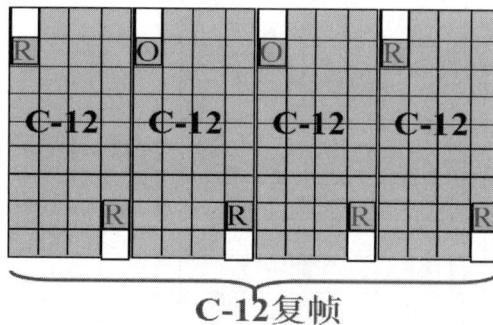

图 3-16　C-12 复帧

C-12 复帧可以容纳的有效信息负荷速率范围为

最小 = (1023 + 0 + 0) × 2000 = 2.046 Mb/s

最大 = (1023 + 1 + 1) × 2000 = 2.050 Mb/s

可以看出，PDH 基群信号的速率范围 2.0481 Mb/s～2.0479 Mb/s 是复帧速率范围 2.046 Mb/s～2.050 Mb/s 的子集，其可以封装到 C-12 复帧中。

2) C-12→VC-12

为了在 SDH 网络传输过程中能实时监测任意一个 2 Mb/s 通道信号的性能，可以将 C-12

加入低阶通道开销 LP-POH,封装为虚容器 VC-12,如图 3-17 所示。

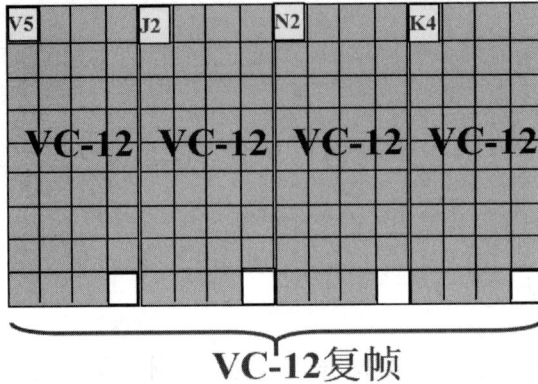

图 3-17 VC-12 复帧

一个复帧有一组低阶通道开销(V5、J2、N2、K4),分别占据 4 个基本帧左上角的位置,监控 4 帧 C-12 的传输状态,如图 3-18 所示。

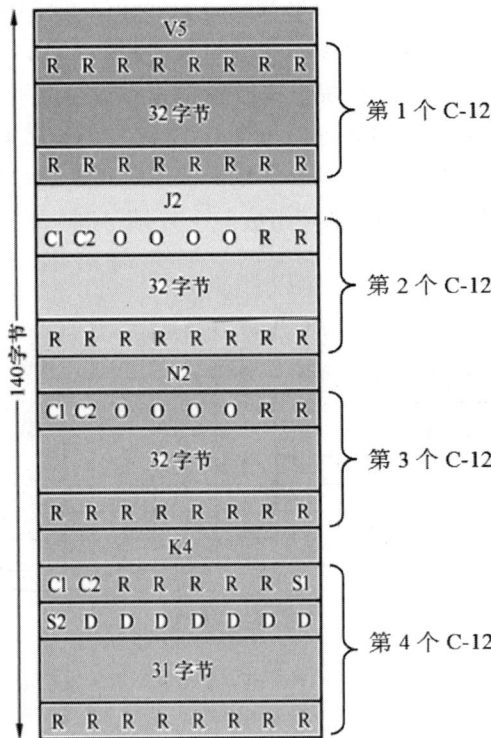

图 3-18 VC-12 复帧中的各字节

3) VC-12→TU-12

在 VC-12 复帧下方的 4 个缺口处加上 4 个字节的 TU-PTR(V1-V4 字节),封装为 9 行*4 列的支路单元 TU-12。TU-PTR 指示复帧中第一个 VC-12 的起点(V5 字节)在 TU-12 净负荷中的具体位置,使接收端够正确地定位 VC-12 帧。

4) TU-12→TUG-2

3 个 9 行*4 列的 TU-12 经过字节间插复用为 9 行*12 列的 TUG-2。

5) TUG-2→TUG-3

在 7 个 9 行*12 列的信息结构前加入两列固定塞入位,形成 9 行*86 列的 TUG-3。

6) TUG-3→VC-4

3 个 TUG-3 通过字节间插复用为 9 行*258 列,加入两列固定塞入位形成 C-4 的 9 行*260 列,然后在第一列加入高阶通道指针 HP-POH,形成 9 行*261 列的 VC-4。

7) VC-4→AU-4

在 VC-4 前加上管理单元指针 AU-PTR,形成 AU-4。

8) AU-4 →AUG

一个或多个管理单元 AU 组成管理单元组 AUG。

9) AUG→STM-1

AUG 加上段开销 SOH 形成 STM-1 信号。

10) STM-1→STM-N

N 个 STM-1 信号经过字节间插复用为 STM-N 信号。

从以上复用过程的实例可以看出,3 个 TU-12 可以复用成 1 个 TUG-2,7 个 TUG-2 可以复用成 1 个 TUG-3,3 个 TUG-3 能复用进 1 个 VC-4,1 个 VC-4 能复用进 1 个 STM-1,由于后两种复用的方式是字节间插,所以在 1 个 VC-4 中,63 个 VC-12 的排列方式不是顺序排列。在用 SDH 传输分析仪进行相关测试时会用到下列公式。

TU-12 序号 = TUG-3 编号 + (TUG-2 编号 1) × 3 + (TU-12 编号-1) × 21

其中编号是指在 VC-4 帧中的位置编号。TUG-3 编号范围为 1~3;TUG-2 编号范围为 1~7 为 TU-12 编号范围:1~3。TU-12 序号代表本 TU-12 在 VC-4 帧中 63 个 TU-12 按先后顺序复用的第几个 TU-12。

34 Mb/s、140 Mb/s 的 PDH 信号映射复用为 STM-N 的过程与 2 Mb/s 类似。

3.5　SDH 网元

通过前面章节的介绍,我们知道 SDH 设备由终端复用器(TM)、分插复用器(ADM)和数字交叉连接设备(DXC)等基本逻辑单元组成,这些设备分别由一系列的逻辑功能块构成。有了映射复用等基本知识,本章节开始介绍 SDH 设备的逻辑功能。

3.5.1　SDH 逻辑功能

SDH 网络所用设备的基本功能主要是复接、交叉连接和线路传输, SDH 设备通常可分为再生器、复用器和交叉连接设备。现在使用的 SDH 设备逻辑上分为若干组件,不同的组件由不同的逻辑功能块组成,这样可以通过软件来实现功能的组合,与硬件解耦,实现不同设备、不同厂家的横向兼容。

SDH 逻辑功能块主要由基本功能模块和辅助功能模块构成。

1. 基本功能模块

1) SDH 物理接口功能(SPI)

SDH 物理接口功能(SPI)是设备和线路的物理接口，主要完成光/电变换、电/光变换、提取线路时钟信号以及相应告警的检测等功能。

在信号流 A→B 的接收方向，线路送来的 STM-N 光信号在此功能块中转换成内部逻辑电平信号，同时从 STM-N 中提取时钟信号并通过参考点 T 传送给同步设备定时源功能块(SETS)锁相，锁相完成后由 SETS 将定时信号传给其他功能块，作为其他功能块工作的时钟频率。当 A 点的 STM-N 信号失效(例如光信号丢失、光功率过低、传输性能劣化等)时，SPI 会产生相应告警，经过参考点 S 传送给同步设备管理功能块(SEMF)，同时也传送给下游的再生段终端功能块(RST)。

在信号流 B→A 的发送方向，SPI 将再生段终端功能块(RST)来的、携带定时信息的 STM-N 电信号转换为线路光信号，在参考点 A 处形成适合光传输的 STM-N 光接口信号。当光接口板激光器故障或达到使用期限时，SPI 产生激光器状态相关告警信号，经参考点 S 传送给 SEMF。

2) 再生段终端功能(RST)

再生段终端功能(RST)是再生段开销 RSOH 的宿和源端点，即在发送方向形成 SDH 帧信号的过程中加入 RSOH，并在相反方向(接收方向)解复用取出 RSOH，完成再生段开销 RSOH 的终结。

在信号流 B→C 的接收方向，RST 接收到来自 SPI 的信号，首先搜寻 A1A1A1A2A2A2 帧定位字节进行定位，如果连续 5 帧以上无法准确定位帧头，设备则进入帧失步状态，RST 功能块通过 S 点向 SEMF 上报接收信号帧失步告警(R-OOF)。在帧失步状态中，如果连续接收到 2 个正确定位的帧，则退出帧失步状态，如果帧失步状态持续 3ms 以上，设备进入帧丢失状态，RST 上报帧丢失告警(R-LOF)，产生全"1"的 AIS 信号并发送给 MST。如果帧定位正确，RST 对 STM-N 帧中除 RSOH 第一行字节外的所有字节进行解扰，然后提取 RSOH 进行处理。需要说明的是，在解扰前，RST 先进行 BIP-8 计算，并与下一帧的 B1 字节比较，检测接收信号的误码情况，如果接收信号有误码，本端产生再生段背景误码块(RS-BBE)性能事件，并上报给 SEMF。RST 提取 E1、F1 字节传送给开销接入功能块(OHA)处理公务联络电话；提取 D1~D3 字节传送给 SEMF，提供再生段的运行、管理和维护信息。

在信号流 C→B 的发送方向，RST 接收来自复用段终端功能 MST 的带 MSOH 的 STM-N 信号(包括时钟信号)，加入 RSOH(包括上一帧扰码后的 BIP-8 计算结果 B1、本端数据通路字节 D1~D3、公务联络字节 E1 等)，并对除 RSOH 第一行字节外的所有字节进行扰码，输出完整的 STM-N 信号。

3) 复用段终端功能(MST)

复用段终端功能(MST)是复用段开销字节 MSOH 的宿和源端点，即在发送方向形成 SDH 帧信号的过程中加入 MSOH，并在相反方向(接收方向)解复用取出 MSOH，完成复用段开销 MSOH 的终结。

在信号流 C→D 的接收方向，从 RST 接收已经恢复了 RSOH 的 STM-N 信号，对除 RSOH

外的 STM-N 信号进行 BIP-24 校验,与上一帧的 B2B2B2 位比较,并将比较结果发送给 SEMF,如果有误码,则将误码块数量通过 M1 字节发送给对端,同时产生复用段远端差错指示告警(MS-REI)也发送给对端。在处理 K1 和 K2 字节时,提取 K1 和 K2 字节的自动保护倒换(APS)信息(b1~b5)上报给 SEMF,以便 SEMF 在网络故障时发送复用段倒换相关命令,提取 K2 字节的 b6~b8 位,如果连续 3 帧出现"111",MST 产生复用段告警指示信号(MS-AIS),如果连续 3 帧出现"110",表示 MST 已经检测到对端设备发过来的复用段远端失效告警(MS-RDI),即对端设备出现 MS-AIS、B2B2B2 误码过大等劣化告警。与再生段终端功能(RST)类似,复用段终端功能(MST)提取相应的 D4~D12 字节同步给设备管理功能模块 SEMF 以处理复用段的 OAM 信息,提取相应的 E2 字节同步给开销接入功能块(OHA)处理复用段公务联络信息,提取 S1 字节获得同步质量等级信息。

在信号流 D→C 的发送方向,复用段终端功能(MST)从 MSP 接收的是不包含 MSOH 和 RSOH 的 STM-N 净负荷,将上一帧的 BIP-24 计算结果放入本帧的 B2B2B2 中,插入公务联络字节 E2、数据通路字节 D4~D12、C→D 方向产生的 M1 字节、K1K2 字节、S1 字节等形成包含 MSOH 的复用段信号,最终传送到 RST。

4) 复用段保护功能(MSP)

复用段保护功能(MSP)对 STM-N 信号进行持续监测。在信号流 D→E 的接收方向,系统故障时,启动 K1、K2 字节的 APS 协议,将故障的工作信道倒换到保护信道上去,完成在复用段内对 STM-N 信号的保护,避免业务受损;在信号流 E→D 的发送方向,透明传输(将信息从源传到宿端的过程中,底层协议对数据内容不做任何改变)。

5) 复用段适配功能(MSA)

复用段适配功能(MSA)主要完成 AU-PTR 的产生和处理以及 STM-N 帧的组合和分解。

在信号流 F→E 的接收方向,接收带定时信息的 STM-N 净负荷,首先进行消除间插处理,形成多个独立的 AU-4 信号,再进行 AU-4 的指针处理,形成 VC-4 信号。如果 AU-4 指针丢失(例如连续 8 帧为无效指针值或者连续 8 帧为 NDF 反转),MSA 将产生指针丢失告警(AU-LOP),并上报给 SEMF,同时向 HPC 发送全"1"信号。

在信号流 F→E 的发送方向,接收 HPC 的 VC-4 信号和帧偏移,加入 AU-PTR 形成 AU-4,多个 AU-4 经字节间插复用组合为 AUG。如果 HPC 接收到全"1"信号,则产生 AU-AIS 告警,上报给 SEMF,同时继续向下游发送全"1"信号。

6) 高阶通道连接功能块(HPC)

高阶通道连接功能块(HPC)是一个交叉连接矩阵,完成对高阶通道 VC-4 的交叉连接,信号流在 HPC 中透明传输。在信号流中发送和接收方向都标记为 F。

7) 高阶通道终端功能块(HPT)

高阶通道终端功能块(HPT)是高阶通道开销的源和宿端点,在构成 STM-N 净负荷过程中加入高阶通道开销(POH),在分解过程中取出 POH。

在信号流 F→G 的接收方向,将从 HPC 接收的 VC-4 信号中取出高阶通道开销 POH,进行通道开销的处理,并向 LPA 输出高阶容器数据流 C-4。

在信号流 G→F 的发送方向,HPT 接收来自下游的 C-4 信号,确定高阶 POH 并将其装入 C-4,形成 VC-4。

8) 高阶通道适配功能块(HPA)

高阶通道适配功能块(HPA)完成高阶通道与低阶通道之间的组合和分解以及指针处理等工作。

在信号流 G→H 的接收方向，HPA 将接收的 C-4 进行消除间插的处理，分解成 63 个 TU-12 进行 TU-PTR 指针处理，向 LPC 输出 63 个 VC-12 信号。如果 TU-PTR 丢失(例如连续 8 帧 TU-PTR 指针值不在有效范围之内或者发生 NDF 反转)，HPA 将产生相应通道的 TU-LOP 报警，并向 LPC 输出全"1"信号。

在信号流 H→G 的发送方向，HPA 对输入的 VC-12 加入 TU-PTR，形成 TU-12，然后将 63 个 TU-12 通过字节间插复用，形成 TUG-2、TUG-3，最终形成完整的 C-4 信号传送给 HPT。

9) 低阶通道连接功能块(LPC)

低阶通道连接功能块(LPC)是一个交叉连接矩阵，完成对低阶 VC (例如 VC-12)的交叉连接，实现低阶 VC 之间灵活的分配和连接，功能与高阶通道连接功能块(HPC)类似。在物理设备上，HPC 和 LPC 共同由交叉单元实现。

10) 低阶通道终端功能块(LPT)

低阶通道终端功能块(LPT)是低阶通道开销的源和宿端点。

在信号流 H→I 的接收方向，对来自 LPC 的信号提取低阶通道开销(POH)，从低阶虚容器中恢复净负荷 C-12。

在信号流 I→H 的发送方向，对来自 LPA 的信号插入低阶通道开销(POH)，加入到 C-12 中，形成完整的 VC-12 信号。

11) 低阶通道适配功能块(LPA)

低阶通道适配功能块(LPA)通过映射和去映射的方式，完成 PDH 信号与 SDH 信号网络之间的适配。

在信号流 G→L 的接收方向，完成 C-4 信号的去映射，恢复为 PDH 信号。

在信号流 L→G 的发送方向，把 2.048Mb/s 或 139 268Mb/s 的 PDH 信号映射进 C-12 或者 C-4 中。

12) PDH 物理接口功能块(PPI)

PDH 物理接口功能块(PPI)把 G.703 标准的 PDH 信号通过码型变换转换成内部的普通二进制信号以及提取支路定时信号，或做相反的处理，类似于 SPI 的物理接口功能。以高阶接口中的 PPI 为例：

在信号流 L→M 的接收方向，接收 LPA 的信号和时钟信息，进行 CMI 编码，输出 G.703 标准的信号。

在信号流 M→L 的接收方向，接收 PDH 支路信号，将 CMI 编码转换为 NRZ 编码，提取支路时钟信号同步到 SEMF。

将以上介绍的多个基本功模块经过灵活组合，可形成复合功能模块，完成相对整体的功能。

SPI、RST、MST、MSP、MSA 组合成传送终端功能块(TTF)，将 VC-4 信号按照 SDH 的映射复用结构组装为 STM-N 信号或者进行相反的处理，一般由物理设备上的线路单元实现。

HPT、LPA、PPI 组合成高阶接口(HOI)，将 140Mb/s 的 PDH 信号映射成 VC-4 信号，

或者将 VC-4 信号去映射形成 140Mb/s 的 PDH 信号，一般由物理设备上的支路单元实现。

HPT、HPA 组合成高阶组装器(HOA)，将低阶通道信号复用成高阶通道信号或者将高阶通道信号复用成低阶通道信号，一般由物理设备上的支路单元实现。

PPI、LPA、LPT 组合成低阶接口功能块(LOI)，将 VC-12 信号去映射形成 2Mb/s 的 PDH 信号，或者将 2Mb/s 的 PDH 信号经映射处理适配进 VC-12 信号，一般由物理设备上的支路单元实现。

2. 辅助功能模块

上文介绍的基本功能模块完成了 SDH 设备映射复用的主要功能，SDH 设备想要完整工作还需要一些辅助功能模块。

1) 同步设备管理功能块(SEMF)

同步设备管理功能块(SEMF)收集其他功能块的状态信息，进行相应的管理操作，例如收集各功能块的告警、性能事件并上报网管，响应网管向各个功能块下发命令，通过 DCC 通道向其他网元传送 OAM 信息等，一般由物理设备上的主控单元实现。

2) 消息通信功能块(MCF)

消息通信功能块(MCF)完成网元和网管之间的通信，是 SEMF 和其他功能块和网管终端的通信接口，一般由物理设备上的主控单元实现。

3) 同步设备定时源功能块(SETS)

同步设备定时源功能块(SETS)为 SDH 网元提供时钟信号，设备的时钟源可以为 GPS 时钟信号、BITS 时钟信号、线路时钟信号等，在外部时钟源失效的情况下，设备可以短时间内使用内部的自由振荡时钟，一般由物理设备上的时钟单元实现。

4) 同步设备定时物理接口(SETPI)

同步设备定时物理接口(SETPI)为 SETS 提供与外部时钟源的物理接口，即 SETS 通过 SETPI 接收外部时钟信号或提供外部时钟信号，一般由物理设备上的时钟单元实现。

5) 开销接入功能块(OHA)

开销接入功能块(OHA)从 RST 和 MST 中读取或写入相应的 EI、E2、FI 公务联络字节，并进行相应的处理，一般由物理设备上的时钟单元实现。

3.5.2 SDH 物理设备

下面以华为公司的 Optix Metro 500 设备为例，对传统 SDH 设备进行简单介绍，形成对 SDH 实际产品的初步认知。

1. OptiX Metro 500 系统概述

OptiX Metro 500 是华为技术有限公司根据传输低端市场的实际需求设计的 STM-1 级别光传输设备，采用 19 英寸标准结构，设备具有如下特点：

(1) 体积小、成本低，易于安装和维护。支持以下安装方式：OptiX C 系列集成机柜中安装、19 英寸标准机柜中安装、300 mm 深 ETSI 机柜中安装、600 mm 深 ETSI 机柜中安装、开放式机架中安装、壁挂式安装和桌面安装。

(2) 提供 −48 V DC、−60 V DC、+24 V DC、220 V AC、110 V AC 五种电源接入。其

中 220 V 电源板兼容 110 V AC，-48 V DC 兼容 -60 V DC。

(3) 支持多种光传输距离，如 30 km、50 km、90 km。

(4) 具有 2 路 ECC 处理能力。提供 D 字节和 E1、E2 等开销字节的透传功能，在多厂家设备的组网中可以方便地透传其他厂家的 ECC 管理信息。

(5) 兼容性好，便于后续功能扩展。提供扩展槽位，并采用了与 OptiX Metro 1000 设备的兼容性设计，可以支持 OptiX Metro 1000 设备的单板插入。同时可根据以后业务的需要进行新功能的扩展。OptiX Metro 500 第二个版本提供以太网业务透明传送等功能。

(6) 优异的接口抖动指标。OptiX Metro 500 的 E1 接口映射抖动、结合抖动指标优于 ITU-T 标准，使系统可以高质量地传送 GSM、NO.7 信令，进行数据通信等业务。

(7) 优异的时钟同步性能。定时系统可工作于跟踪模式、保持模式和自由振荡模式下。当工作于跟踪模式时，可任意选择线路、支路作为参考时钟源；通过设置时钟源的优先级，保证网络定时系统的可靠运行。

OptiX Metro 500 具有以下功能：

(1) 业务交叉。OptiX Metro 500 设备的交叉容量为 6×6 VC-4 全交叉。

(2) SDH/PDH 业务处理。OptiX Metro 500 提供一路或两路 STM-1 光接口，完成一路或两路 STM-1 光信号的收发；同时可以提供 8/16/24/32 路 E1 电接口。

(3) 灵活组网。OptiX Metro 500 支持多种网络拓扑，包括点对点、链形、环形。

(4) 保护机制。OptiX Metro 500 支持单双向通道保护环。

(5) 网络管理系统。网络管理系统 OptiX iManager T2000 可对 OptiX Metro 500 进行集中操作、维护和管理(OAM)，实现电路的配置和调度，保证网络安全运行。

(6) 电源监控。

① -48 V DC 供电时，提供两路 -48 V DC 电源输入端口，互为备份；另外，可以对电源电压的过压、欠压状况进行监测并告警；-48 V DC 电源板兼容 -60 V DC 电源接入。

② +24 V DC 供电时，提供两路 +24 V DC 电源输入端口，互为备份；另外，可以对电源电压的过压、欠压状况进行监测并告警。

③ 220 V AC 供电时，提供 5 V 丢失告警。220 V AC 电源板兼容 110 V AC 电源接入。

2. 设备结构

OptiX Metro 500 设备采用盒式集成设计，由机盒、电源板、ISU(Integrate System Unit，集成系统单元)板、扩展槽位、风扇构成。

OptiX Metro 500 设备的结构设计满足 IEC297 19 英寸 1U 标准规范。机盒尺寸为 436 mm(宽) × 293 mm(深) × 43 mm(高)，如图 3-19 所示。

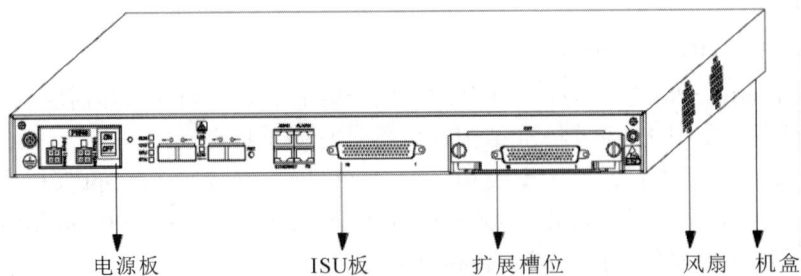

电源板　　　　ISU板　　　扩展槽位　　　风扇　机盒

图 3-19　设备结构

从设备背面看，从左到右依次是电源板、ISU 板、扩展槽位、风扇，除扩展槽位可以插板外，其他电路板都已经固定在机盒中。

OptiX Metro 500 设备是华为公司早期的产品，目前应用较少。

3.6　SDH 网 络

SDH 网络是传输(传送)网络的一部分。传输网和传送网的概念不需要严格区分。一个或者多个具有传输功能的设备，根据不同的应用场景组成一个实体网络，称为传输网，从事该工作的工程师一般称为传输工程师。传送网一般则是强调逻辑功能的概念，广义上的传送网可以包含传输网，可以将其定义为传递用户信息的逻辑功能和网元实体的集合。在本书中，不刻意区分传输网和传送网。

3.6.1　分层与分割

传送网的目的是传送用户信息，而用户信息不能直接在物理链路上传输，需要多层协议的适配，对这些协议进行分类整理，就是分层的概念。

SDH 网络一般在垂直方向上分为 3 层：电路层、通道层和传输媒质层。其中电路层严格意义上属于业务信息部分，传送网涉及的只有通道层和传输媒质层。

1. 电路层

电路层是面向公用交换业务的网络，主要为用户提供各种交换业务信号，例如电路交换业务、分组交换业务、租用线业务等，向用户提供端到端的电路连接。

2. 通道层

通道层为电路层提供透明的通道，分为高阶通道(VC-4)和低阶通道(VC-11、VC-12、VC-2、VC-3)。该通道由交叉连接设备建立，并可保持较长时间。由于通道层加入了各种开销字节对网络进行管理和控制，可以灵活地为一个或者多个电路层网络提供不同业务的传送服务。

3. 传输媒质层

传输媒质层为通道层的网络节点提供合适的通道容量，支持一个或者多个通道层网络，可将其细分为段层(包括复用段层和再生段层)和物理媒质层，如图 3-20 所示。其中复用段层为通道层提供同步和复用的功能，再生段层完成再生器和复用段终端之间的信息传递，二者都包含各自开销的传递和处理；物理媒质层为节点间信息传递的具体物理媒质，例如电缆、光缆、微波等。

分层后简化了网络设计，方便了电信网的管理，并且由于各层的规范相对独立，有利于 SDH 网络的发展。

传送网三层之间相互独立，下层为上层提供透明通道，上层为下层提供服务内容。在垂直分层结构的基础上，每一层网络在水平方向上又细分为若干部分，即分割。

分割常用区域划分，例如国际网、国内网、本地网等。分割后明确了运营者的管理范围，利于网络的运行和维护。

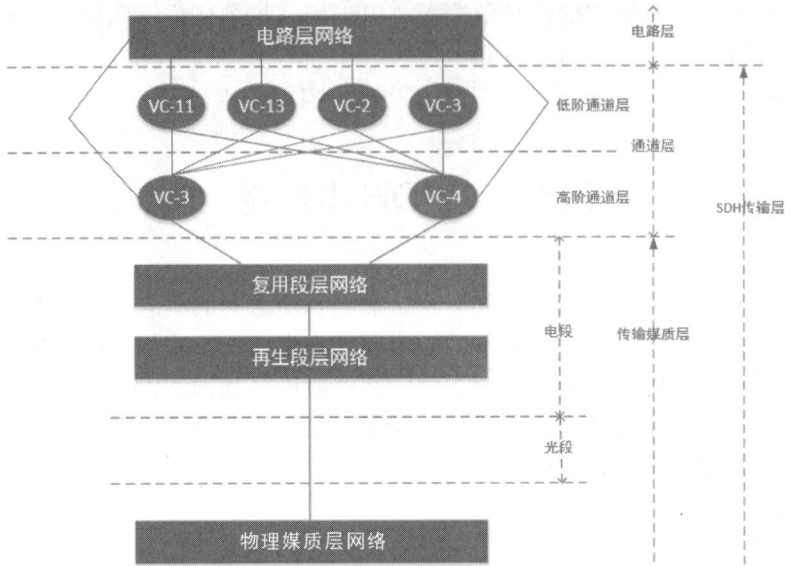

图 3-20　SDH 传送网分层模型

3.6.2　网络拓扑

SDH 设备通过通信线缆连接而成的网络节点(网元)和传输线路的几何排列构成了网络的拓扑结构。如图 3-21 所示，网络拓扑的基本结构有链形、星形、树形、环形和网孔形。

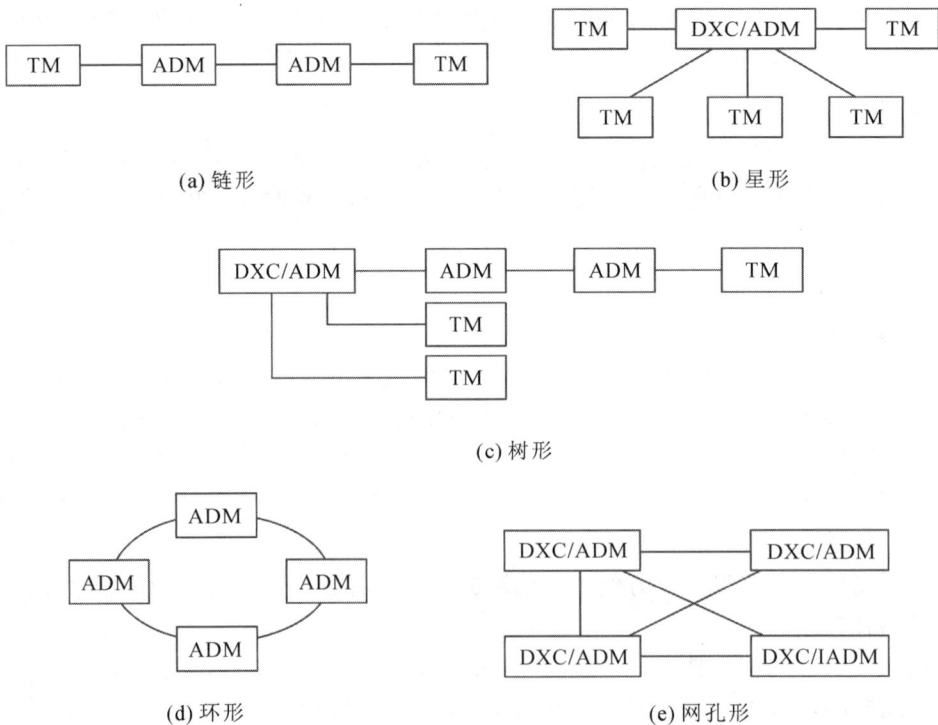

(a) 链形

(b) 星形

(c) 树形

(d) 环形

(e) 网孔形

图 3-21　网络拓扑结构类型

1. 链形网络拓扑

链形网络拓扑除首末节点外,所有节点一一串联。这种网络拓扑结构简单,投资小,容量大,但是可靠性较差,如某一处传输中断会影响其他节点的业务。

2. 星形网络拓扑

星形网络拓扑选择一个网元作为汇聚点与其他各网元一一相连,其他各网元之间没有直连链路,需要经过汇聚点转接。这种网络拓扑结构简单,可以通过汇聚点分配带宽,节约成本,但是汇聚点上业务集中,可靠性差,一般只在初期的 SDH 网络建设项目中出现,多用于本地网(接入网和用户网)。

3. 树形网络拓扑

树形网络拓扑是星型拓扑和线型拓扑组合而成的网络拓扑结构。这种网络拓扑除可靠性不高的缺点外,由于过多的节点汇聚在一点,还容易存在容量瓶颈问题。

4. 环形网络拓扑

环形拓扑将所有网络节点一一串联起来,构成封闭环状,即将链形拓扑的首尾相连。这种网络拓扑建设成本比链型拓扑大,但是在某一处传输链路中断后,可以通过自动切换满足不同节点之间的通信,可靠性较高,在现代通信网络中应用广泛,传输网络中的接入环、汇聚环等都是这种基本环型拓扑的应用。

5. 网孔形网络拓扑

网孔形拓扑将多个网络节点直接相互连接而成,当所有网络节点相互连接时,就形成了最理想的网孔结构。这种网络结构通信路径短、可靠性高、不存在容量瓶颈,但建设成本大,网络复杂。

以上几种基本的网络拓扑各有优缺点,当前用得最多的是链形和环形网络拓扑,这些基本结构相互组合可以形成更复杂的网络结构,例如链带链形(T 形)、环带链形、环相切形、环相交形等。在实际组网时,拓扑结构的选择需要综合考虑业务需求、技术特点、投资成本、可维护性、网络安全等多方面的因素。

3.6.3　路由和业务方向

路由和业务方向是组网中常用的概念。

传输网络中,业务流向称为路由。去程路由和回程路由方向一致的称为一致路由,对应的业务流称为双向业务。去程路由和回程路由方向不一致的称为分离路由,对应的业务流称为单向业务。

3.6.4　网络保护

在组网完成,应用具体业务后,需要考虑网络安全的问题,即在网络中某个节点或链路发生故障时,可以尽快地恢复业务。针对网络节点的保护称为设备保护,可以通过额外的硬件设备实现,例如主备单板,现代通信网中几乎所有的设备都具备设备保护功能;针对传输线路的保护称为路径保护,当线路中断或者性能恶化时,利用预先分配好的线路容量继续传输信号。

与传统的手工恢复业务(例如更换单板、光纤等)相比,自愈(Self-Healing)功能无须手动处理,网络自动在规定的时间内(ITU-T 规定在 50ms 以内)恢复故障,用户几乎感觉不到网络出现了故障。本小节从最基本的链型网络拓扑保护开始讲解网络保护。

1. 链型网络保护

链型网络保护类型有 $1+1$ 保护和 $1:N$ 保护两种。

1) $1+1$ 保护

$1+1$ 保护的每个工作通道都有一个独立的保护通道,两条通道互为主备用。这种保护模式采用"并发优收"的工作模式,在发送端,信号被同时发送到工作通道和保护通道传输,与此同时接收端不断监测两路信号状态,根据信号的优劣选择一路接收,当工作通道中断或者性能发生恶化时,接收端立即切换到保护通道接收信号,使业务得到恢复。

这种保护方式原理简单,倒换快速,可靠性高。但是这种保护方式的实现基于与工作通道同容量的保护通道的冗余,并且保护通道上不能传输其他业务信号,系统容量利用率较低。

2) $1:N$ 保护

$1:N$ 保护为 n 个工作通道共享 1 个保护通道,在工作通道传送主用业务的同时,保护通道可以传送服务级别较低的额外业务信息。当通过复用段保护功能 MSP(Multiplex Section Protection)监测到主用通道信号中断或者劣化时,保护通道上的额外业务被丢弃,发送端将主用业务倒换到保护通道上,接收端同时切换到保护通道接收业务信号,主用业务得到恢复。

这种保护方式系统容量较高,但是需要自动保护倒换协议 APS(Auto-protection Switching Protocol)。

SDH 帧结构的段开销中 K1 和 K2 两个字节用于实现 APS 协议,其中 K1 字节的 1~4 位指示请求类型,值越大级别越高,见表 3-5。

表 3-5　SDH 帧结构的段开销

K1 字节的 1~4 位取值	请 求 类 型	类　　别
1111	锁定保护	额外业务
1110	强制倒换	额外业务
1101	信号失效(高级)	通道状态
1100	信号失效(低级)	通道状态
1011	信号劣化(高级)	通道状态
1010	信号劣化(低级)	通道状态
1001	保留	保留位
1000	人工倒换	额外业务
0111	保留	保留位
0110	等待恢复	APS 控制器状态
0101	保留	保留位
0100	练习	额外业务
0011	保留	保留位
0010	返回请求	APS 控制器状态
0001	不返回	APS 控制器状态
0000	未请求	APS 控制器状态

5～8 位指示请求倒换到保护通道的主通道号，其中：

0000 表示空通道，即保护通道；

0001～1110 表示请求倒换的工作通道编号；

1111 表示额外业务通道请求。

由此可以看出 1：N 保护中，N 的最小值为 1，最大值为 14。

K2 字节的 1～4 位指示确认倒换到保护通道的通道编号，第 5 位指示倒换类型，取 0 时为 1+1 倒换，取 1 时为 1：N 倒换，第 6～8 位保留。

总体来说，链型作为网络拓扑的基本形状，链型网络保护实现简单，倒换速度快，多用于点到点的线路保护。考虑到实际工程应用，一般主用光纤和备用光纤同缆铺设，当光缆被挖断时会造成主用通道和备用通道同时故障，这种保护方式就失效了。

2. 环型网络保护

在 SDH 多种网络拓扑结构中，环型组网可以实现组网级的冗余备份，具有更高级别的自愈功能，因此形成网络保护中一个常用的概念，自愈环 SHR(Self-Healing Ring)，或者称为自愈网。自愈环根据业务方向、节点间光纤数量和保护的业务级别可以做如下分类。

① 结合业务方向章节，自愈环可以分为单向环(环中节点收发信息的传送方向相同)和双向环(环中节点收发信息的传送方向相反)。

② 根据节点间光纤数量，可以分为双纤环(一对收发光纤，共 2 根)和四纤环(两对收发光纤，共 4 根)。

③ 根据保护的业务级别，可以分为通道保护环和复用段保护环。

通道保护环以通道为基础，以各个通道的信号质量优劣为倒换依据，也就是说通道的 AIS 信号就可以决定是否倒换。复用段保护环以复用段为基础，以每对节点间复用段信号质量的优劣决定是否倒换，即通过复用段保护功能 MSP(Multiplex Section Protection)监测到主用通道信号状态，根据需要启动 APS 协议进行倒换。

下面详细介绍几种自愈环工作原理。

1) 双纤单向通道保护环

假设环中有四个网络节点 A、B、C、D，需要在 AC 节点间互通业务，节点 A、C 两侧为节点 B、D。两条光纤组成传输方向相反的两个环，其中 W 为主用环，P 为备用环，AC 为 A→C 流向的业务，CA 为 C→A 流向的业务，如图 3-22 所示。

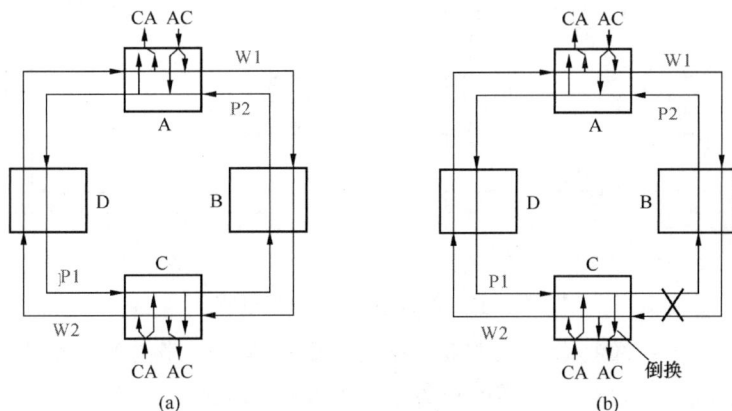

图 3-22　双纤单向通道保护环

正常情况下，在节点 A 发送时，AC 业务通过支路板并发，同时流向 P1 光纤和 W1 光纤，在 C 节点接收时，选收主环 W1 光纤上的业务信号；类似地，在节点 C 发送时，CA 业务通过支路板并发，同时流向 P2 光纤和 W2 光纤，在节点 A 接收时，选收主环 W2 光纤上的业务信号。由此可见，双纤单向通道保护环采用的是并发选收保护策略，备用环 P 同时存在业务流。

当 BC 站点间的光缆被切断时，两根光纤同时被切断。在站点 C 处从 W1 光纤上传送的 AC 信号丢失，则按照通道选优的准则，倒换开关将由 W1 光纤倒换到 P1 光纤，站点 C 接收从 P1 光纤传来的 AC 信号，从而使 AC 站点之间的业务信号不会丢失。站点 A 仍然从 W2 光纤上接收从站点 C 发往站点 A 的信号，不发生保护倒换。

故障恢复后，根据网元配置的恢复模式，可以倒换回故障发生前组网或者保持不变。如果为可恢复式，节点 A 持续一段时间(和设备配置有关)没有收到 AIS 告警，认为 W1 环贯通，此时节点 A 重新切换到主用环 W1 上接收信号，还原为故障前网络状态。

双纤单向通道保护环为 1+1 保护模式，倒换速度快(一般小于等于 15 ms)，业务流向清晰，方便配置维护，但网络的业务容量不大，最大为 STM-N，因为在 AC 节点间互通业务，需要通过节点 B 和节点 D 按照特定业务流向转接，在任意两个网元节点间占用一定业务容量的同时，都会造成环上其余节点段相同容量的浪费，总结说，环上的业务容量与网元节点数无关。

双纤双向通道保护环工作原理和双纤单向通道保护环类似，但是结构更为复杂，并且没有明显的技术优势，一般不采用。

2) 双纤单向复用段保护环

假设环中有四个网络节点 A、B、C、D，需要在 AC 节点间互通业务，节点 A、C 两侧为节点 B、D。两条光纤组成传输方向相反的两个环，其中 W 为主纤，P 为备纤，AC 为 A→C 流向的业务，CA 为 C→A 流向的业务。与双纤单向通道保护环不同的是，双纤单向复用段保护环传输的是 1:1 的业务，主纤传输主用业务，备纤传输备用业务(即额外业务)，如图 3-23 所示。

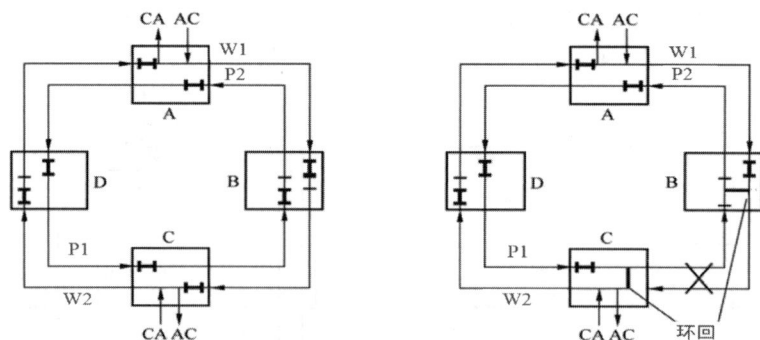

图 3-23　双纤单向复用段保护环

正常情况下，站点 A 将要传送的业务信号 AC 送入工作路由 W1 光纤，站点 C 从 W1 光纤上接收信号。站点 C 将要传送的业务信号 CA 送入工作路由 W2 光纤，站点 A 从 W2 光纤上接收信号。保护路由 P1 和保护路由 P2 可以传送主用业务、额外业务或不传送业务。

　　当 BC 站点间的光缆被切断时,两根光纤同时被切断。故障两侧的站点(站点 B 和站点 C)将利用 APS 协议在工作路由和保护路由之间执行环回功能。在 B 节点,W1 光纤上的业务信号 AC 环回到 P2 光纤上,经由站点 A 和站点 D 到达站点 C,站点 C 再将 P1 光纤上的业务信号 AC 环回到 W1 光纤上,站点 C 从 W1 光纤上接收业务信号。站点 A 仍然从 W2 光纤上接收从站点 C 发往站点 A 的业务信号 CA,不发生保护倒换。

　　双纤单向复用段保护环在自愈过程中虽然主用业务可以快速恢复,但是备用业务被清除,所以 1:1 保护的恢复模式应为可恢复式,故障恢复后,系统自动再次进行倒换,还原为故障前网络状态。

　　双纤单向复用段保护环的理论容量为双纤单向通道保护环的 2 倍,但是多出来的容量传递的是备用业务,所以实际容量差别不大,同时双纤单向复用段保护环需要通过额外运行 APS 协议完成倒换,速度稍慢(一般小于等于 25 ms),在现网中应用不多。

　　3) 四纤双向复用段保护环

　　上述几种自愈环的关键特点之一为环上的业务容量与网元节点数无关,当网元节点数量越来越多时,这个特点就成为网络发展的一个瓶颈。例如双纤单向通道保护环为 STM-16 时,如果环上有 16 个网元节点,则平均每个节点只能承载一个 STM-1 容量的信号,这与网元越来越大的容量规格矛盾,造成资源的浪费,于是四纤双向复用段保护环应运而生。

　　假设环中有四个网络节点 A、B、C、D,需要在 AC 节点间互通业务,节点 A、C 两侧为节点 B、D。四条光纤组成四个环,其中 W1、W2 为主用环,P1、P2 为备用环,W1、W2 的传输方向相反,P1、P2 又分别与 W1、W2 的传输方向相反,AC 为 A→C 流向的业务,CA 为 C→A 流向的业务,如图 3-24 所示。

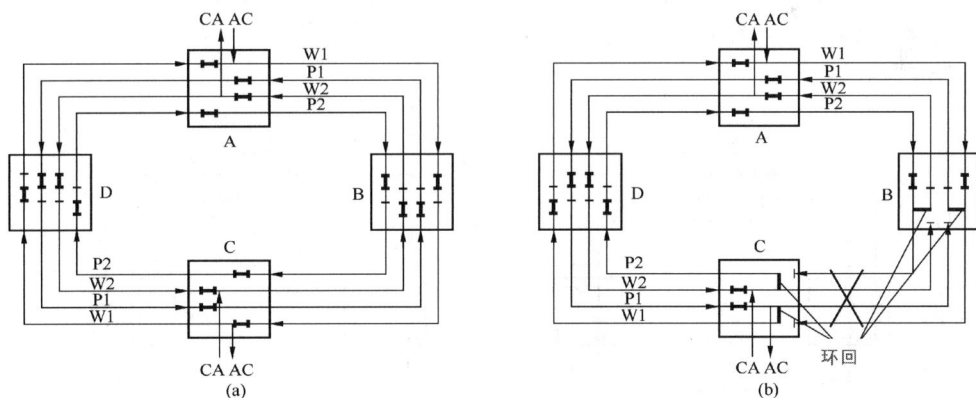

图 3-24　四纤双向复用段保护环

　　正常情况下,从站点 A 发往站点 C 的信号,沿 W1 顺时针传输到站点 C。从站点 C 发往站点 A 的信号沿 W2 光纤逆时针传输到站点 A, P1 保护光纤和 P2 保护光纤可以传送主用业务、额外业务或不传送业务。

　　当 BC 节点间的光缆被切断时,四根光纤全部被切断。故障两侧的站点(站点 B 和站点 C)将利用 APS 协议在工作路由和保护路由之间执行环回功能,将 W1 光纤和 P1 光纤连通,将 W2 光纤和 P2 光纤连通。站点 A 发往站点 C 的主业务信号 AC 沿 W1 光纤传送到节点

B 时，节点 B 将 W1 光纤与 P1 光纤进行环回，业务信号沿 P1 光纤经过站点 A 和节点 D 传送到站点 C，站点 C 再将 P1 光纤与 W1 光纤环回，业务信号回到 W1 上，站点 C 从 W1 上提取该业务信号。从站点 C 发往站点 A 的主业务信号 CA 同样在站点 C 和节点 B 上进行环回，最终将数据传送给站点 A。

从以上业务流向可以看出，四纤双向复用段保护环的业务为分离路由的双向业务。正因为如此，它的容量在业务分布较为分散的时候，容量会成倍增加，在环上只有相邻网元存在业务(即不存在跨网元业务)的极端情况下，环的主用业务容量最大可以为 $M*$STM-N，如果包含备用业务容量，环的最大业务容量可达 $2M*$STM-N，其中 M 为环中网元节点的数量。需要注意的是，M 最大为 16，这是由 K1 和 K2 字节决定的。

由此可见，虽然四纤双向复用段保护环同样需要通过额外运行 APS 协议完成倒换，速度稍慢，但是它的容量具有巨大优势。但是四纤环上需要 4 根光纤，并且每个网元节点都需要 2 个 ADM 系统(一对收发光纤称为 1 个线路端口，1 个 ADM 系统只有东西两个线路端口)，成本较高，在现网应用不多，在此基础上，下面介绍双纤双向复用段保护环。

4) 双纤双向复用段保护环

双纤双向复用段保护环工作原理与四纤双向复用段保护环类似，只不过前者只使用了 2 根光纤(也意味着每个网元节点只需要 1 个 ADM 系统)，这是通过时分复用技术实现的。

假设环中有四个网络节点 A、B、C、D，需要在 AC 节点间互通业务，节点 A、C 两侧为节点 B、D。因为 W1 和 P2，W2 和 P1 上的业务流方向相同，可以使用时分复用技术分别将 W1、P2 和 W2、P1 合并为一根光纤 W1/P2 和 W2/P1，每个光纤的前一半时隙(例如 STM-16 系统的第 1~8 个 STM-1)传输主用业务，后一半时隙(例如 STM-16 系统的第 9~16 个 STM-1)传输备用业务，(注意：STM-16 系统的第 1~8 个 STM-1 只能传输主用业务)。两条光纤组成两个环，W1/P2 上的 P2 时隙用来保护 W2/P1 上的 W2 业务，W2/P1 上的 P1 时隙用来保护 W1/P2 上的 W1 业务，AC 为 A→C 流向的业务，CA 为 C→A 流向的业务，如图 3-25 所示。

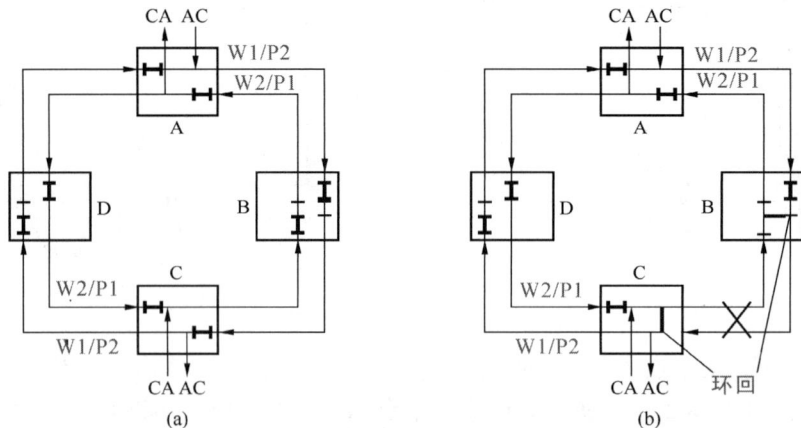

图 3-25　双纤双向复用段保护环

站点 A 到站点 C 的主业务信号 AC 放在 W1/P2 光纤的工作时隙 W1 上传送。站点 C 到站点 A 的主业务信号 CA 放在 W2/P1 光纤上的工作时隙 W2 传送，而保护时隙可以传送主用业务、额外业务或不传送业务。

当 BC 站点间的光缆被切断时，两根光纤同时被切断，如图 3-25(b)所示。故障两侧的站点(站点 B 和站点 C)将利用 APS 协议在工作路由和保护路由之间执行环回功能,将 W1/P2 光纤和 W2/P1 光纤连通。站点 A 发往站点 C 的主业务信号 AC 沿 W1/P2 光纤传送到节点 B 时,节点 B 将 W1/P2 光纤工作时隙 W1 与 W2/P1 光纤的保护时隙 P1 进行环回,业务信号沿 W2/P1 光纤经过站点 A 和节点 D 传送到站点 C,站点 C 再将 W2/P1 光纤的 P2 与 W1/P2 光纤的 W1 环回,业务信号回到 W1 上,站点 C 从 W1 上提取该业务信号。从站点 C 发往站点 A 的主业务信号 CA 同样在站点 C 和节点 B 上进行环回,最终将数据传送给站点 A。双纤双向复用段保护环的环回(倒换)操作同样都在故障的端点(节点 B 和节点 C)处执行。

在四纤双向复用段保护环的基础上，很容易理解双纤双向复用段保护环的主用业务容量最大可以为 $M/2*\text{STM-}N$，如果包含备用业务容量，环的最大业务容量可达 $M*\text{STM-}N$。

综上，双纤单向通道保护环和双纤双向复用段保护环在现网中应用较多。

3.6.5　网络同步

SDH 是基于时分复用技术的同步数字体系，发送端在发送数字脉冲信号时将脉冲放在特定的时隙上，接收端要保证能在特定的时间位置处将该脉冲提取、解读，以实现发、收两端的正常通信。这种保证发送、接收两端能正确地在某一特定时间位置上发送、提取信息的功能是由发送、接收两端的定时时钟来实现的。这种网络中各节点的时钟频率和相位都限制在预先确定的容差范围内，以避免由于数字传输系统中发送、接收定位的不准确而导致传输性能劣化的工作方式，就是网络同步。

1. 网络同步的工作方式

数字通信网网络同步的工作方式可以概括为 4 种，伪同步方式、主从同步方式、准同步方式和异步方式。

1) 伪同步方式

伪同步方式指数字交换网中各数字交换局点在时钟上是相互独立、毫无关联的，各数字交换局点的时钟都具有极高的精度和稳定度，一般用铯原子钟。这些局点时钟的频率和相位因为相互独立，可能不完全相同，但是由于时钟精度高、误差很小，接近于同步状态，称为伪同步。一般伪同步方式用于国际数字网中，一个国家或者地区与另一个国家或者地区的数字网之间采取伪同步方式，例如中国和美国的国际局各有一个铯时钟，两者采用伪同步方式。

2) 主从同步方式

主从同步指整体网络内设定一个时钟主局点，对该局点配置较高精度的时钟，网内其他各局点均逐级同步该主局点的时钟。为了提高时钟系统的可靠性，可以在网内设置一个从时钟，采用分级主从控制方式。主、从时钟均采用铯时钟，在正常情况下主时钟起网络定时基准作用，从时钟同样以主时钟为基准。当主时钟发生故障时，其他网络节点的时钟源切换为从时钟，主时钟恢复后，再切换回以主时钟作为网络定时基准的状态。

中国数字通信网采用的同步方式就是分级主从同步方式，不同的运营商可以根据实际需要，在不同的城市(例如北京、广州等)规划主从时钟源，实现异地备份。在采用主从同步方式时，上一级网元的时钟信号可以通过时钟同步网络链路或者在线路信号上从业务线路传输到下一级网元。该级网元提取此时钟信号，通过自身的锁相振荡器跟踪锁定此时钟，并产生以此时钟为基准的本级网元所用的本地时钟信号，同时将时钟信息通过时钟同步网络链路或者在线路信号中向下级网元传输，以此类推，一直到网络端点设备。

3) 准同步工作方式

在主从同步方式中，如果本级网元收不到从上一级网元传来的基准时钟，那么本级网元可以短时间内通过自身的内置锁相振荡器提供本级网元使用的本地时钟，同时上报时钟源同步异常告警，供网络维护人员排查故障。这种短时间内通过自身的内置锁相振荡器提供本级网元使用的本地时钟并向下级网元传输的工作方式称为准同步工作方式。在这种工作方式下，本级网元的频率和相位会随着时间的推移产生抖动，在这种长时间保持模式下，系统的同步性能会恶化，进而影响业务信息。

4) 异步工作方式

如准同步工作方式中所述，当网络中出现很大的频率偏差，时钟精度达不到 ITU-T G.813 标准规范所规定的数值，SDH 网络业务受损，这种工作模式称为异步工作模式，也是异常工作模式。

2. 网元的时钟工作模式

1) 锁定工作模式

锁定工作模式下，本级网元跟踪锁定的时钟基准是从上一级网元传来的，可能是网内的主时钟，也可能是本地区的 GPS 时钟，也可能是上一级网元内置时钟源下发的时钟。这种模式的时钟精度最高。

2) 保持模式

当所有外部的定时基准都丢失后，本级网元进入保持模式，利用定时基准信号丢失前所存储的最后频率信息作为其定时基准工作。可以理解为本级网元通过"记忆"功能提供与原定时基准接近的时钟信号，以保证时钟频率在短时间内与基准时钟频率只有很小的频率偏差。但是由于本级网元自身振荡器的固有振荡频率会慢慢地漂移，所以此种工作方式提供的较高精度时钟不能持续很久。此种工作模式的时钟精度仅次于锁定工作模式的时钟精度。

3) 自由运行模式

当本级网元丢失所有的外部基准定时，也失去了定时基准记忆或处于保持模式工作的时间太久，从时钟内部振荡器就会工作于自由振荡模式。此种模式的时钟精度最低，在这种模式下，业务可能会受损，需要尽快恢复到锁定工作模式。

3. 时钟的等级

在较为常见的主从同步工作方式中，一般采用等级制划分时钟，目前 ITU-T 将时钟划分为 4 个等级。

一级时钟，基准主时钟，由 G.811 标准规范，精度一般为 10^{-11}；

二级时钟，转接局从时钟，由 G.812 标准规范，精度为 $10^{-8} \sim 10^{-10}$；

三级时钟，端局从时钟，由 G.812 标准规范，精度为 $10^{-8} \sim 10^{-10}$；

四级时钟，SDH 网络单元时钟，由 G.813 标准规范，精度为 $10^{-6} \sim 10^{-8}$；

一般铯原子钟用于一级时钟，频率稳定度和精确度很高，缺点是可靠性较差，平均无故障时间为 5～8 年，一般采用冗余备份配置从时钟。

一般高稳定度的石英晶体振荡器可以作为转接局和端局的时钟，这时石英晶体振荡器采用窄带锁相环，并具有频率记忆功能，低稳定度的石英晶体振荡器可以作为远端模块或数字终端设备的时钟。石英晶体振荡器因其可靠性高、价格低，成为应用十分广泛的廉价时钟源，缺点是长期频率稳定度不高。

随着技术的进步，现在正在逐步采用铷原子钟作为同步区的基准时钟，它的稳定度、精确度和成本介于铯原子钟和石英晶体振荡器之间。

小　结

本章节介绍了传输系统最基础也是最核心的技术知识，包括 SDH 的基本概念，基本的网络单元，速率和帧结构，映射、复用、定位等三大技术，以及 SDH 网络及其应用。其中帧结构是深入理解传输系统的基础，SDH 三大核心技术是理解 SDH 工作过程的关键。

复习思考题

1. SDH 的主要优点有哪些？
2. SDH 基本的网络单元有哪些？
3. SDH 体制基本的复用单元包括哪些？
4. SDH 网络拓扑的基本结构有哪些？
5. 1＋1 保护的特点有哪些？
6. 数字通信网网络同步的工作方式有哪些？
7. 网元的时钟工作模式有哪些？

第4章　MSTP多业务传送平台

学习目标

知识目标

了解 MSTP 概念、关键技术原理和应用；熟悉常见 MSTP 设备等。

技能目标

熟悉常见 MSTP 设备的系统结构、硬件架构、功能特点等。

4.1　MSTP 基础知识

1. MSTP 基本概念

由于传统的 SDH 设备主要传输 2M、34M、140M 等 TDM 业务，在传输以太网业务时，需要通过接口转换器转换为标准的 2M、34M 信号再进行传输，这样虽然解决了以太网数据的透明传输，但以太网标准信号无法正好使用单个虚容器完全封装，带宽不能灵活调整，也不能适应更复杂的组网场景。

多年来，通信的组网由原来的电路交换转向 IP 化发展，除了传统的话音业务，对数据业务的接入能力的要求也越来越高。基于下一代 SDH 技术的多业务传输平台 MSTP 在保持 SDH 技术优势的同时，融合了 IP 技术的灵活性，以及 ATM(异步传输)的 QoS(服务质量选择)技术，使数据网和传输网在接入层面融为一体，形成了 IPRAN、PTN 等新业务产品，实现了数据业务的收敛、汇聚和二层处理，灵活可靠，资源共享，可以让运营商以更低的建设成本、更低的运营成本、更简化的网络结构和更高的网络扩展性构筑新一代基础传送网络。

基于 SDH 技术的多业务传送平台 MSTP 具有以下主要特征：

(1) 保留良好的 TDM 业务处理能力、网络保护机制等传统 SDH 技术优点；

(2) 提供集成的数字交叉连接功能；

(3) 提供 ATM 业务或以太网业务的带宽统计复用功能，具有动态带宽分配和高效建立链路的能力；

(4) 提供灵活的组网能力。支持点到点、点到多点、多点到多点等多种以太网业务类型；根据网络需求，MSTP 设备可以应用在传送网的接入层、汇聚层和骨干层。

(5) 提供面向整个网络的网络管理能力。

2. MSTP 基本原理

MSTP 将传统的 SDH 复用器、数字交叉连接器(DXC)、二层交换机和 IP 边缘路由器等多个独立的设备集成为一个网络设备，进行统一控制和管理。由此可见，MSTP 是基于传统 SDH 技术的，同时实现 TDM、ATM、以太网等业务的接入、处理和传送，并提供统一网管的多业务传送平台。MSTP 功能框图如图 4-1 所示。

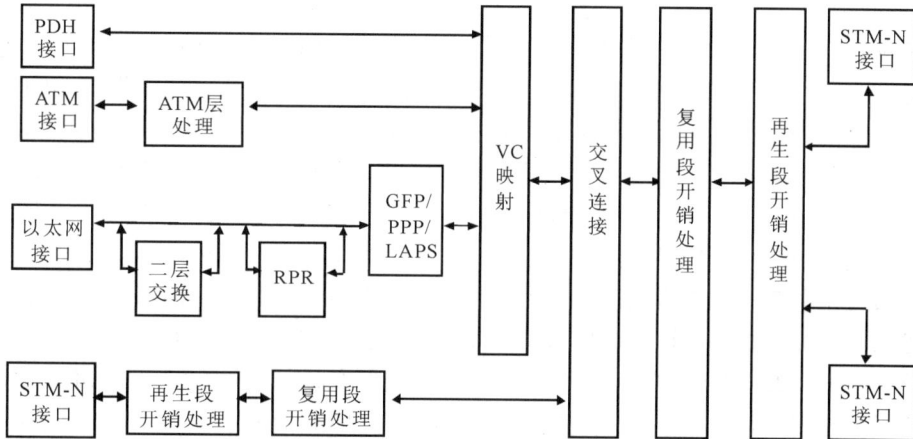

图 4-1　基于 SDH 的 MSTP 功能框图

在 MSTP 的设备结构和功能模型图中，所有业务(包含 TDM 业务、ATM、IP 业务)都进入 VC 交叉矩阵进行交换，由此可以看出 MSTP 设备是基于传统 SDH 技术的。但在进入 VC 交叉矩阵之前，数据业务(ATM/IP)和传统的 TDM 业务处理方式不同。对于交换式以太网业务和 ATM 业务，先进行二层分组和 ATM 信元交换，然后用相关协议 PPP/GFP 封装数据，进行交叉矩阵；对于以太网数据透明传输，不进行二层交换而直接封装，映射成 VC 虚容器。

需要注意的是，在实际应用中，允许 MSTP 设备只具有以太网接口或者 ATM 接口中的任意一种，具体要求如下：

(1) 应满足国际标准中规定的 SDH 网元的基本功能要求；

(2) 应至少支持以太网业务或 ATM 业务中的一种；

(3) 当支持以太网业务时，基于 SDH 技术的多业务传送平台应支持以太网业务的透明性，保证对所有的二/三层以上的协议透明，包括 IEEE 802.1q 等二层协议和 IPv4、IPv6 等上层协议。

(4) 当支持 ATM 业务时，基于 SDH 技术的多业务传送节点应支持 ATM 业务的统计复用和 VP/VC (虚通道/虚连接)交换处理功能。

(5) 对于以太网业务，基于 SDH 技术的多业务传送平台可以进行透明传送或经二层三层交换后再进行传送。对于 ATM 业务，基于 SDH 技术的多业务传送平台应至少处理到 ATM 层。对于 POS(Packet Over SDH，基于 SDH 的包交换)业务，基于 SDH 技术的多业务传送平台应能提供三层处理或交换功能。仅对 ATM 业务或 POS 业务进行透明传输的 SDH 设备不能称为多业务传送平台。

实现以上功能模型最关键的技术有、级联技术、链路容量调整方案、通用成帧协议和智能适配层。

4.2　MSTP 关键技术

4.2.1　级联技术

传统的 SDH 设备，被传送信号的净荷与 SDH 虚容器的标准速率是相匹配的，并且映射后的各种 VC 可以作为单个实体在 SDH 网元中进行复用、交叉连接，以及灵活地应用于上下业务。为了适应网络发展的要求，在实际应用中，被传送信号的净荷与 SDH 的各种虚容器的标准速率不完全匹配(例如 IP 数据报文等)，VC 级联技术应运而生。

级联是将多个虚容器的内容彼此关联复合在一起，构成一个大的虚容器以满足业务传输的要求，本质上是一种组合的过程。ITU-T 规定的级联方法有两种：相邻级联和虚级联。两种级联方法在路径终端所提供的级联带宽是容器的 X 倍，差别在于被级联的多个虚容器是否连续。相邻级联也叫作连续级联，在整个传输过程中保持连续带宽，即需要各个级联的虚容器是相邻的；虚级联则是将连续带宽分解到多个 VC 上传输，多个虚容器不一定相邻，在传输的终端再将多个 VC 重新组合成连续带宽。可见，相邻级联要求每个网元上都有级联功能，而虚级联只要求终端设备需要级联功能即可。以上两种级联之间要互通时，必须进行转换。

各 VC(VC-3、VC-4、VC-12)级联的思路类似，本节以 VC-4 的相邻级联和虚级联举例说明。关于级联的详细细节可参考 ITU-T G.707、ITU-T G.783 等协议。

1. VC-4 的相邻级联

利用物理上连续的 SDH 帧空间来存储多个 VC-4 容器的数据，并通过 AU-4 指针内的级联指示字节标识，就是 VC-4 的相邻级联，用 VC-4-Xc 表示，结构如图 4-2 所示。

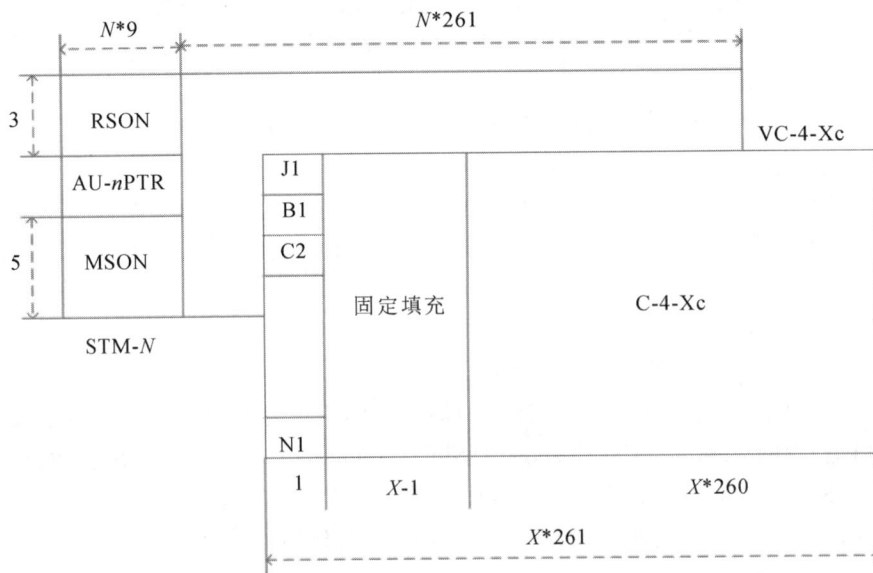

图 4-2　VC-4-Xc 结构

在 VC-4-Xc 中，第 1 列为 POH 字节，第 2～X 列为固定比特填充。VC-4-Xc 加上各自的指针构成 AU-4-Xc，其中第一个 AU-4 具有正常范围的指针值，其他 AU-4 的指针为级联指示，固定设置为 1001SS1111111111。

2. VC-4 的虚级联

利用多个不同 STM-N 帧内的 VC-4 传送 X 个速率为 149.760 Mb/s 的 C-4，就是 VC-4 的虚级联，用 VC-4-Xv 表示，结构如图 4-3 所示。

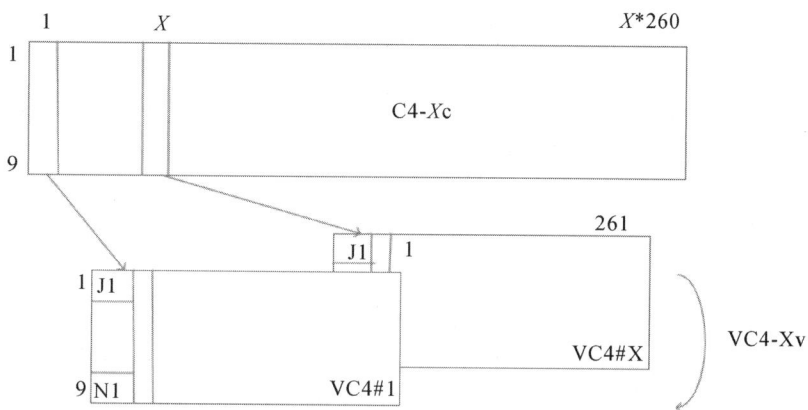

图 4-3　VC-4-Xv 结构

在 VC-4-Xv 中，每个 VC-4 都具有各自独立的 POH(定义与一般的 POH 开销规定相同)，这里的 H4 字节作为虚级联标识使用。H4 由序列号(SQ) 和复帧指示符(MFI)两部分组成。

复帧指示字节占据 H4 的第 5～8 位，由此可以看出，复帧指示序号范围为 0～15，也就是说，16 个 VC-4 帧构成一个 2 ms 的复帧(125 μs × 16 = 2 ms)。MFI 存在于 VC-4-Xv 的所有 VC-4 中，每当出现一个新的基本帧时，MFI 就会自动加 1。通过 MFI 值终端设备可以判断出所接收到的信号是否来自同一个信源。如果来自同一个信源，则根据序列号对数据进行重组。

序列号占用 8 位，通常用复帧中的第 14 帧的 H4 字节(b1～b4)来传送序列号的高 4 位，用复帧中的第 15 帧的 H4 字节(b1～b4)来传送序列号的低 4 位，复帧中的其他帧的 H4 字节(b1～b4)均不使用(置为"0")，VC-4-Xv 虚级联中的每一个 VC-4 都有一个序列号，其编号范围 0～X-1 (X = 256)。

考虑到 VC-4-Xv 中的每个 VC-4 在网络中传输时传播路径可能不同，造成各 VC-4 之间存在时延差，在终端重新排序以组成连续的容量 C-4-Xc 时，通常要求各 VC-4 的时延尽量小，一般要求在 125 μs 以内。

3. VC-4 相邻级联和虚级联的互通

在实际网络中，会出现相邻级联和虚级联互通的场景，要求系统能够提供相邻级联和虚级联之间净荷的相互映射功能。下面以 VC-4 相邻级联转换为虚级联为例说明，VC-4 虚级联转换为相邻级联与之类似。

1) 净荷处理

VC-4-Xc 的净荷区被拷贝进 VC-4-Xv 的净荷区。

2) 告警处理

如果相邻级联 VC-4-Xc 处于信号失效状态,则转换后的 VC-4-Xv 的所有 VC-4 均设为信号失效。

3) 开销字节处理

J1 字节:将 VC-4-Xc 的 J1 字节拷贝到 VC-4-Xv 的第 1 个 VC-4 的 J1 字节,VC-4-Xv 的其余所有 VC-4 可设置为 J1 通道踪迹字节,如果未设为通道踪迹字节,则仍拷贝 VC-4-Xc 的 J1 字节。

B3 字节:对 VC-4-Xc 的第 $n-1$ 帧进行 BIP-8 计算,将其计算结果与第 n 帧的 B3 比较,以确定比特误码数。对于 VC-4-Xv,BIP-8 计算其 $n-1$ 帧每个 VC-4。对于 VC-4-Xv 的第 n 帧的第 1 个 VC-4,BIP-8 在填入相应的 B3 之前,在 VC-4-Xc 检出多少误码数就在 B3 填几个误码,而其他所有 VC-4 的 BIP-8 不作任何调整,直接填入第 n 帧相应的 B3 中。

C2 字节:将 VC-4-Xc 的 C2 字节拷贝到 VC-4-Xv 的所有 VC-4 的 C2 字节中。

C1 字节:将 Vc4-Xc 的 C1 字节的 1~4 位(ED)拷贝到 VC-4-Xv 的第 1 个 VC-4 的 C1 字节的 1~4 位。VC-4-Xv 的其余所有 VC-4 的 C1 的 1~4 位均置为 "0" VC4 Xc 的 CI 字节的 5~7 位(RDI,增强的 RD)拷贝到 VC-4-Xv 的所有 VC-4 的 GI 字节的 5~7 位。VC-4-Xc 的 GI 字节的第 8 位拷贝到 VC-4-Xv 的所有 VC-4 的 GI 字节的第 8 位。

F2/3 字节:VC-4-Xc 的 F2/3 字节拷贝到 VC-4-Xv 第 1 个 VC-4 的 F2/3 字节;VC-4-Xv 的其余所有 VC-4 的 F2/3 字节均置为 "0"。

H4 字节:VC-4-Xv 的所有 VC-4 的 H4 按相应规定产生。

K3 字节:将 VC-4-Xc 的 K3 字节拷贝到 VC-4-Xv 的第 1 个 VC-4 的 K3 字节;VC-4-Xv 的其余所有 VC-4 的 K3 字节均置为 "0"。

N1 字节:如果 VC-4-Xc 的 N1 字节的 1~4 位(IEC)含有码字 1110(输入 AIS),VC-4-Xv 的所有 VC-4 的 N1 字节的 1~4 位均置为 1110,否则将 VC-4-Xc 的 N1 字节的 1~4 位拷贝到 VC-4-Xv 的第 1 个 VC-4 的 N1 字节的 1~4 位;VC-4-Xv 的其余所有 VC-4 的 N1 字节的 1~4 位均设置为 "10";VC-4-Xc 的 N1 字节的 5~8 比特拷贝到 VC-4-Xv 的所有 VC-4 的 N1 字节的 5~8 位。

4.2.2　链路容量调整方案(LCAS)

在虚级联中,不同的 VC 可能在不同的路径中传输,如果出现线路故障或者拥塞等,会造成某个 VC 失效,从而导致整个虚容器组重组失败,同时数据传输具有可变带宽的需求。为了解决这个问题,提出了链路容量调整方案(LCAS)。

链路容量调整方案(LCAS)是 ITU-T G.7042 标准规定的专用协议,提供了一种虚级联链路首末端适配的功能,用来增加或者减少 SDH 网络中采用虚级联构成的容器的容量大小。通过链路容量调整方案(LCAS),可以在网管的控制下,增加或者减少 VC 级联组中 VC 的数量,即在线增加或者减少带宽而不影响业务;可以自动地去掉 VC 级联组中出现故障或者增加正在修复的 VC 通道。

4.2.3　通用成帧协议(GFP)

以太网业务经过媒体访问控制(MAC)层处理后要进行数据封装，这部分业务传输是基于数据包的。MSTP 技术中的封装作用是把变长的净荷映射到字节同步的传输通路中，目前帧封装技术主要有 3 种，点对点协议(PPP)、SDH 链路接入规程(LAPS)和通用成帧规程(GFP)，其中 PPP 和 LAPS 的封装帧定位效率不高，通用成帧协议(GFP)是一种先进的数据信号适配和映射技术，是以太网帧向 SDH 帧映射的比较理想的方法。

GFP 封装协议是 ITU-T G.7041 标准规范的一种通用成帧规程，可透明地将上层的各种数据信号封装映射到 SDH 等物理层通道中传输。下面分别对 GFP 帧结构、GFP 帧定界和 GFP 映射模式进行详细介绍。

1. GFP 帧结构

GFP 帧分为 GFP 业务帧(包含业务数据帧 CDFs 和业务管理帧 CMFs)和 GFP 控制帧。GFP 业务数据帧用来承载业务数据，GFP 业务管理帧用来传送与业务信息和 GFP 连接管理有关的信息，GFP 控制帧是不带业务净荷的空白帧，用于 GFP 通道空闲时的填充帧，4 个全 0 字节的帧头与十六进制数 B6AB31E0 进行异或运算实现扰码功能。GFP 帧结构如图 4-4 所示。

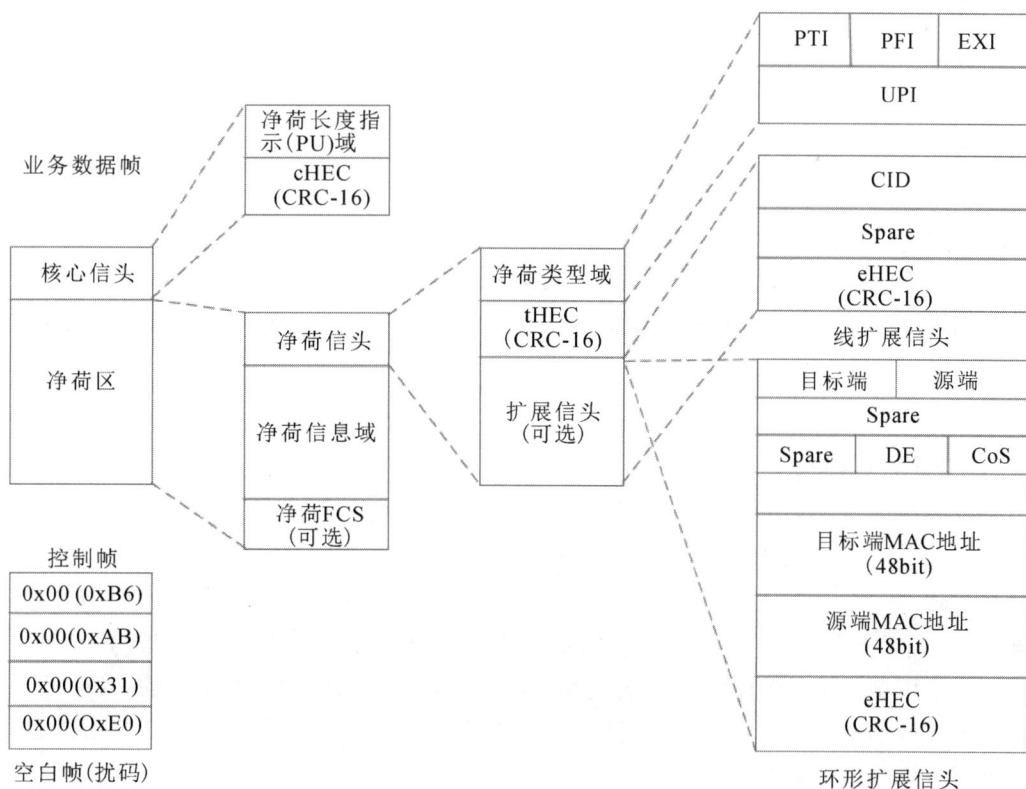

图 4-4　GFP 帧结构

GFP 业务数据帧结构主要由 GFP 核心信头和净荷区两部分组成。

GFP 核心信头包括净荷长度指示 PLI(Payload Lenth ID)域和核心帧头错误校验 cHEC(Core Head Error Check)域共 4 个字节。当净荷长度指示 PLI 的值大于或者等于 4 时，为 GFP 业务帧，否则为控制帧，核心 cHEC 采用 CRC-16 的校验方法。

GFP 净荷区包含净荷信头和净荷类型域两部分，长度范围在 0~65535 字节之间，用于承载业务数据。净荷类型域 Payload Type 中，PTI 为 3 位的净荷类型标识，当 PTI=000 时，为业务数据帧，当 PTI=100 时，为业务管理帧。PFI 为 1 位的净荷帧检验序列 FCS(Frame Check Sequence)标识，当 PFI=1 时，表示有净荷校验序列(利用 CRC-32 校验保护负荷信息的完整性)，当 PFI=0 时，表示没有净荷校验序列。EXI 为 4 位的扩展头标识，当 EXI=0000 时，为空扩展头；当 EXI=0001 时，为线性扩展头；当 EXI=0010 时，为环形扩展头；其他值保留未使用。UPI 为 8 位的用户净荷标识，与 PTI 配合，表示净荷中的数据类型，例如 Ethernet、IP 等。净荷类型校验 tHEC(Type HEC)和扩展头校验 eHEC(Extension HEC)都采用 CRC-16 的校验方法。

2. GFP 帧定界

GFP 的帧定界方法基于帧头中的帧长度指示符，采用 CRC 捕获的方法实现，因为 GFP 核心信头中的 cHEC 是对 PLI 做 16 位的多项式操作的，所以 GFP 可以用 PLI 域与 cHEC 域的特定关系来作为帧头的定界，不需要起始符和终止符，可避免采用字节填充机制，也不需要对客户信息流进行预处理，从而减少边界搜索处理时间。

GFP 帧同步过程如下。

当系统进入初始化阶段或者出现 GFP 失步情况时，首先进入搜索状态。

在搜索状态时，接收机对输入的码流前一次的 4 个字节逐字节地确定核心头，并进行 CRC 计算，如果计算出的 cHEC 和数据域中的 cHEC 匹配成功，则转入预同步状态，否则继续进行搜索。

在预同步状态时，根据帧头 PLI 指示的位置搜寻下一个 GFP 帧的位置，然后进行 CRC 校验，如果连续 N 帧 CRC 校验正确，则进入同步状态，如果 cHEC 校验错误，则返回搜索状态。

在同步状态时，节点的时钟状态与网络时钟保持一致。

3. GFP 映射模式

GFP 有帧映射(GFP-F)和透明映射(GFP-T)两种封装映射方式，如图 4-5 所示。其中帧映射(GFP-F)是面向协议数据单元(PDU)的，透明映射(GFP-T)是面向 8B/10B 块状编码的。GFP-F 封装方式适用于分组数据，把整个分组数据(IP、PPP、Ethernet 等)封装到 GFP 净荷区域中，对封装数据不做任何改动，并根据需要来决定是否添加净荷区检测域 FCS。GFP-T 封装方式适用于采用 8B/10B 编码的块数据，从接收的数据块中提取单个的字符，然后映射到固定长度的 GFP 帧中，映射得到的 GPF 帧可以立即进行发送，不需要此用户数据帧的剩余部分完成全部映射。

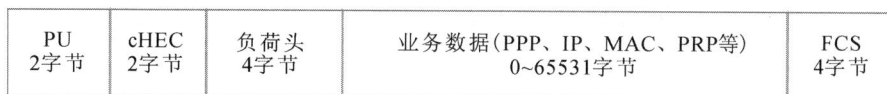

(a) GFP-F帧

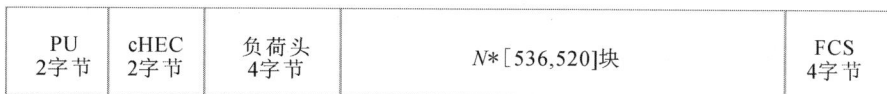

(b) GFP-T帧

图 4-5　两种 GFP 映射模式

1) 帧映射(GFP-F)

GFP-F 映射模式适用于高效、灵活性要求高的连接，当成帧器接收到完整的一帧后才进行封装处理，适用于封装长度可变的 IP、PPP、以太网(Ethernet)帧等，GFP-F 封装过程如图 4-6 所示。这种模式需要对整个帧进行缓冲来确定帧长度，导致延时时间增加，但实现方式简单。

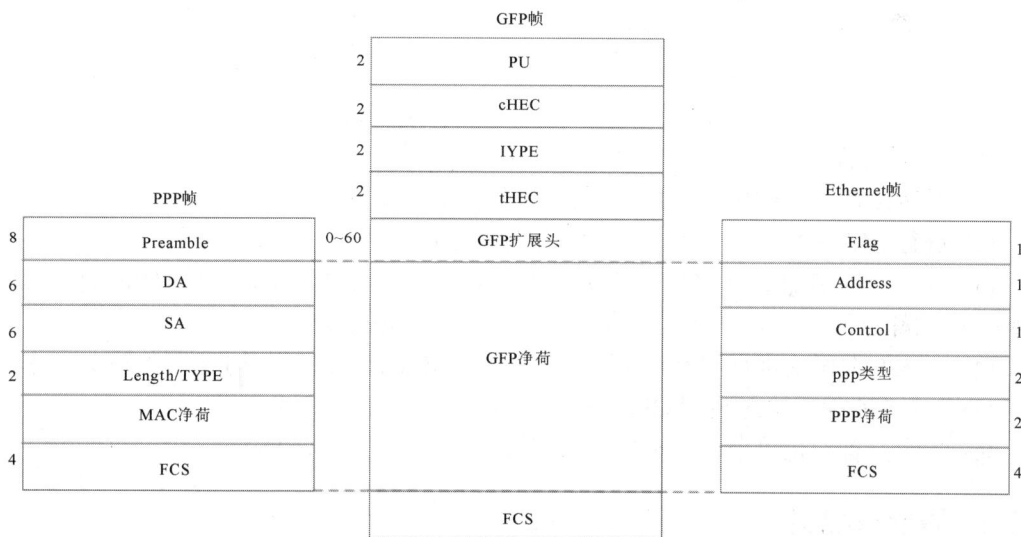

图 4-6　PPP 帧和 Ethernet 帧的 GFP 封装过程

下面以以太帧封装到 GFP-F 为例进行说明，具体步骤如下。

(1) 在接收到以太网 MAC 帧后，进行长度计算，确定 GFP 帧头中的 PLI 域数值，并生成相应的 HEC 字节；

(2) 根据业务类型，确定类型域的值，计算相应的 HEC 字节；

(3) 确定扩展信头中的各项内容；

(4) 将以太网 MAC 帧中各位全部、顺序地装入 GFP 的净荷区；

(5) 对净荷进行扰码处理；

(6) 当前一个 GFP 帧传送结束，而下一个 GFP 帧还未准备就绪，则可通过发送空白帧来填充帧间隔字节。

(7) 接收过程与发送过程相反，对 GFP 帧进行去扰码、去帧头处理，恢复以太网 MAC 帧。

2) 透明映射(GFP-T)

透明映射(GFP-T)直接从所接收的数据块中提取单个字符，映射到固定长度的 GFP 帧中。映射过程中不区分所映射字符的内容是业务数据还是控制数据，是一种物理层数据透明的处理方式，GFP-T 封装过程如图 4-7 所示。

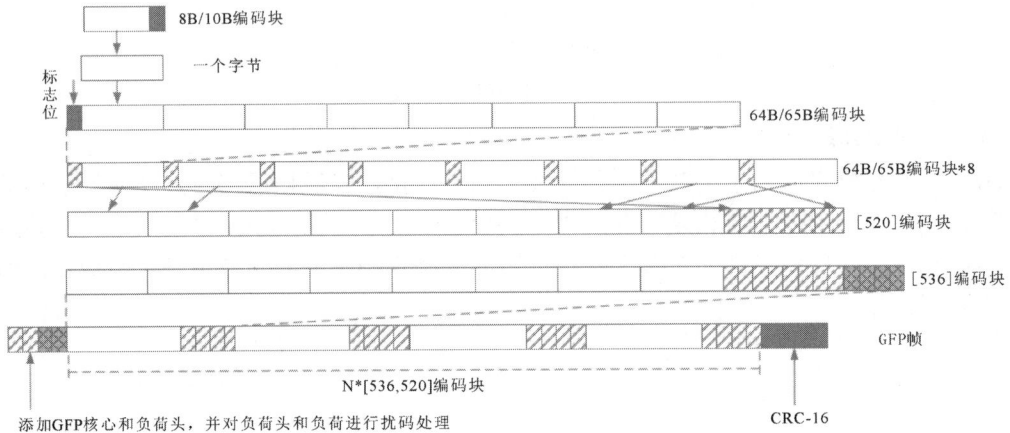

图 4-7　8B 和 10B 编码块的 GFP 封装过程

数据映射过程如下。

(1) 对所接收的 8B/10B 码进行解码，恢复原始的 8 位字符；

(2) 进行 64B/65B 编码，增加的 1 位作为标志位；

(3) 用 8 个连续的 64B/65B 编码块组成一个 520 编码块，注意此处取出每个 64B/65B 编码块中的标志位，组成一个单独的字节，放在编码块的最后；

(4) 对 520 编码块进行 CRC-16 计算，将计算结果放在最后，构成一个 536 编码块；

(5) N 个 536 编码块封装到 GFP 帧中的净荷区；

(6) 加上具有纠正单个错码和检测多个错码的能力的 CRC-16。

4.2.4　智能适配层

MSTP 在以太网和 SDH 之间引入了智能适配层，用来满足以太网业务的 QoS(Quality of Service，服务质量)要求。智能适配层的实现技术主要有多协议标签交换 MPLS (Multi-Protocol Label Switching)和弹性分组环 RPR(Resilient Packet Ring)两种。

1. 多协议标签交换(MPLS)

MPLS 的概念由思科公司在 1997 年提出，是经国际互联网工程任务组(The Internet Engineering Task Force，IETF)制定的一种多协议标签交换标准协议。

相对于传统的二三层交换，MPLS 可以认为是 2.5 层的交换技术，它将三层技术(例如路由交换等)与二层交换技术(例如 ATM 交换等)有机地结合起来，实现在同一个网络上既能提供点到点传输，又能提供多点传输；既能提供原来以太网的服务，又能提供满足 QoS 要求的实时交换服务。MPLS 的核心技术是使用标签对上层数据进行统一封装，从而实现用 SDH

系统承载不同类型的数据包，即通过中间智能适配层的引入，将路由器边缘化，将交换机置于网络中心，通过一次路由、多次交换将以太网的业务要求适配到 SDH 系统上。

基于 MPLS 的第三代 MSTP 设备具有以下特点：

(1) 实现端到端的流量控制、公平的接入机制、合理的带宽动态分配机制和端到端业务 QoS 功能；

(2) 将带有 VLAN 标签的以太网帧封装到 MPLS 标记交换路径(LSP)上，解决了 VLAN 的可扩展性问题；

(3) 支持基于网络拓扑结构的路由计算，减少了路由设备的数量和复杂度，从整体上提高了以太网数据在 MSTP 中的传输效率，优化了网络资源的配置和使用。

MPLS 包含标签分发协议(Label Distribution Protocol)、相关信令协议等多个协议组，是一个相对庞大的技术专题，本节不做详细介绍，可以参考 RFC3031：Multiprotocol Label Switching Architecture。

2. 弹性分组环 RPR

弹性分组环(RPR)是一种基于分组交换的采用环形组网的新型 MAC 层协议，优化了在环型拓扑结构上的数据交换，可以更好地处理环型拓扑上的数据流问题，并能提供 OoS 分类、环保护等功能。

弹性分组环采用双环结构，在环路上进行分组处理时，对于每一个节点，如果数据流的目的地不是本节点，则将该数据流向前传送，提高了系统的处理性能。通过执行公平算法，使得环路上的每个节点都可以公平地享用每一段带宽，提高了环路带宽利用率，并且一条光纤上的业务保护的倒换对另一条光纤上的业务没有任何影响。

弹性分组环具有以下特点：

(1) 能够适应任何标准(例如 SDH、以太网等)的物理层帧结构，可有效地传送语音、数据、图像等多种类型的业务，具有较强的兼容性和良好的扩展性；

(2) 支持空间复用和统计复用技术；

(3) 支持拓扑自动发现和动态更新，并能够根据不同的业务等级提供自动保护倒换机制；

(4) 支持流量控制和带宽公平调度功能。

4.3　MSTP 应用

相对于传统的 SDH 系统，基于 SDH 的 MSTP 除支持传统的 PDH、SDH 功能外，还具有以太网业务透传、以太网二层交换以及 ATM 业务处理等功能。

1. TDM 业务应用

由于 MSTP 设备是基于 SDH 技术的多业务传送平台，本身能够对 TDM 业务进行很好的支持，MSTP 设备提供了标准的 PDH 和 SDH 接口，支持 VC-12/3/4 级别的连续级联与虚级联。对从 PDH 接口输入到用户端口的 PDH 各等级信号，可通过系统端口直接进行映射、定位、复用和开销处理，最终形成 STM-N 帧结构，以线路信号发送出去。对从 SDH

接口输入到用户端口的 SDH 各等级信号，进行去复用段开销和再生段开销处理，通过系统端口映射至 VC 中，再经过 VC-N 交叉连接，加入复用段开销和再生段开销，形成 STM-N 的帧结构，以线路信号发送出去。

2. 以太网业务透传

以太网业务透传功能指将来自以太网接口的数据包不经过二层交换过程，不作任何处理直接进行映射封装到 SDH 帧结构中，进行点到点传输。

基于 SDH 技术的具备以太网透传功能的多业务传送平台，具备以下功能：

(1) 传输链路的带宽可以配置；

(2) 保证以太网业务的透明性；

(3) 以太网数据帧的封装应采用 PPP 协议、LAPS 协议或者 GFP 协议，其中 GFP 协议应用最为广泛；

(4) 数据帧可以采用 ML-PPP 协议封装或者采用 VC 通道的级联、虚级联映射，保证数据在传输过程中的完整性。

3. 以太网二层交换

以太网二层交换将以太网业务映射到虚容器前，先进行以太网二层交换处理，通过专用协议封装，把多个以太网业务流复用到同一以太网传输链路中，节约了端口和带宽资源。

基于 SDH 技术的具备二层交换功能的多业务传送平台，具备以下功能：

(1) 传输链路的带宽可以配置；

(2) 保证以太网业务的透明性；

(3) 以太网数据帧的封装应采用 PPP 协议、LAPS 协议或者 GFP 协议，其中 GFP 协议应用最为广泛；

(4) 数据帧可以采用 ML-PPP 协议封装或者采用 VC 通道的级联、虚级联映射，保证数据在传输过程中的完整性；

(5) 能够实现转发过滤以太网数据帧的功能，该功能应符合 IEEE802.ld 协议的规定；

(6) 能够识别 IEEE 802.1q 规定的数据帧，并根据 VLAN 信息转发过滤数据帧；

(7) 能够提供自学习和静态配置两种可选方式维护 MAC 地址表；

(8) 能够实现转发/过滤数据帧信息的功能；

(9) 能够支持 IEEE 802.1d 生成树协议 STP(Spanning Tree Protocol)；

(10) 能够支持多链路聚合来实现灵活的高宽带和链路冗余；

由此可以看出，具备二层交换功能的多业务传送平台同时具备了透传的能力。透传和二层交换方式各有其优势和缺点。透传方式具有用户带宽保证和安全隔离功能的优势，比较适合于有 QoS 要求的数据组线业务，但是带宽利用率较低，不支持端口汇聚等应用，灵活性较差。二层交换方式具有带宽共享、端口汇聚的优点，还可以通过 VLAN 实现用户隔离，利用 STP 协议实现二层保护和带宽共享，组网方式比较灵活，每端口成本较低，但是对用户的实际带宽保证有一定困难。

4. ATM 业务处理

信号的传递模式分为同步传递模式 STM(Synchronous Transfer Mode)和异步传递模式 ATM(Asynchronous Transfer Mode)两种。STM 的主要特征是采用时分复用，即根据各路信号的不同时隙来区分每路信号，ATM 是一种异步传递模式，在这种模式中信号被组织成固定长度信元，来自某用户一段信号的各个信元并不需要以时隙来区分。

ATM 网络是一种面向连接的分组交换网络，两个终端之间是逻辑信道(虚连接)而不是直接的物理信道。虚通道(VC)和虚通路(VP)是 ATM 系统中的基本概念。

虚通道 VC 是 ATM 网络链路端点之间的一种逻辑联系，是在两个终端之间传送 ATM 信元的通信通路。通过 ATM 的虚通道 VC 连接可以实现用户到用户、用户到网络、网络到网络的信息传递，任意两个终端通过 ATM 的虚通道相互连接。虚通路 VP 是指两个终端之间存在的一组由若干个虚通道 VC 聚合在一起的虚拟的管道。一个 VP 可以包含若干 VC，不同的 VC 通过 VCI(虚通道标识符)来标识，不同的 VP 通过 VPI (虚通路标识符)来标识，VCI 和 VPI 都位于 ATM 信元的头部。

基于 SDH 技术的具备 ATM 业务处理功能的多业务传送平台，具备以下功能：

(1) MSTP 系统支持多种类型的 ATM 业务，主要包括 CBR (恒定比特率)、rt-VBR (实时的可变比特率)、nrt-VBR (非实时的可变比特率)以及 UBR (不确定比特率)等多种业务等级；

(2) 支持 ATM PVC、SVC、SPVC 的连接及交换；

(3) 支持 TDM 电路仿真；

(4) 支持 ATM 流量整形；

(5) 支持 IMA (ATM 反向复用等)功能；

(6) 支持在 SDH 环路上形成一个 ATM 的虚拟通道环 VP-Ring 来实现共享带宽和环上业务保护的功能。

在 MSTP 中实现 ATM 业务的传送主要经历 ATM 层处理和 SDH VC 映射的处理两个步骤。其中 ATM 层处理功能可对来自 ATM 接口的信元进行统计复用，利用较少的网络带宽实现多点接入和带宽共享，以提高传输带宽的利用率并减少设备的端口数。数据包经过 ATM 层处理，映射封装到 SDH VC 中。ATM 业务速率为 155 Mb/s 或者 622 Mb/s，因此应提供 SDH VC-4 或 VC-4-4c/v 作为 ATM 业务的传输通道。

4.4　MSTP 设 备

网络应用中实现多业务传送功能的是具体的物理网元，这些具体的物理网元构成了具有强大传送功能的传输网络。通过前几节的介绍，结合第 3 章内容，本节以华为 OSN 系列产品为例，分别介绍 MSTP 在接入层、汇聚层和骨干层的设备。

4.4.1　OptiX OSN 2500 智能光传输设备

1. 设备概述

OptiX OSN 2500 智能光传输设备(以下简称 OptiX OSN 2500)是华为技术有限公司早期开发的智能光传输设备，应用于城域传输网中的接入层和汇聚层，可与 OptiX OSN 9500、OptiX OSN 7500、OptiX OSN 3500、OptiX OSN 3500 II、OptiX OSN 2500 REG、OptiX OSN1500、OptiX 2500+(Metro 3000)、OptiX 155/622H(Metro 1000)混合组网，如图 4-8 所

示，可优化运营商投资，在城市轨道交通传输系统中也有应用。

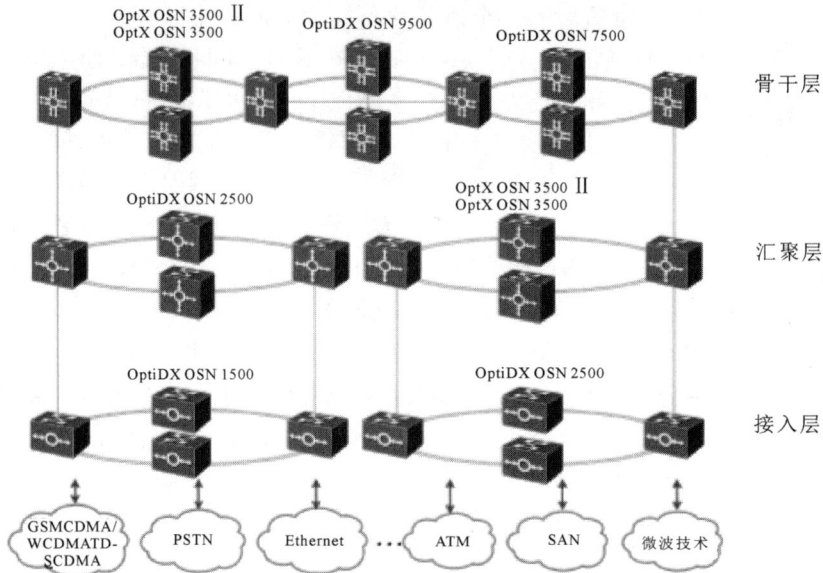

图 4-8　华为 OSN 产品混合组网

2. 设备结构

1) 机柜

OptiXOSN2500 安装在 ETSI(EuropeanTelecommunicationsStandardsInstitute，欧洲电信标准化协会)机柜(见图 4-9)中，也可以安装在 19 英寸标准机柜中。

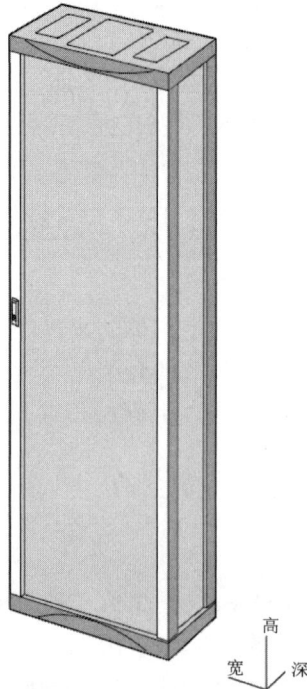

图 4-9　ETSI(European Telecommunications Standards Institute)机柜

ETSI 机柜的技术参数如表 4-1 所示。

表 4-1　ETSI 机柜的技术参数

尺寸/mm	重量/kg	子架配置数目/个
600(宽) × 300(深) × 2000(高)	55	1
600(宽) × 600(深) × 2000(高)	79	1
600(宽) × 300(深) × 2200(高)	60	2
600(宽) × 600(深) × 2200(高)	84	2
600(宽) × 300(深) × 2600(高)	70	2
600(宽) × 600(深) × 2600(高)	94	2

2) 子架

OptiX OSN 2500 子架采用单层子架结构，分为辅助接口区、接口板槽位区、处理板槽位区、风扇区和电源区，如图 4-10 所示。该子架的尺寸为：447 mm(宽) × 295 mm(深) × 472 mm(高)，单个空子架的重量为 17 kg。各部分功能如下：

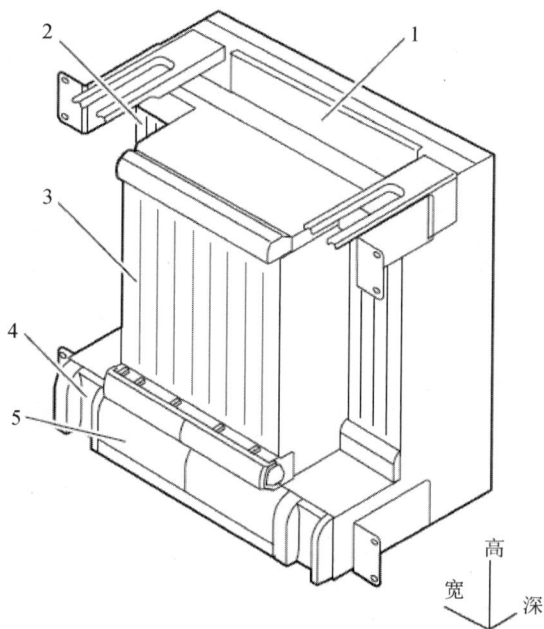

1—辅助接口区；2—接口板槽位区；3—处理板槽位区；4—电源区；5—风扇区。

图 4-10　OptiX OSN 2500 子架

(1) 辅助接口区：引出告警接口、公务电话接口、管理和维护接口、时钟接口等。

(2) 接口板槽位区：安插 OptiX OSN 2500 的支路接口板和以太网接口板。

(3) 处理板槽位区：安插 OptiX OSN 2500 的线路、支路和以太网信号处理板、系统辅助处理板和交叉时钟主控板。

(4) 风扇区：安插 2 个风扇模块，为设备提供散热。

(5) 电源区：安插 2 个 PIU 板，用于给子架供电。

带单板的子架实物如图 4-11 所示，子架安装在 ETSI 机柜中。

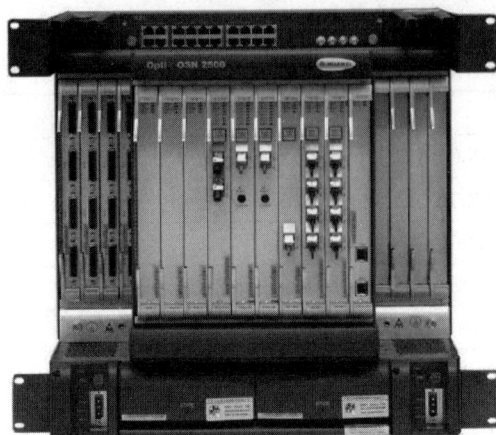

图 4-11　带单板的 OptiX OSN 2500 子架实物

3) 单板

设备支持不同类型单板，这些单板按功能可以分为 SDH 类单板、PDH 类单板、数据类单板、波分类单板和辅助类单板等类型。

(1) SDH 类单板。OptiX OSN 2500 支持 STM-16、STM-4、STM-1 等多种速率级别的 SDH 类单板，具体见表 4-2。

表 4-2　SDH 类单板

单板名称	单板描述	单板名称	单板描述
N1SL16、N2SL16、N3SL16	1 路 STM-16 光接口板	N1SLQ1、N2SLQ1	4 路 STM-1 光接口板
N1SL16A、N2SL16A、N3SL16A	1 路 STM-16 光接口板	N1SLQ1A	4 路 STM-1 光接口板
N1SF16	1 路具有带外 FEC 功能的 STM-16 光接口板	R1SLQ1	4 路 STM-1 光接口板(小板位)
N1SL4、N2SL4、N1SL4A	1 路 STM-4 光接口板	N1SL1、N2SL1	1 路 STM-1 光接口板
R1SL4	1 路 STM-4 光接口板(小板位)	N1SL1A	1 路 STM-1 光接口板
N1SLQ4、N2SLQ4、N1SLQ4A	4 路 STM-4 光接口板	R1SL1	1 路 STM-1 光接口板(小板位)
N1SLD4、N2SLD4、N1SLD4A	2 路 STM-4 光接口板	N1SEP1	面板出线：2 路 STM-1 线路处理板 配合出线板：8 路 STM-1 线路处理板
R1SLD4	2 路 STM-4 光接口板(小板位)	N2SLO1、N3SLO1	8 路 STM-1 光接口板
N1SLT1	12 路 STM-1 光接口板	N3SLQ41	4 路 STM-4/STM-1 光接口板

(2) PDH 类单板。OptiX OSN 2500 支持多种速率和不同阻抗的 PDH 类单板，具体见表 4-3。

表 4-3　PDH 类单板

单板名称	单 板 描 述	单板名称	单 板 描 述
R1PD1、R2PD1	32 路 E1 信号处理板	N1PD3、N2PD3	6 路 E3/T3 业务处理板
N1PQ1、N2PQ1	63 路 E1 业务处理板	N2PQ3	12 路 E3/T3 业务处理板
N1PQM	63 路 E1/T1 业务处理板	N1DX1	DDN 业务接入汇聚处理板
N1PL3、N2PL3	3 路 E3/T3 业务处理板	N1DXA	DDN 业务汇聚处理板
N1PL3A	前面板直接出线的 3 路 E3/T3 业务处理板	N1SPQ4、N2SPQ4	4 路 E4/STM-1 电信号处理板
N2PL3A	前面板直接出线的 3 路 E3/T3 业务处理板	N1MU04	4 路 E4/STM-1 电信号引出板
N1D75S	32 路 E1 电接口倒换出线板(75Ω)	N1D34S	6 路 E3/T3 电接口转接倒换板
N1C34S	3 路 E3/T3 电接口转接倒换板	N1D12S	32 路 E1/T1 电接口倒换出线板(120Ω)
N1D12B	32 路 E1/T1 电接口出线板(120Ω)	N1DM12	DDN 业务接口板
N1TSB4	4 路电接口保护倒换板	N1TSB8	8 路电接口保护倒换板

（3）EoS/EoP 类单板。OptiX OSN 2500 支持透明传输、交换等多种功能的 EoS/EoP 单板。具体见表 4-4。

表 4-4　EoS/EoP 类单板

单板名称	单 板 描 述	单板名称	单 板 描 述
R1EFT4	小板位 4 路 FE 以太网透明传输板	N1EMS4	4 路 GE 和 16 路 FE 混合以太网交换处理板
N1EFT8、N2EFT8	8 或 16 路 FE 以太网透明传输板	N1EMS2	2 路 GE 和 16 路 FE 混合以太网业务透明传输和汇聚板
N1EFT8A、N2EFT8A	8 路 FE 以太网透明传输板	N1EGT2、N2EGT2	2 路 GE 以太网透明传输板
N1EFS0、N2EFS0、N4EFS0、N5EFS0	8 路 FE 以太网交换处理板	N1EFS0A	16 路 FE 以太网交换处理板
N1EFS4、N2EFS4、N3EFS4	4 路 FE 以太网交换处理板	N1EGS4、N3EGS4、N4EGS4	4 路 GE 以太网交换处理板
N2EGS2、N3EGS2	2 路 GE 以太网交换处理板	N1MST4	4 路多业务透明传输处理板
N1EFF8、N1EFF8A	8 路 100M 以太网光接口出线板	N1ETF8、N1ETF8A	8 路 100M 以太网双绞线出线板
N1ETS8	8 路 10M/100M 以太网双绞线转接倒换板	—	—
N1EFP0	基于 PDH 的 8 路以太网交换处理板	—	—

(4) ATM 单板。OptiX OSN 2500 支持多种 ATM 单板，具体见表 4-5。

表4-5　ATM 单板

单板名称	单板描述	单板名称	单板描述
N1ADQ1	4 路 STM-1 ATM 业务处理板	N1ADL4	1 路 STM-4 ATM 业务处理板
N1IDQ1、N1IDQ1A	4 路 STM-1 ATM 业务处理板	N1IDL4、N1IDL4A	1 路 STM-4 ATM 业务处理板

(5) RPR 单板。OptiX OSN 2500 支持多种 RPR 单板，具体见表 4-6。

表4-6　RPR 单板

单板名称	单板描述	单板名称	单板描述
N2EGR2	2 路 GE 以太环网处理板	N2EMR0	12 路 FE+1 路 GE 以太环网处理板

(6) 交叉和系统控制类单板。OptiX OSN 2500 支持多种交叉容量的交叉板和系统控制类单板，见表 4-7。

表4-7　交叉和系统控制类单板

单板名称	单板描述
Q2CXL1、Q3CXL1	1 路 STM-1 主控、交叉、时钟、线路合一板
Q2CXL4、Q3CXL4	1 路 STM-4 主控、交叉、时钟、线路合一板
Q2CXL16、Q3CXL16	1 路 STM-16 主控、交叉、时钟、线路合一板
Q5CXLLN	1 路 STM-16/STM-4/STM-1 主控、交叉、时钟、线路合一板
Q5CXLQ41	4 路 STM-4/STM-1 主控、交叉、时钟、线路合一板

(7) 辅助类单板。OptiX OSN 2500 支持系统辅助接口板、风扇板等辅助类单板，见表 4-8。

表4-8　辅助类单板

单板名称	单板描述	单板名称	单板描述
Q1SAP、Q2SAP	系统辅助处理板	N1FAN	风扇板
Q1SEI	扩展信号接口板	—	—

(8) 波分类单板。OptiX OSN 2500 支持分插复用板、光功率放大板等波分类单板，见表 4-9。

表4-9　波分类单板

单板名称	单板描述	单板名称	单板描述
TN11CMR2	2 路光分插复用板	N1MR2B	2 路光分插复用板
TN11CMR4	4 路光分插复用板	N1MR2C	2 路光分插复用板
TN11MR2	2 路光分插复用板	N1LWX	任意速率波长转换板
TN11MR4	4 路光分插复用板	TN11OBU1	光功率放大板
N1MR2A	2 路光分插复用板	N1FIB	滤波隔离板

(9) 微波类单板。OptiX OSN 2500 支持微波中频板和微波电源板等微波类单板，见表 4-10。

表 4-10　微波类单板

单板名称	单板描述
N1IFSD1	双端口中频板
N1RPWR	5 路 ODU 电源板

(10) 光放大单板和色散补偿单板。OptiX OSN 2500 支持多种光功率放大板和色散补偿单板，见表 4-11。

表 4-11　光放大单板和色散补偿单板

单板名称	单板描述	单板名称	单板描述
N1BPA、N2BPA	光功率放大、前置放大一体板	N1RPC01	前向拉曼驱动板(外置)
N1BA2	光功率放大板	N1RPC02	后向拉曼驱动板(外置)
N1COA、61COA、62COA	外置盒式光纤放大器	—	—

(11) 电源类单板。OptiX OSN 2500 支持不间断电源模块和电源接口板等电源类单板，见表 4-12。

表 4-12　电源类单板

单板名称	单板描述
UPM	不间断电源模块
Q1PIU、Q1PIUA	电源接口板

3. 系统结构

OptiX OSN 2500 智能光传输设备系统结构，如图 4-12 所示，它由 SDH 接口单元、PDH/以太网接口单元、交叉矩阵、开销处理单元、同步定时单元、辅助接口单元、系统控制和通信单元组成。

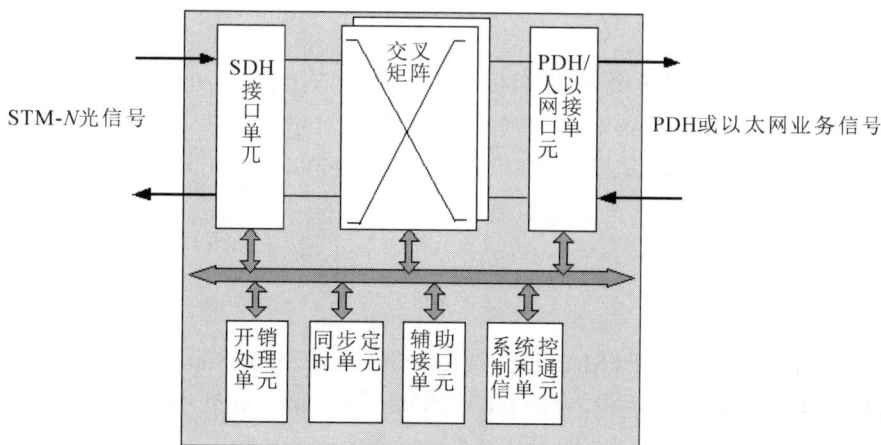

图 4-12　OptiX OSN 2500 智能光传输设备系统结构

4. 功能特点

(1) 较强的接入容量。单子架最多支持 3 个 STM-16 的 ADM，单子架可负责 252 个 2M

上下业务。

(2) 高集成度设计。控制与通信单元、交叉单元、时钟单元和线路单元集成在一块单板上；最多有 12 个处理板槽位，8 个接口板槽位；2.0/2.2/2.6 m 机柜分别可以安装 2/3/4 个子架。

(3) 以太网业务接入。

(4) 提供多种业务接口和管理接口。

SDH 业务接口：STM-1 电接口、STM-1/4/16 光接口，其中 STM-16 光接口支持定波长输出，可直接与波分设备对接；

PDH 业务电接口：E1、T1、E3、DS3、E4；

以太网业务接口：10Base-T、100Base-TX、1000Base-SX、1000Base-LX；

时钟接口：2 路 75 Ω 和 120 Ω 外时钟输入、输出接口，可设置为 2048 Kb/s 或 2048 kHz；

告警接口：8 路输入 4 路输出的开关量告警接口、级联机柜告警灯输入接口、4 路机柜告警灯输出接口；

管理接口：1 路以太网网管接口、4 路透明传输串行数据的辅助数据口；

公务接口：1 个公务电话接口、2 个出子网话音接口；

(5) 交叉能力。

(6) 设备级保护。TPS、交叉时钟 1+1 保护、主控 1+1 保护、电源保护。

(7) 支持 RPR 功能。

(8) 组网形式和网络保护。支持 40 路 ECC，支持四纤复用段环保护、二纤复用段环保护、线性复用段保护、共享光路虚拟路径保护和子网连接保护等网络级保护，支持复用段共享光纤保护。

4.4.2　OptiX OSN 3500 智能光传输设备

1. 设备概述

OptiX OSN 3500 智能光传输设备(以下简称 OptiX OSN 3500)是华为技术有限公司开发的智能光传输设备，与 OptiX OSN2500 不同的是，OptiX OSN 3500 可以应用于城域传输网中的汇聚层和骨干层，同样可以与 OptiX OSN 9500、 OptiX OSN 7500、OptiX OSN 2500、OptiX OSN 1500 等光传输设备混合组网。

2. 设备结构

1) 机柜

OptiXOSN3500 安装在 ETSI(EuropeanTelecommunicationsStandardsInstitute)机柜中，也可以安装在 19 英寸标准机柜中，与 OptiXOSN2500 类似，此处不再赘述。

2) 子架

OptiX OSN 3500 子架采用双层子架结构，分为出线板区、风扇区、处理板区和走纤区，子架尺寸为：497mm(宽) × 295mm(深) × 722mm(高)，单个空子架的重量为 23 kg，结构如图 4-13 所示。

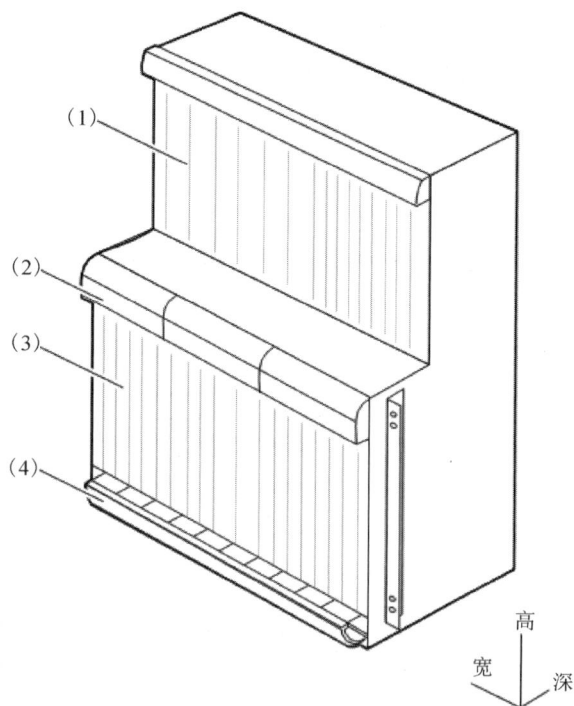

图 4-13   OptiX OSN 3500 子架结构

各部分功能如下：

(1) 出线板区：安插 OptiX OSN 3500 的各种出线板；

(2) 风扇区：安插 3 个风扇模块，为设备提供散热；

(3) 处理板区：安插 OptiX OSN 3500 的各种单板；

(4) 走纤区：用于布放子架尾纤。

带单板的子架实物如图 4-14 所示，子架安装在 ETSI 机柜中。

图 4-14   带单板的 OptiX OSN 3500 子架实物

OptiX OSN 3500 子架上层为出线板槽位区，共有 19 个槽位，下层为处理板槽位区，共有 18 个槽位，各槽位的位置如图 4-15 所示。

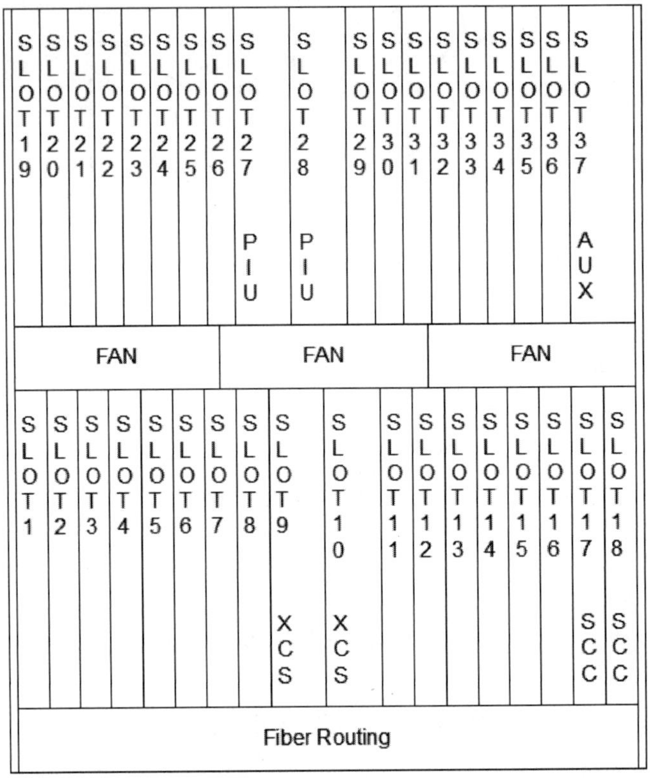

SLOT 19	SLOT 20	SLOT 21	SLOT 22	SLOT 23	SLOT 24	SLOT 25	SLOT 26	SLOT 27 PIU	SLOT 28 PIU	SLOT 29	SLOT 30	SLOT 31	SLOT 32	SLOT 33	SLOT 34	SLOT 35	SLOT 36	SLOT 37 AUX
				FAN					FAN						FAN			
SLOT 1	SLOT 2	SLOT 3	SLOT 4	SLOT 5	SLOT 6	SLOT 7	SLOT 8	SLOT 9 XCS	SLOT 10 XCS	SLOT 11	SLOT 12	SLOT 13	SLOT 14	SLOT 15	SLOT 16	SLOT 17 SCC	SLOT 18 SCC	
								Fiber Routing										

图 4-15　板位图

出线板槽位和处理板槽位有确定的对应关系，如表 4-13 所示。

表 4-13　出线板槽位和处理板槽位有确定的对应关系

处理板槽位	对应出线板槽位	处理板槽位	对应出线板槽位
SLOT 2	SLOT 19、20	SLOT 3	SLOT 21、22
SLOT 4	SLOT 23、24	SLOT 5	SLOT 25、26
SLOT 13	SLOT 29、30	SLOT 14	SLOT 31、32
SLOT 15	SLOT 33、34	SLOT 16	SLOT 35、36

OptiX OSN 3500 可以配置为 80 Gb/s 和 40 Gb/s 两种交叉容量，不同交叉容量所配置单板与槽位的对应关系如表 4-14 所示。

表 4-14　不同交叉容量所配置单板与槽位的对应关系

单板	单板描述	可用槽位(80 Gb/s 交叉容量)	可用槽位(40 Gb/s 交叉容量)
SF64	STM-64 光接口板	SLOT 7、8、11、12	SLOT 8、11
SL64	STM-64 光接口板	SLOT 7、8、11、12	SLOT 8、11
SL16	STM-16 光接口板	SLOT 5、6、7、8、11、12、13、14	SLOT 6、7、8、11、12、13

单板	单板描述	可用槽位(80 Gb/s 交叉容量)	可用槽位(40 Gb/s 交叉容量)
SLQ4	4×STM-4 光接口板	SLOT 5、6、7、8、11、12、13、14	SLOT 6、7、8、11、12、13
SLD4	2×STM-4 光接口板	SLOT 1、2、3、4、5、6、7、8、11、12、13、14、15、16、17	SLOT 6、7、8、11、12、13
SL4	STM-4 光接口板	SLOT 1、2、3、4、5、6、7、8、11、12、13、14、15、16、17	SLOT 1、2、3、4、5、6、7、8、11、12、13、14、15、16
SLQ1	4×STM-1 光接口板	SLOT 1、2、3、4、5、6、7、8、11、12、13、14、15、16、17	SLOT 1、2、3、4、5、6、7、8、11、12、13、14、15、16
SL1	STM-1 光接口板	SLOT 1、2、3、4、5、6、7、8、11、12、13、14、15、16、17	SLOT 1、2、3、4、5、6、7、8、11、12、13、14、15、16
SEP1	STM-1 线路处理板	SLOT 1、2、3、4、5、6、13、14、15、16	SLOT 1、2、3、4、5、6、13、14、15、16
SEP	STM-1 线路处理板(接口板出线)	SLOT 2、3、4、5、13、14、15、16	SLOT 2、3、4、5、13、14、15、16
BA2/BPA	光功率放大/光功放前放一体板	SLOT 1、2、3、4、5、6、7、8、11、12、13、14、15、16、17	SLOT 1、2、3、4、5、6、7、8、11、12、13、14、15、16、17
DCU	色散补偿板	SLOT 1、2、3、4、5、6、7、8、11、12、13、14、15、16、17	SLOT 1、2、3、4、5、6、7、8、11、12、13、14、15、16、17
MR2A	双路光分插复用板	SLOT 1、2、3、4、5、6、7、8、11、12、13、14、15、16、17	SLOT 1、2、3、4、5、6、7、8、11、12、13、14、15、16、17
MR2C	双路光分插复用板	SLOT 19、20、21、22、23、24、25、26、29、30、31、32、33、34、35、36	SLOT 19、20、21、22、23、24、25、26、29、30、31、32、33、34、35、36
LWX	任意速率波长转换板	SLOT 1、2、3、4、5、6、7、8、11、12、13、14、15、16、17	SLOT 1、2、3、4、5、6、7、8、11、12、13、14、15、16、17
SPQ4	4×E4/STM-1 处理板	SLOT 2、3、4、5、13、14、15、16	SLOT 2、3、4、5、13、14、15、16
PD3	6×E3/DS3 处理板	SLOT 2、3、4、5、13、14、15、16	SLOT 2、3、4、5、13、14、15、16

续表二

单板	单板描述	可用槽位(80 Gb/s 交叉容量)	可用槽位(40 Gb/s 交叉容量)
PL3	3×E3/DS3 处理板	SLOT 2、3、4、5、13、14、15、16	SLOT 2、3、4、5、13、14、15、16
PQ1	63×E1 处理板	SLOT 1、2、3、4、5、13、14、15、16	SLOT 1、2、3、4、5、13、14、15、16
PQM	63×T1/E1 处理板	SLOT 1、2、3、4、5、13、14、15、16	SLOT 1、2、3、4、5、13、14、15、16
EGS2	两路带交换功能的千兆以太网处理板	SLOT 1、2、3、4、5、6、7、8、11、12、13、14、15、16	SLOT 1、2、3、4、5、6、7、8、11、12、13、14、15、16
EFS0	带交换功能的快速以太网功能处理板	SLOT 2、3、4、5、13、14、15、16	SLOT 2、3、4、5、13、14、15、16
EFS4	4 路带交换功能的快速以太网板	SLOT 1、2、3、4、5、6、7、8、11、12、13、14、15、16、17	SLOT 1、2、3、4、5、6、7、8、11、12、13、14、15、16
EGT2	两路千兆以太网透传板	SLOT 1、2、3、4、5、6、7、8、11、12、13、14、15、16	SLOT 1、2、3、4、5、6、7、8、11、12、13、14、15、16
EMR0	12FE+1GE 以太环网板	SLOT 1、2、3、4、5、6、13、14、15、16	SLOT 1、2、3、4、5、6、13、14、15、16
ADL4	1 路 STM-4 ATM 业务处理板	SLOT 1、2、3、4、5、6、7、8、11、12、13、14、15、16、17	SLOT 6、7、8、11、12、13
ADQ1	4 路 STM-1 ATM 业务处理板	SLOT 1、2、3、4、5、6、7、8、11、12、13、14、15、16、17	SLOT 6、7、8、11、12、13
EU08	8×STM-1 电接口引出板	SLOT 19、21、23、25、29、31、33、35	不支持
OU08	8×STM-1 光接口引出板	SLOT 19、21、23、25、29、31、33、35	不支持
EU04	4×STM-1 电接口引出板	SLOT 19、21、23、25、29、31、33、35	SLOT 19、21、23、25、29、31、33、35
TSB8	8 路电接口保护倒换板	SLOT 19、20、35、36	SLOT 19、20、35、36
TSB4	4 路电接口保护倒换板	SLOT 19、35	SLOT 19、35
MU04	4×E4/STM-1 电接口引出板	SLOT 19、21、23、25、29、31、33、35	SLOT 19、21、23、25、29、31、33、35
D34S	6×E3/DS3 电接口倒换出线板	SLOT 19、21、23、25、29、31、33、35	SLOT 19、21、23、25、29、31、33、35
C34S	3×E3/DS3 电接口倒换出线板	SLOT 19、21、23、25、29、31、33、35	SLOT 19、21、23、25、29、31、33、35
D75S	32×75 Ω E1/T1 电接口倒换出线板	SLOT 19、20、21、22、23、24、25、26、29、30、31、32、33、34、35、36	SLOT 19、20、21、22、23、24、25、26、29、30、31、32、33、34、35、36

单板	单板描述	可用槽位(80 Gb/s 交叉容量)	可用槽位(40 Gb/s 交叉容量)
D12S	32 x 120 Ω E1/T1 电接口倒换出线板	SLOT 19、20、21、22、23、24、25、26、29、30、31、32、33、34、35、36	SLOT 19、20、21、22、23、24、25、26、29、30、31、32、33、34、35、36
D12B	32×E1/T1 出线板	SLOT 19、20、21、22、23、24、25、26、29、30、31、32、33、34、35、36	SLOT 19、20、21、22、23、24、25、26、29、30、31、32、33、34、35、36
ETF8	8×10/100 M 以太网双绞线接口板	SLOT 19、21、23、25、29、31、33、35	SLOT 19、21、23、25、29、31、33、35
ETS8	8×10/100 M 以太网双绞线转接倒换板	SLOT 21、33	SLOT 21、33
EFF8	8 路 10/100 M 以太网光接口板	SLOT 19、21、23、25、29、31、33、35	SLOT 19、21、23、25、29、31、33、35
SCC	系统控制和通信板	SLOT 17、18	SLOT 17、18
AUX	系统辅助接口板	SLOT 37	SLOT 37
GXCS	交叉连接和时钟板(40 Gb/s/5 Gb/s)	SLOT 9、10	SLOT 9、10
EXCS	增强型交叉连接和时钟板(80 Gb/s/5 Gb/s)	SLOT 9、10	SLOT 9、10
UXCS	超强型交叉连接和时钟板(80 Gb/s/20 Gb/s)	SLOT 9、10	SLOT 9、10
XCE	扩展子架用低阶交叉连接和时钟板(1.25 Gb/s)	SLOT 9、10	SLOT 9、10
PIU	电源接入板	SLOT 27、28	SLOT 27、28
FAN	风扇板	/	/
COA	盒式光纤放大器	/	/

3) 单板

单板及其功能见表 4-15。

表 4-15　单板及其功能

系统单元		所包括的单板	单元功能
SDH 单元	处理板	N2SL64、N1SF16、N2SLQ16、N1SL16、N2SL16、N1SLQ4、N2SLQ4、N1SLD4、N2SLD4、N1SL4、N2SL4、N1SLH1、N2SLO1、N1SLT1、N1SLQ1、N2SLQ1、N1SL1、N2SL1、N1SEP1、N1SEP	接入并处理 AU-3/STM-1/STM-4/STM-16/STM-64 速率及 VC-4-4c/VC-4-16c/VC-4-64c 级联的光信号；接入、处理并实现对 STM-1(电)速率的信号的 TPS 保护
	出线板	N1EU08、N1OU08、N2OU08、N1EU04	
	保护倒换板	N1TSB8、N1TSB4	
PDH 单元	处理板	N1SPQ4、N2SPQ4、N1PD3、N1PL3、N1PL3A、N1PQ1、N1PQM、N2PQ1	接入并处理 E1、E1/T1、E3/T3、E4/STM-1 速率的 PDH 电信号，并实现 TPS 保护
	出线板	N1MU04、N1D34S、N1C34S、N1D75S、N1D12S、N1D12B	
	保护倒换板	N1TSB8、N1TSB4	

续表

系统单元		所包括的单板	单元功能
N64 单元	汇聚处理板	N1DX1、N1DXA	接入并处理 Nx64 kb/s(N＝1～32) 信号、Frame E1 信号，提供 系统侧 Nx64kbit/s 信号交叉，并 实现对接入信号的 TPS 保护
	出线板	DM12	
以太网单元	处理板	N1EGS2、N2EGS2、 N1EGT2、N1EFS0 、 N2EFS0 、 N4EFS0 、 N1EFS4、N2EFS4、N1EFT8、EFT8A、N1EMS4、 N1EGS4	接入并处理 1000Base-SX/LX/ZX、100Base-FX、10/100Base-TX 以太网信号
	出线板	N1ETS8 (支持 TPS)、 N1ETF8、N1EFF8	
	保护倒换板	N1TSB8	
RPR 处理单元	处理板	N1EMR0、N2EMR0、N2EGR2	接入和处理 1000Base- SX/LX/ZX、100Base-FX、 10/100Base-TX 以太网信号，支 持 RPR 特性
	出线板	N1ETF8、N1EFF8	
ATM 接口单元		N1ADL4、N1ADQ1、 N1IDL4、N1IDQ1	接入并处理 STM-4、STM-1、E3 和 IMA E1 接口的 ATM 信号。
SAN 单元		N1MST4	接入并透明传输 SAN 业务、视频业务。
WDM 单元		N1MR2A、N1MR2C	提供任意相邻两个波长的分插复用功能
		N1LWX	实现任意速率(10 Mb/s～2.7 Gb/s NRZ 码信号)业务信号接入，并将客户侧波长转换为符合 ITU-T 建议的 G.692 标准波长的光信号
		N1FIB、ROP	单波长距板(遥泵)及滤波隔离板。N1FIB 对 ROP 板输出的光信号进行滤波和隔离
SDH 交叉矩阵单元		N1SXCSA 、 N1SXCSB 、 N1GXCSA、N1EXCSA、N1UXCSA、 N1UXCSB、 N1XCEb	完成业务的交叉连接功能，并为设备提供时钟功能
同步定时单元			
系统控制与通信单元		N1GSCC、N3GSCC	提供系统控制和通信功能，并处理 SDH 信号的开销
开销处理单元			
电源输入单元		N1PIU	电源的引入和防止设备受异常电源的干扰
辅助接口单元		N1AUX	为设备提供管理和辅助接口
风扇单元		N1FAN、N1FANA	为设备散热
其他功能 单元	光放大板	BA2、BPA、61COA、 N1COA、62COA	实现光功率放大和前置放大
	色散补偿板	DCU	实现 STM-64 光信号的色散补偿

其中，SDH 业务处理单元的保护倒换板为 N1TSB8、N1TSB4。PDH 单元的保护倒换板为 N1TSB8、N1TSB4。以太网单元的保护倒换板为 N1TSB8。N1XCE 单板用于扩展子架。

3. 系统结构

OptiX OSN 3500 系统由 SDH 接口单元、PDH 接口单元、DDN 接口单元、Ethernet 接口单元、ATM 接口单元、交叉矩阵、同步定时单元、系统控制与通信单元、开销处理单元和辅助接口单元组成，系统结构如图 4-16 所示。

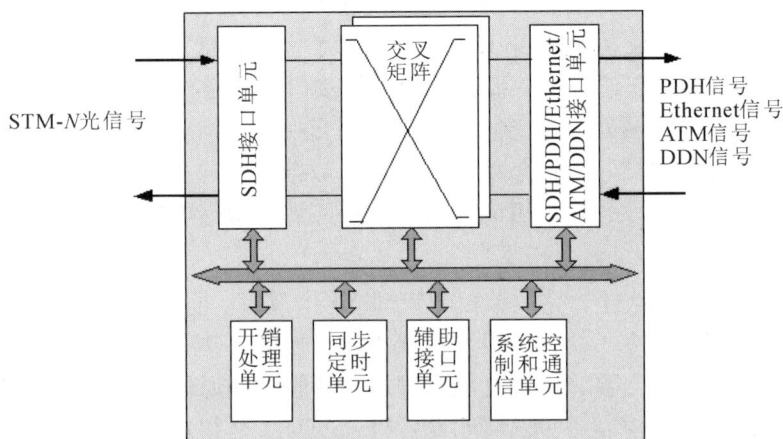

图 4-16　OptiX OSN 3500 系统结构

4. 软件结构

OptiX OSN 2500、OptiX OSN 3500 的软件结构类似，都是模块化结构，各模块完成相应的特定功能并协同工作。

软件系统可包括智能软件(包含在主机软件中)、主机软件(驻留在主控板上)、单板软件(驻留在各单板上)、网管系统(驻留在网管计算机上)等几个模块。

1) 智能软件

智能软件是指在传输平面的软件之上架构一个控制平面，通过和传输平面的交互，实现业务的自动配置，以及实现基于用户层次的业务保护。

传输平面可以完成 OptiX OSN 3500 系统的业务配置管理，以及基于 SDH 的保护功能，控制平面相当于传输平面的一个客户。通过定义一系列的服务接口，控制平面和传输平面的资源代理相互作用，获取本网元的资源使用情况并进行功能指配。

2) 主机软件

主机软件实现管理、监视和控制网元中各单板的运行状况，同时作为网络管理系统和单板软件之间的通信服务单元，实现网管系统对网元的控制和管理。根据 ITU-T 建议 M.3010 标准，主机软件在电信管理网中属于单元管理层，实现的功能包括网元功能、部分协调功能和网络单元层的操作系统功能。由数据通信功能完成网元与其他构件(包括协调设备、网管、其他网元等)的通信功能。

实时多任务操作系统的功能为负责公共资源管理，对应用执行程序提供支持，可将应用程序与处理机隔离开来，提供与处理机硬件无关的应用程序执行环境。

主机软件包括网络侧模块、设备管理模块、通信模块和数据库管理模块。

网络侧(NS)模块位于通信模块和设备管理模块之间，主要提供应用层的用户操作侧和主机内部设备管理层之间的数据格式转换，并提供网元层的安全控制。

设备管理模块是主机软件实现网元设备管理的核心部分，它包括管理者和代理。管理者可以发出网络管理操作命令和接收事件；代理能够响应网络管理者发出的网络管理操作命令，并可以在被管理对象上实施操作，根据被管理对象的状态变化发出事件。设备管理模块包括配置管理、性能管理、告警管理、复用段保护倒换管理模块。

通信模块的功能是完成传输网络设备的功能块中的消息通信功能 MCF(Message Communication Function)。它通过主控板提供的硬件接口，传送 OAM 等信息，实现网络管理系统与网元设备，以及网元设备之间管理信息的交换。

数据库管理模块包括数据和管理系统两个部分。数据库以关系型数据库结构组织，由网络库、告警库、性能库和设备库等组成。管理系统实现对数据库中数据的管理和存取。

3) 单板软件

单板软件运行于各单板之上，完成单板的管理功能，管理、监视和控制本单板的运行。接收处理主机软件的下发命令，并将单板运行状态通过性能、告警事件通知主机软件。

单板软件的功能包括：告警管理、性能管理、配置管理和通信管理等。在相应单板上完成对各种功能电路的直接控制，实现网元设备符合 ITU-T 建议的特定功能，支持主机软件对各单板的管理。

设备的单板软件主要分成线路软件、支路软件、交叉软件、时钟软件和公务软件五类。

4) 网管系统

网络管理系统采用 OptiX iManager U2000 对光传输网进行统一管理，并维护整个网络上的所有 SDH、OSN 等网元设备。它符合 ITU-T 建议，采用标准的管理信息模型和面向对象管理技术。通过通信模块与网元主机软件交换信息，实现对网络上设备的监控和管理。

网管软件分为服务器和客户端两部分，分别运行在服务器和 PC 机上，主要功能是实现对设备及网络的管理。网管软件首先具备传输设备操作维护功能，还提供对传输网络进行管理的功能。网管软件的管理功能包括以下几点：

(1) 告警管理：实现告警的实时收集、提示、过滤、浏览、确认、核对、清除、统计，以及告警插入、告警相关性分析、故障诊断等。

(2) 性能管理：实现性能监视的设置、性能数据的浏览、分析、打印，以及性能的中长期预测、复位性能寄存器等。

(3) 配置管理：实现接口、时钟、业务、路径、保护、时间等的配置和管理。

(4) 安全管理：实现对网管系统的用户管理、设备的网元用户管理、网元登录管理、网元登录锁定、网元设置锁定、LCT 接入控制等功能。

(5) 维护管理：提供环回、复位单板、激光器自动关断、光纤功率检测、设备数据采集等功能，帮助维护人员定位、消除设备故障。

5. 功能特点

OptiX OSN 3500 智能光传输设备的功能特点如下：

(1) "统一交换"架构，多业务兼顾。OptiX OSN 3500 设备采用"统一交换"架构，实现对分组业务和 TDM 业务的统一调度，构建灵活的应用模式：纯分组模式、纯 TDM 模式和混合模式(分组+TDM)。

基于"统一交换"架构，OptiX OSN 系列设备采用分组传送技术，实现对数据业务的高效统计复用，有效降低每 bit 业务的传送成本，同时继承 SDH 优势，提供对 TDM 业务的 Native 承载，有效确保语音业务传送的高质量。

(2) 完整的分组传送解决方案。基于"统一交换"架构，OptiX OSN 系列设备可作为兼容 TDM 业务的分组传送产品，实现网络的统一承载，减少网络重叠。

(3) 层次化 OAM，快速检测故障。支持层次化 OAM，实现分层快速故障检测和定位，提升了网络的可靠性。

(4) 分组 TP 助手解决方案，简化分组业务的运维。通过 TP 助手(Transport Packet Assist)解决方案，使华为 Hybrid MSTP 设备具备像 SDH 一样的分层架构的管理维护能力，简化了分组业务的运维，实现了端到端分组业务配置、调测和故障定位。

(5) 内置波分技术，灵活组网。支持内置 WDM 技术，实现单根光纤中多个波长的传送，可实现和波分设备对接的灵活组网方案。

4.4.3　OSN 产品设备侧日常维护项目

1. 运行环境检查

运用环境检查主要有温度、温度测量和短期工作条件两方面。

首先用温度计和湿度计测量机房环境的温度和湿度。温度、湿度的测量点是在机架前后没有保护板时，距地板以上 1.5 m 和距机架前方 0.4 m 处测量的数值。

短期工作条件指连续不超过 96 小时和每年累计不超过 15 天。

为达到上述要求，机房可采取如下措施：不论气候条件，均应设置长年的温控装置。对于干燥的地区可采用加湿机、定期用湿布拖地板来保证环境湿度。湿度过大的地区，可采用抽湿机。

确认机房环境符合灾害防护要求。应保证机房内配备泡沫型手提灭火器，且灭火器在有效期内；机房无漏雨、水浸的痕迹；机房内无老鼠、昆虫活动的痕迹。

清洁机房环境，保证机房的机柜、设备外壳、设备内部、桌面、地面都干净整洁，无明显灰尘附着。

一般情况下，机房温度和湿度基本要求如表 4-16 所示，实际应用时需要参照具体产品对应的产品文档。

表 4-16　机房环境基本要求

工作条件	温度	相对湿度
长期工作条件	0～45℃	10%～90%
短期工作条件	−5～50℃	5%～95%
理想工作条件	20℃	60%

此外还需要进行电气特性检查，例如机柜电源电压检查中，需要保证 OptiX SDH 设备正常工作的直流电压为 −48 V/-60 V，允许的电压波动范围为 −48 V/ −60 V ± 20%，接地检

查中设备需采用联合接地，接地电阻应良好(要求小于 1 Ω)，以免雷击损坏设备。

2. 子架散热注意事项及清理步骤

1) 子架散热注意事项

(1) 子架上散热孔不应有杂物，如 2 M 线缆、尾纤等。

(2) 日常检查单板是否发烫，子架通风口风量是否大。

(3) 子架温度可在网管上监视。

2) 子架清理步骤

定期清洗风扇盒防尘网。通常 2 个月至少清洗一次，对于环境较差的机房，需要缩短清洗周期，清理步骤如下：

(1) 抽出防尘网。

(2) 将粘贴在防尘网上的海绵撕下后用水冲洗干净，并在通风处吹干。

(3) 重新将防尘网插回导槽。

3. 指示灯维护

设备正常工作时，机架指示灯没有闪烁状态，当告警指示灯亮时，表明机柜内一个或多个子架发生告警，具体状态及描述见表 4-17。

表 4-17　指示灯状态及描述

指 示 灯	状 态	描 述
电源正常指示灯 Power(绿色)	亮	设备电源接通
	灭	设备电源没有接通
紧急告警指示灯 Critical(红色)	亮	设备发生紧急告警
	灭	设备无紧急告警
主要告警指示灯 Major(橙色)	亮	设备发生主要告警
	灭	设备无主要告警
一般告警指示灯 Minor(黄色)	亮	设备发生次要告警
	灭	设备无次要告警

单板指示灯含义见表 4-18。

表 4-18　单板指示灯含义

指 示 灯	状 态	含 义
单板硬件状态灯-STAT	绿色亮	工作正常
	红色亮	硬件故障
	红色亮 100 ms 灭 100 ms	硬件不匹配
	灭	无电源输入，或者未配置业务
业务激活状态灯-ACT	亮	业务处于激活状态
	灭	业务处于非激活状态

续表

指 示 灯	状 态	含 义
单板软件状态灯-PROG	绿色亮	加载或初始化单板软件正常
	绿色亮 100 ms 灭 100 ms	正在加载单板软件
	绿色亮 300 ms 灭 300 ms	正在初始化单板软件
	红色亮	丢失单板软件，或加载、初始化单板软件失败
	灭	没有电源输入
业务告警指示灯-SRV	绿色亮	业务正常
	红色亮	业务有紧急告警或主要告警
	黄色亮	业务有次要告警或远端告警
	灭	没有配置业务或者无电源输入

4. 单板操作

在设备工作过程中，如果单板运行异常，需要进行单板的复位操作，可以通过网管远程复位或者现场插拔单板、使用 reset 按钮等进行硬复位。复位之后故障没有消除，需要进行单板更换。需要注意的是，在复位或者更换之前，需要与后台技术人员确认，在允许的操作时间窗口进行，特别是更换单板时需要注意所换单板型号标识与更换前一致，并需要考虑单板间的兼容替代关系。

拔出单板操作时，需要将防静电手环的插头插入子架内的防静电插孔中，佩戴好防静电手环。先松开单板上、下的螺钉，将上、下扳手同时向外扳动，扳手以子架横梁为着力点，类似于杠杆一样将单板"撬"出来。直至明显感觉单板脱离背板(约拔出 1 cm)，再轻轻地平行抽出。

拔出的单板必须放置到静电盒或静电袋中，子架的该板位如果不再配置单板，则必须按照与安装单板相同的方法进行假面板的安装。对于面板上带有连接电缆或尾纤的单板，插拔单板时，应先将连接电缆或尾纤拔掉后，再插拔单板。拔出单板示意图如图 4-17 所示。

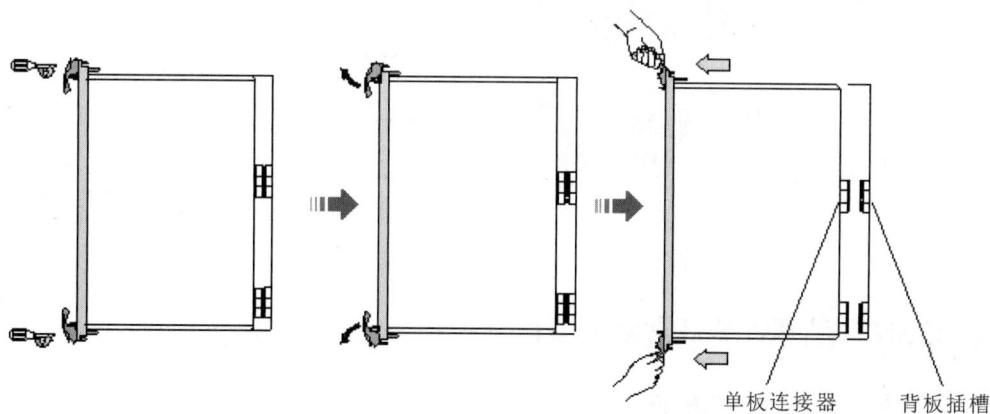

图 4-17　拔出单板示意图

插入单板操作时，同样需要将防静电手环的插头插入子架内的防静电插孔中，佩戴好防静电手环。如果子架的相应板位上装有假面板，首先用螺丝刀逆时针方向松开假面板上下的螺钉，然后外扣假面板上下的扳手，将假面板拔出。两手抓住单板面板上的扳手，向两侧扳开。沿着上下的导轨平滑地插入单板，当该单板的连接器与背板上的插槽相接触时停止插入。插单板时不可过快，需缓缓推入，如单板在插入过程中遇到明显的阻碍，应立即停止插入单板。经确认无误后再进行插板操作。切勿用力过大，以免弄歪母板上的插针。用力内扣上、下扳手，将单板插入。用十字螺丝刀沿顺时针方向拧紧螺钉，固定单板。插入单板后，需要检查单板上的指示灯，确认单板正常工作插入单板示意图如图 4-18 所示。

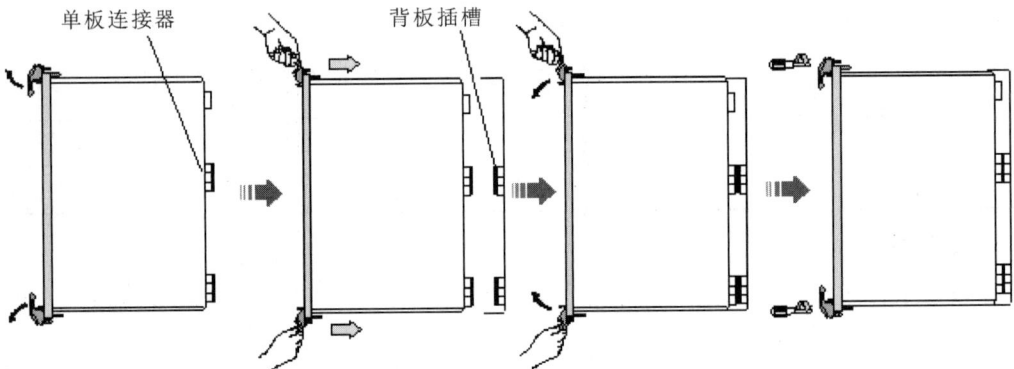

图 4-18　插入单板示意图

5. 环回操作

环回操作是故障定位的重要手段，如图 4-19 所示环回操作的类型有：

(1) 软件环回：通过网管设置环回。

(2) 硬件环回：人工用尾纤、自环电缆对光口、电口进行环回操作。

(3) 内环回：执行环回后的信号流向本 SDH 网元内部。

(4) 外环回：执行环回后的信号流向本 SDH 网元外部。

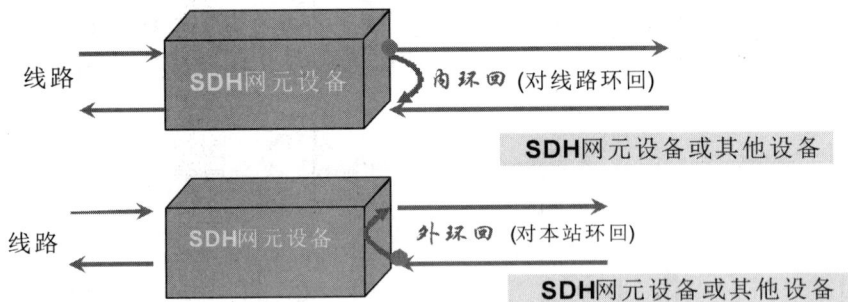

图 4-19　环回操作

4.4.4　OSN 产品网管侧日常维护项目

1. 网元和单板运行状态检查

网元状态检查：双击网元图标，在网元板位图中左上角的网元状态应为"运行态"。

单板状态检查：观察网元板位图中单板图标的颜色为绿色。

2. 告警检查

(1) 检查全网告警：单击 T2000 界面右上方当前紧急告警指示灯(红色)，浏览当前全网严重告警；单击主要告警指示灯(橙色)，浏览当前全网主要告警；单击次要告警指示灯(黄色)，浏览当前全网次要告警。

(2) 检查网元告警：在网元板位图中选择"功能/当前告警浏览"，即可查看网元的当前告警。

(3) 检查单板告警：在网元板位图中选择需要查看告警的单板，选择右键菜单"告警浏览"，即可查看单板的当前告警。

3. 性能检查

一般在建网初期已经设置好性能监视时间，这个时间是指在网管上设置 15 min 或是 24 h 性能启停时间。SDH 性能检查包括误码(SDH 接口单元、PDH 接口单元)、指针调整、设备温度、设备光功率值等，在进行性能检查时需要重点关注大误码和大指针以及光功率的变化。

4. 保护倒换状态检查

在保护视图中可以查询 MSP 属性和倒换状态，在"网元管理器/配置/SNCP 业务控制"中可以查询 SNCP 节点倒换状态，在"网元管理器/配置/TPS 保护"中可以查询 TPS 倒换状态，在"网元管理器/配置/单板 1 + 1 保护"中可以查询主控和交叉主备保护状态。

5. 配置数据一致性检查

在网管中选择"配置/配置数据管理/一致性校验"，可以检测网元侧数据和网管侧数据是否一致。

6. 网元时间查询和同步

为了保证网管数据准确实时上报，需要保证网元与网管时间一致。

在主菜单中选择"配置/网元时间同步"可以查询当前网元时间，如果不一致，可以在主菜单中选择"配置/网元时间同步"，选中一个或多个网元，单击右键选择"与网管时间同步"。

7. 数据备份

网元的运行基于配置数据，配置数据的损坏或丢失，可能对业务造成严重的影响，在日常维护中需要做好数据的定时备份，必要时进行数据恢复。

在主菜单中选择"配置/配置数据管理/备份网元数据库"，可以备份网元数据。在网管中选择"备份数据库"，可以进行网管数据库的备份，网管数据库包括网元数据、拓扑结构等。备份的数据可以保存在本地，也可以上传到授权的第三方服务器中。

小　结

本章在 SDH 的基础上，讲解基于 SDH 技术的多业务传送平台 MSTP(Multi-Service Transfer Platform)，重点介绍了 MSTP 的概念、关键技术及原理、应用、常见 MSTP 设备等，在以上理论知识的基础上，可以掌握常见 MSTP 设备的系统结构、硬件架构、功能特点等。

复习思考题

1. 基于 SDH 技术的多业务传送平台 MSTP 具有哪些主要特征？
2. MSTP 关键技术有哪些？
3. 什么是多协议标签交换(MPLS) ？
4. 什么是弹性分组环 RPR？
5. 弹性分组环(RPR)具有哪些特点？
6. MSTP 有哪些应用？
7. 防尘网的清理步骤是什么？
8. 环回的类型有哪些？
9. 机房环境在灾害防护方面一般有什么要求？

第5章　波分复用WDM

学习目标

知识目标

掌握 WDM 的概念；掌握 DWDM 的系统结构和类型；了解 DWDM 的应用以及 OTN 技术的组网方式。

技能目标

能进行 OTN 的简单组网。

5.1　WDM 的基本概念

在 20 世纪 80 年代初，传统的光纤通信系统为一根光纤只传输一路光信号(0.85 μm 或 1.31 μm)，因此在光纤带宽的使用上存在着巨大浪费。为了有效地利用光纤带宽，人们想到利用光纤的两个低损耗窗 1310 nm 和 1550 nm 各传送一路光波长信号，实现在一根光纤中同时传输两路光波信号，这就是 1310 nm/1550 nm 两波长的 WDM 系统，这种系统就是最早出现的 WDM 系统。

5.1.1　WDM 的定义

波分复用(WDM，Wavelength Division Multiplexing)，将一系列载有信息、但波长不同的光信号合成一束光信号，沿着单根光纤传输；在发送端光信号经复用器(亦称合波器，Multiplexer)汇合在一起，并耦合到光线路的同一根光纤中进行传输；在接收端经解复用器(亦称分波器或去复用器，Demuliplexer)将各种不同波长的光信号分开，然后由光接收机做进一步处理以恢复原信号。这种在同一根光纤中同时传输两个或两个以上不同波长光信号的技术，称为波分复用技术，简称 WDM。图 5-1 是 WDM 系统示意图。

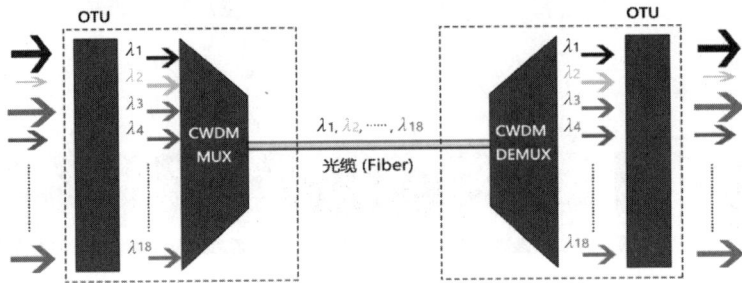

图 5-1　WDM 系统示意图

5.1.2　WDM 系统的结构

与传统的光纤通信系统的结构相同，WDM 系统由光发射机、光接收机、光放大器和光监控信道与网络管理系统构成，如图 5-2 所示。

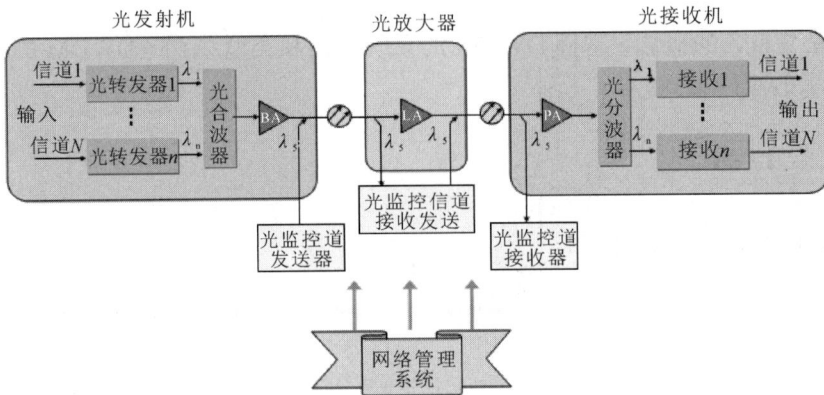

图 5-2　WDM 系统基本结构

5.1.3　WDM 的分类

WDM 通常有 3 种复用方式，即 1310 nm 和 1550 nm 波长的波分复用、粗波分复用(CWDM，Coarse Wavelength Division Multiplexing)和密集波分复用(DWDM，Dense Wavelength Division Multiplexing)。

用于通信系统的设计不同，每个波长之间的间隔宽度也有不同。按照通道间隔的不同，WDM 可以细分为 CWDM 和 DWDM。CWDM 的信道间隔为 20 nm，而 DWDM 的信道间隔范围是 0.2 nm～1.2 nm，所以相对于 DWDM，CWDM 称为稀疏波分复用技术。

1. 1310 nm 和 1550 nm 窗口的波分复用

在 20 世纪 70 年代初时，波分复用技术仅用两个波长：1310 nm 窗口及 1550 nm 窗口，利用 WDM 技术实现单纤双窗口传输，这是最初的波分复用的应用场景。

2. 粗波分复用(CWDM)

对于 WDM 系统来说，为了保障系统正常工作，需要控制各个光信号的波长(频率)。如果波长间隔太短，容易"撞车"；如果波长间隔太长，利用率又很低。CWDM 技术指相邻波长间隔较大(相邻信道的间距一般大于等于 20 nm)的 WDM 技术，波长数目一般为 4 波或 8 波，最多 18 波。CWDM 使用 1200 nm～1700 nm 窗口。

CWDM 采用非制冷激光器、无光放大器件，成本较 DWDM 低；缺点是容量小、传输距离短。因此，CWDM 技术适用于短距离、高带宽、接入点密集的通信应用场合，如大楼内或大楼之间的网络通信。

3. 密集波分复用(DWDM)

简单地说，DWDM 技术是指相邻波长间隔较小的 WDM 技术，工作波长位于 1550 nm 窗口，可以在一个光纤上承载 8～160 个波长。图 5-3 是 DWDM 系统示意图。DWDM 系统广泛用于长距离传输，用于建设全光网络。

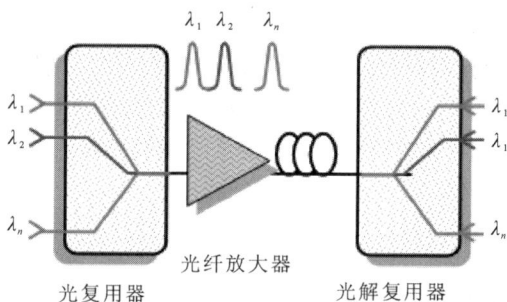

图 5-3 DWDM 系统示意图

5.1.4 WDM 与 DWDM 的关系

由于 WDM 系统刚出现时无法实现全光信号的放大，在 WDM 系统中需要大量的光/电/光转换器，使系统变得复杂，成本高，且解决不了光信号的干扰问题，因此，早先出现的 WDM 系统没有得到应用。

随着 1550 nm 窗口掺铒光纤放大器(EDFA)的商用化，WDM 系统的应用进入了一个新时期。人们不再利用 1310 nm 窗口，而只在 1550 nm 窗口传送多路光载波信号。由于这些 WDM 系统的相邻波长间隔比较窄(一般小于 1.6 nm)，且在一个窗口内共享 EDFA，因此为了区别于传统的 WDM 系统，称这种波长间隔更紧密的 WDM 系统为密集波分复用系统，即 DWDM 系统。所谓密集是针对相邻波长间隔而言的。过去的 WDM 系统是几十纳米的通路间隔，现在的通路间隔则只有 0.8～2 nm，甚至小于 0.8 nm。DWDM 技术其实是 WDM 技术的一种具体表现形式。

现在，人们都喜欢用 WDM 来称呼 DWDM 系统。从本质上讲，DWDM 只是 WDM 的一种形式，其信道间隔很小，信道间隔△为 1～10 nm。随着技术的发展，原来认为密集的波长间隔，在技术实现上也越来越容易，信道间隔也变得越来越小了。一般情况下，如果不特指 1310 nm/1550 nm 的两波长 WDM 系统，人们谈论的 WDM 系统就是 DWDM 系统。

通常 DWDM 系统多用于长途通信系统，随着光网络的普及应用，目前越来越多的 WDM 系统已应用到城域网和接入网中。由于复用的通道数一般为 16 个或更少，通道间隔为 200 GHz 或 500 GHz，因此国外还有一种粗波分复用技术(CWDM)。

CWDM 系统可以利用较低的器件成本实现高性能的接入网络。在 1530～1550 nm 的波长段每隔 10 nm 选定一个波长，因此可以使用光谱较宽、对中心波长要求低、比较便宜

的激光器。利用 CWDM 技术可以实现有线电视、传输语音信号以及 IP 信号的光纤传输,
对于接入网的三网融合是一个非常好的解决方案。

5.2　DWDM 系 统

5.2.1　DWDM 系统介绍

1. 基本概念

密集波分复用技术是在波长 1550 nm 窗口附近,在掺铒光纤放大器(EDFA,Erbium
Doped Fiber Application Amplifier)能提供增益的波长范围内,选用密集的但相互又有一定波
长间隔的多路光载波,这些光载波各自受不同数字信号的调制,复合在一根光纤上传输,
提高了每根光纤的传输容量。这些光载波的波长间隔为 0.4~2 nm,如图 5-4 所示。

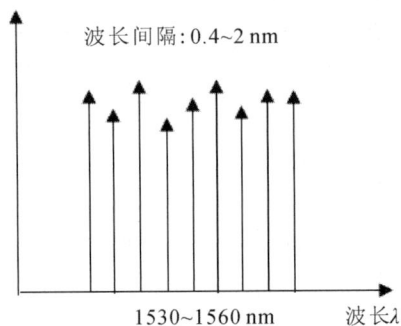

图 5-4　DWDM 载波波长间隔

2. 在传输网中的定位

DWDM 是一种能在一根光纤上同时传送多个携带有效信息(模拟或数字)的光载波,可
以承载 SDH 业务、IP 业务、ATM 业务,只需通过增加波长(信道)就能实现系统扩容的光
纤通信技术。它将几种不同波长的光信号组合(复用)起来传输,传输后将光纤中组合的光
信号再分离开(解复用),送入不同的通信终端,即在一根物理光纤上提供多个虚拟的光纤
通道,我们也可以称之为虚拟光纤。DWDM 在系统中的位置如图 5-5 所示。

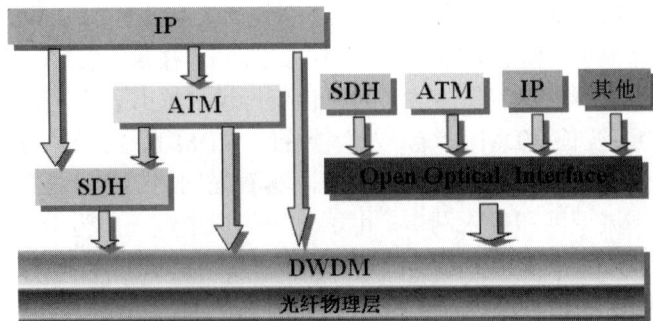

图 5-5　DWDM 在系统中的位置

5.2.2　DWDM 系统的结构

DWDM 系统结构与 WDM 相似，DWDM 系统主要由光发射机、光放大器、光接收机、光监控信道以及网络管理系统组成。

1. 光发射机

光发射机是 DWDM 系统的核心，由光波长转换器(OTU)、合波器和光功率放大器等组成。在发送端，首先将来自终端设备(如 SDH 端机)输出的光信号，利用光转发器(OTU)把符合ITU-T建议 G.957标准的非特定波长的光信号转换成具有稳定的特定波长的光信号；利用合波器将各路单波道光信号合成多波道通路的光信号；再通过光功率放大器(BA)放大后输出多通路光信号，送入光纤中进行传输。

2. 光中继放大器

光中继放大器是为了延长通信距离而设置的，能补偿光功率在光纤传输中的损耗。经过长距离光纤传输后(80~120km)，需要对光信号进行放大。目前使用的光放大器多数为掺铒光纤光放大器(EDFA)。在 DWDM 系统中，必须采用增益平坦技术，使 EDFA 对不同波长的光信号具有相同的放大增益，同时，还需要考虑到不同数量的光信道同时工作的各种情况，需保证光信道的增益竞争不影响传输性能。

3. 接收机

DWDM 接收机的主要板卡由光放大器(EDFA)、光波转换器(OTU)和光合波/分波器组成。由于光路是可逆的，所以光的合波器与分波器可以由一个器件实现，发射端与接收端的光波转换器也可以是同一个器件。在 DWDM 系统中，将不同光源波长的信号结合在一起的器件称为合波器，反之，将经同一光纤送来的多波长信号分解为个别波长分别输出的器件称为分波器。

在接收端，光前置放大器(PA)放大经传输而衰减的主信道光信号，采用分波器从主信道光信号中分出特定波长的光信道。接收机不但要满足一般接收机对光信号灵敏度、过载功率等参数的要求，还要能承受有一定光噪声的信号，要有足够的电带宽性能。

上述的功率放大器(BA)、线路放大器(LA)和前置放大器(PA)都可以采用 EDFA 实现。但要明确的是，EDFA 作为 LA 时只能放大信号，而不能使信号再生。

4. 光监控信道

光监控信道主要功能是监控系统内各信道的传输情况。在发送端，插入本节点产生的波长为 λs(1510 nm)的光监控信号，与主信道的光信号合波输出；在接收端，将接收到的光信号分波，分别输出 λs(1510 nm)波长的光监控信号和业务信道光信号。帧同步字节、公务字节和网管所用的开销字节等都是通过光监控信道来传递的。

5. 网络管理系统

网络管理系统通过光监控信道物理层传送开销字节到其他节点或接收来自其他节点的开销字节对 WDM 系统进行管理，实现配置管理、故障管理、性能管理、安全管理等功能，并与上层管理系统(如 TMN)相连。

5.2.3　DWDM 系统的分类

1. 两种基本方式

光波分复用通信传输系统按照传输方向分类可以分为单纤双向和双纤单向两种基本传输形式。

1) 双纤单向传输

单向 WDM 是指所有光通路同时在一根光纤上沿同一方向传送，如图 5-6 所示，在发送端将载有各种信息的、具有不同波长的已调光信号 λ_1, λ_2, …, λ_N 通过光复用器组合在一起，并在一根光纤中单向传输，由于各信息是通过不同波长的光信号携带的，所以彼此之间不会混淆。在接收端通过光解复用器将不同光波长的信号分开，完成多路光信号传输的任务。反方向则通过另一根光纤传输，原理相同。

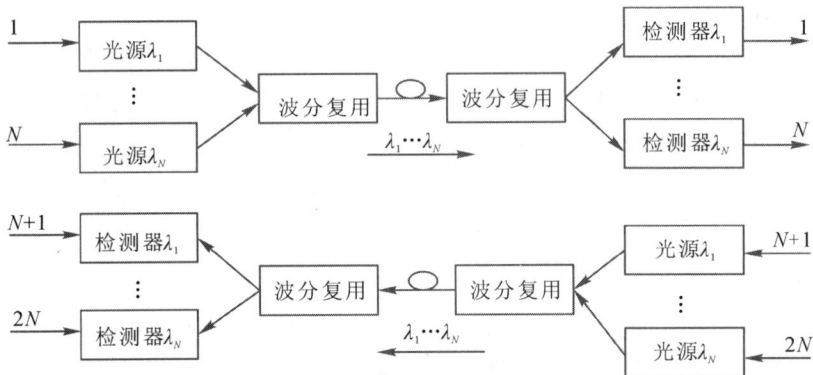

图 5-6　双纤单向 DWDM 传输系统方框图

2) 单纤双向传输

双向 WDM 是指光通路在一根光纤上同时向两个不同的方向传输，如图 5-7 所示，所用波长相互分开，以实现彼此双方全双工的通信联络。

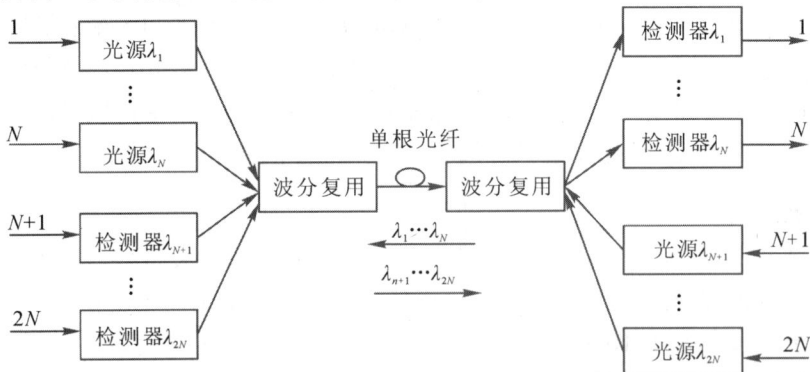

图 5-7　单纤双向 DWDM 传输系统方框图

单向 WDM 系统在开发和应用方面都比较广泛。双向 WDM 系统的开发和应用相对来说要求更高，但与单向 WDM 系统相比，双向 WDM 系统可以减少光纤和线路放大器的使用数量。

2. 典型的两类应用结构

DWDM 按照系统接口分类可以分为集成式或开放式两种系统结构。所谓"开放式"

是指在同一个 DWDM 系统中,可以与任何厂商的 SDH 设备进行对接。因为开放式 DWDM 系统采用波长转换技术,将复用终端的光信号转换成指定的波长,所以对复用终端接口没有特别的要求,只需接口符合 ITU-T 建议的 G.957 标准。而集成式 DWDM 系统没有采用波长转换技术,要求复用终端的光信号的波长符合系统的规范。

1) 集成式 DWDM 系统

集成式 DWDM 系统就是 SDH 终端设备具有满足 G.692 接口标准光波长、满足长距离传输的光源。这两项指标都是当前 SDH 系统不要求的,即不要求把标准的光波长和波长受限色散距离的光源集成在 SDH 系统中。整个 DWDM 系统构造比较简单,不需要增加多余设备,但要求 SDH 与 DWDM 是同一个厂商设备,在网络管理上很难实现 SDH、DWDM 的彻底分开。集成式 DWDM 系统如图 5-8 所示。

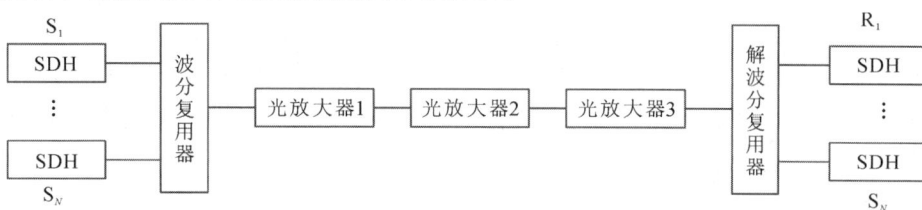

图 5-8　集成式 DWDM 系统方框图

2) 开放式 DWDM 系统

开放式 DWDM 系统就是在波分复用器前加入 OTU,将 SDH 非规范的波长转换为标准波长。开放是指在同一 DWDM 系统中,可以接入多家的 SDH 系统。OTU 对输入端的信号没有要求,可以兼容任意厂家的 SDH 信号。OTU 输出端是满足 G.692 接口标准的光波长、满足长距离传输的光源。具有 OTU 的 DWDM 系统不再要求 SDH 系统具有满足 G.692 标准的接口,可继续使用符合 G.957 标准接口的 SDH 设备;可以兼容旧的 SDH 系统,实现不同厂家 SDH 系统在一个 DWDM 系统内工作。

开放式 DWDM 系统适用于多厂家环境,以彻底实现 SDH 与 DWDM 的分离。但 OTU 的引入可能会给 DWDM 系统性能带来一定的负面影响,使 DWDM 系统结构变得复杂。开放式 DWDM 系统如图 5-9 所示。

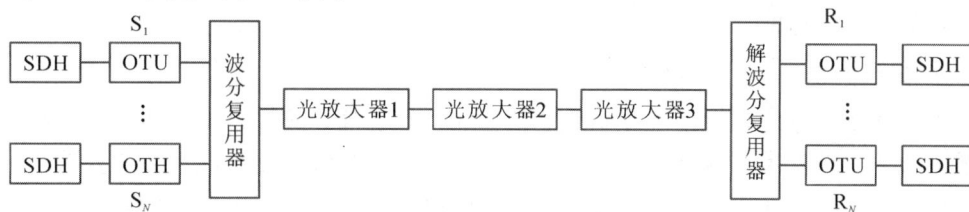

图 5-9　开放式 DWDM 传输系统方框图

5.2.4　DWDM 的特点和优势

1. 充分利用光纤的带宽资源,传输容量巨大

DWDM 系统中的各波长相互独立,可透明传输不同的业务,如 SDH、GbE、ATM 等信号,实现多种信号的混合传输。如图 5-10 所示,多个光信号通过采用不同的波长复用到一根光纤中传输,每个波长上承载不同信号,大大提高了光纤容量,极大地节约了光纤资

源，降低了线路建设成本。

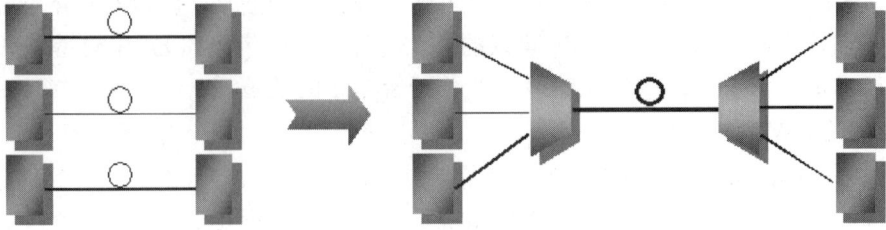

图 5-10　DWDM 传输容量巨大

2. 节约光纤资源

对于单波长系统而言，1 个 SDH 系统需要一对光纤，而对于 DWDM 系统来讲，不管有多少个 SDH 分系统，整个复用系统只需要一对光纤。例如，对于 16 个 2.5 Gb/s 系统来说，单波长系统需要 32 根光纤，而 DWDM 系统利用开通 16 个波道(每波道 2.56 Gb/s)的双纤网络即可实现。另外，DWDM 系统还可以利用单根光纤实现双向通信，这样就更加节约了光纤资源，这一点也许对于市话中继网络并非十分重要，但对于系统扩容或长途干线来说就显得非常可贵。

3. 各通路传输透明

在 DWDM 系统中各复用波道通路是彼此独立的，所以各光通路可以分别透明地传送不同的业务信号，如语音、数据和图像等，互不干扰。这不仅给使用者带来了极大的便利，而且为网络运营商实现综合信息传输提供了平台。

4. 平滑升级扩容

当需要扩容升级时，只要增加复用光通路数量与相关设备，就可以增加系统的传输容量，而且扩容时对其他复用光通路不会产生不良影响。DWDM 系统的升级扩容是平滑的，而且方便易行，从而最大限度地保护了建设初期的投资。

5. 超长的传输距离

利用 EDFA 等多种超长距传输技术，可以对 DWDM 系统中的各通路信号同时放大，实现系统的长距离传输。

6. 对光纤的色散无过高要求

对于 DWDM 系统来讲，不管系统的传输速率有多高、传输容量有多大，它对光纤色度色散系数的要求基本上就是单个复用通路速率信号对光纤色度色散系数的要求。例如，20 Gb/s(8 × 2.5 Gb/s)的 WDM 系统对光纤色度色散系数的要求与单个 2.5 Gb/s 系统对光纤色度色散系数的要求相同，一般的 G.652 光纤都能满足。TDM 方式的高速率信号却不同，其传输速率越高，传输同样距离所要求的光纤色度色散系数就越小。以目前敷设量最大的 G.652 光纤为例，用它直接传输 2.5 Gb/s 速率的光信号是没有多大问题的，但若传输 TDM 方式 10 Gb/s 速率的光信号，就需对系统的色度色散等参数提出更高的要求，同时对光纤的偏振模色散值也提出了较高的要求。

7. 可组成全光网络

全光网络是未来光纤传送网的发展方向。在全光网络中，各种业务的上、下、交叉连接等都是在光路上通过对光信号进行调制实现的，从而消除了 E/O 或 O/E 转换中电子器件的瓶颈。

例如，在某个局站可根据需求用光分插复用器(OADM)直接上、下几个波长的信号，或者用光交叉连接设备(OXC)对光信号直接进行交叉连接，而不必像现在这样首先进行 OE 转换，然后对电信号进行上、下或交叉连接处理，再进行 E/O 转换，最后把转换后的光信号输入到光纤中进行传输。当 DWDM 系统采用 OADM、OXC 设备时，就可以组成具有高度灵活性、高可靠性、高生存性的全光网络，以适应宽带传送网的发展需要。

5.3　DWDM 的应用

以华为技术有限公司 OptiX BWS 1600G 骨干层 DWDM 光传输系统(以下简称"OptiX BWS 1600G 系统")为例，说明 DWDM 的应用情况。

OptiX BWS 1600G 系统为高速率、大容量密集波分复用传输系统，可以最大程度地满足电信运营商超大容量和超长距离传输的需求，并且为运营商的多业务运行及未来网络升级扩容提供了稳定的平台。该系统主要用于国家级干线、省级干线作为长距离大容量传输，是华为技术有限公司为适应光网络的现状和发展需求而研制的新一代骨干光传输产品。

OptiX BWS 1600G 系统在网络中是骨干层的传输设备，连接各主要节点(中心城市)。在光网络中连接各光交换设备、城域 DWDM 设备、SDH 设备或路由器，为各种业务和网络出口提供了一个大容量的传输通道。OptiX BWS 1600G 系统在全网解决方案中的位置如图 5-11 所示。

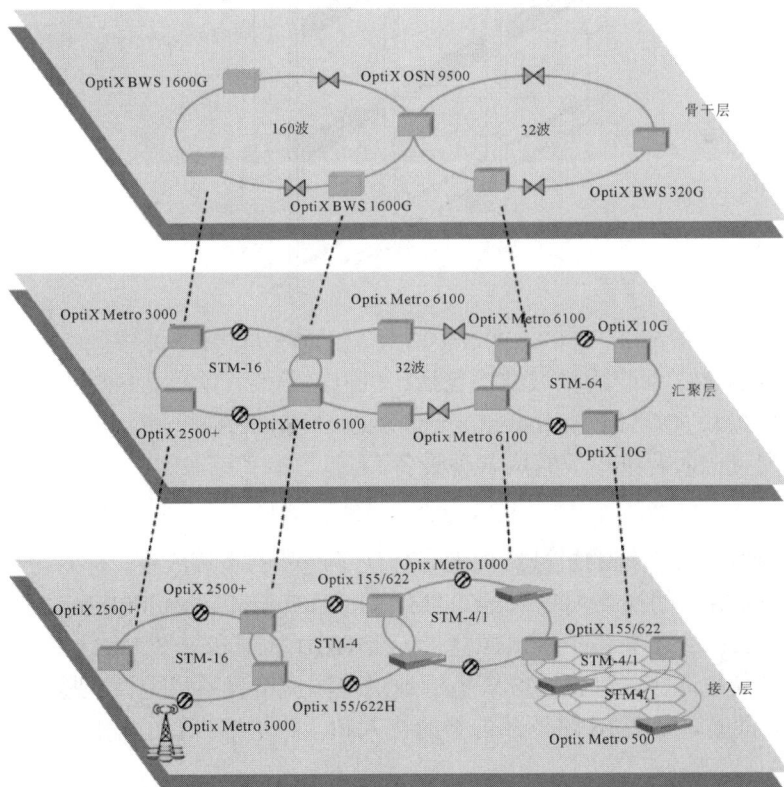

图 5-11　OptiX BWS 1600G 系统在全网解决方案中的位置

目前，OptiX BWS 1600G 系统在单根光纤中复用的业务通道数量最多可达 160 个，即可同时传送 160 个不同波长的载波信号，每个信号接入的最高速率为 10 Gb/s，单根光纤传输总容量最大可达 1600 Gb/s。

OptiX BWS 1600G 系统采用单纤单向方式实现密集波分复用的双向传输，并应用可靠的光复用/解复用技术、掺铒光纤(EDFA)光放大技术、Raman 放大技术、信道均衡技术、预啁啾技术、色散补偿技术、统一网管技术等，使 OptiX BWS 1600G 系统性能稳定，组网灵活，可以组成链型、环型等网络拓扑结构。

5.3.1　设备描述

图 5-12 是华为技术有限公司研制的 OptiX BWS 1600G 设备。

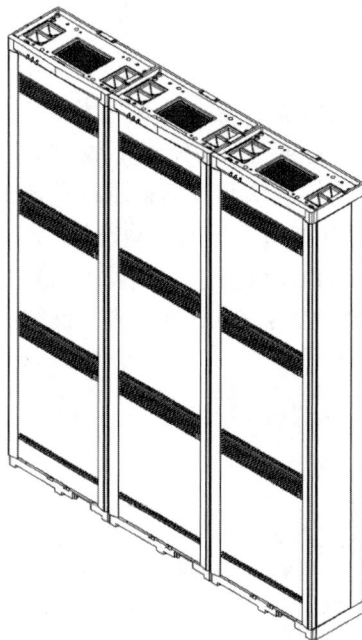

图 5-12　OptiX BWS 1600G 骨干层 DWDM 光传输系统

OptiX BWS 1600G 系统的机械结构包括：机柜、子架、单板、风机盒、电源盒、HUB 插框和色散补偿模块 DCM(DispersionCompensationModule)插框等。机柜可以承装多个子架，子架可按配置插入若干单板组成各种设备。

1. 机柜

OptiX BWS 1600G 系统的机械结构设计体现了产品的高集成度，每六个机柜就可以实现一个 1600 Gb/s 容量的光终端复用器(OTM，OpticalTerminalMultiplexer)配置。其中每个机柜最多可以放置三个子架，一个电源盒，一个 HUB 插框和一个 DCM 插框。

机柜顶部安装电源盒，外部 −48 V 电源通过电源盒给设备供电，支持 −48 V 电源双路备份工作方式，同时，提供 16 路外部告警的接入和 4 路机柜告警的输出接口，方便设备的运行管理。

机柜外形如图 5-13 所示。机柜尺寸为：2200 mm(高) × 600 mm(宽) × 300 mm(深)。

图 5-13 OptiX BWS 1600G 机柜外形图

2. 子架

子架从上到下依次分为四个部分：上部为子架接口区，与子架有关的电接口都从此区接入；中部为单板区；下部为走纤区和风扇区。子架结构如图 5-14 所示。

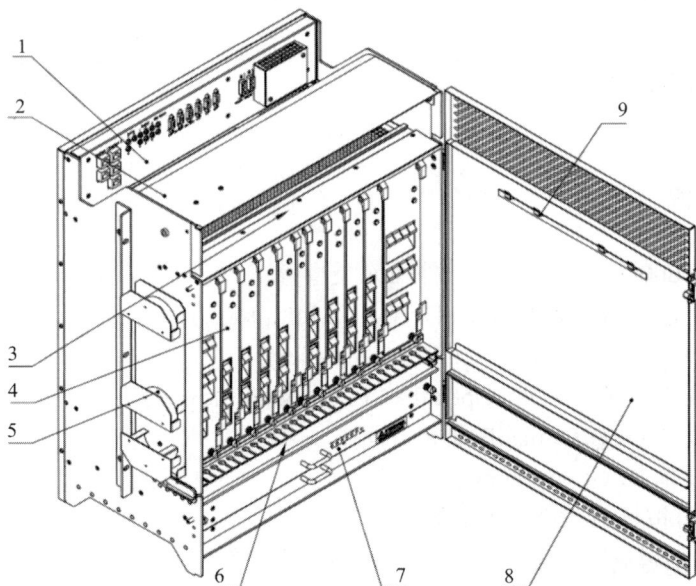

1—子架接口区；2—导风板；3—出风口；4—单板区；5—盘纤架；
6—走纤区；7—风扇区；8—子架前门；9—挂钩。

图 5-14 OptiX BWS 1600G 系统子架结构示意图

具体尺寸参数：

子架尺寸：625 mm(高) × 495 mm(宽) × 291 mm(深)；

子架重量(含母板)：18 KG

空子架，未装单板和风机盒)；

单子架最大功耗(满配置)：650W。

5.3.2　功能单元

OptiX BWS 1600G 系统的各种单板按照功能可以分为以下几个单元：

(1) 光波长转换单元。

(2) 光复用/解复用/分插复用单元。

(3) 光纤放大器单元。

(4) 光监控信道及时钟传送单元。

(5) 性能检测及调节单元。

(6) 光纤自动监控单元(可选，在图 5-15 未画出)。

(7) 保护单元(可选，在图 5-15 未画出)。

(8) 系统控制与通信单元(在图 5-15 未画出)。

(9) 各类单板在系统中的位置如图 5-15 所示，图中只画出单向信号流。

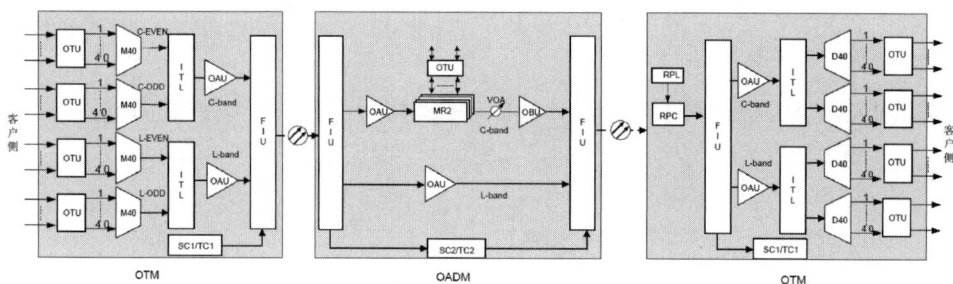

图 5-15　各类单板在系统中的位置

5.3.3　系统配置

OptiX BWS 1600G 系统有以下五种网元类型：

(1) 光终端复用设备 OTM(OpticalTerminalMultiplexer)。

(2) 光线路放大设备 OLA(OpticalLineAmplifier)。

(3) 光分插复用设备 OADM(OpticalAdd/DropMultiplexer)。

(4) 光均衡设备 OEQ(OpticalEqualizer)。

(5) 电中继设备 REG(Regenerator)。

各种设备均可按最多 160 通道配置。

1. 光终端复用设备 OTM

OTM 放置在终端站，可以划分为发送部分和接收部分。在发送端把多个客户端设备(例如 SDH 设备)输出的光信号进行光波长转换(将客户侧非标准波长的信号转换成符合 ITU-T 建议的 G.694.1 标准波长的信号)、复用，合并在一根光纤里进行放大、传输。在接收端把在一根光纤里传输的所有信道分开，再分别送到对应的客户端设备上。

OptiX BWS 1600G 的 OTM 设备的信号流框图如图 5-16 所示。

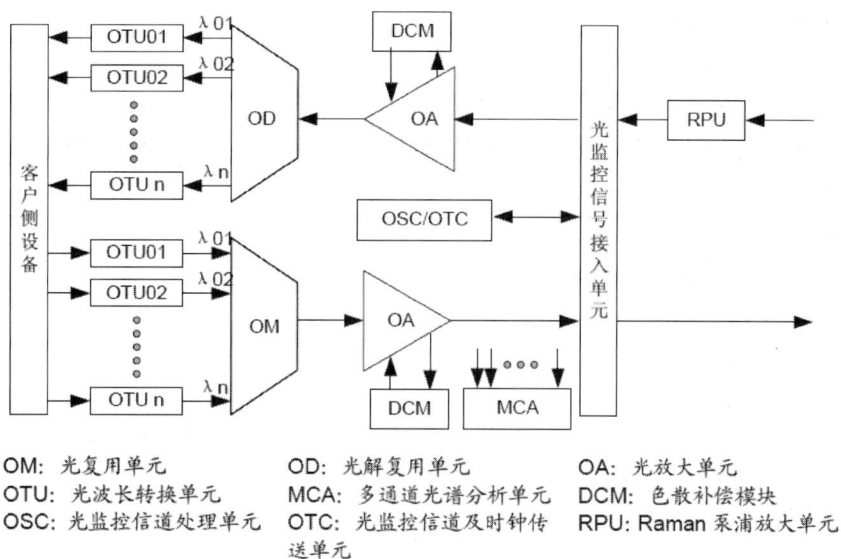

OM: 光复用单元　　　　　　OD: 光解复用单元　　　　　OA: 光放大单元
OTU: 光波长转换单元　　　　MCA: 多通道光谱分析单元　　DCM: 色散补偿模块
OSC: 光监控信道处理单元　　OTC: 光监控信道及时钟传　　RPU: Raman 泵浦放大单元
　　　　　　　　　　　　　　　　　送单元

图 5-16　OTM 信号流框图

2. 光线路放大设备 OLA

光线路放大设备放置在中继站上，用来完成双向传输的光信号放大和色散补偿，延伸无电中继传输的距离。OLA 按功能可划分为以下几个单元：

(1) 光放大单元(OA)。

(2) Raman 泵浦放大单元(RPU)。

(3) 光监控信道处理单元或光监控信道及时钟传送单元(OSC/OTC)。

(4) 光监控信号接入单元。

(5) 色散补偿单元(DCM)。

(6) 系统控制与通信单元(SCC)。

OptiX BWS 1600G 的 OLA 设备的信号流框图如图 5-17 所示。

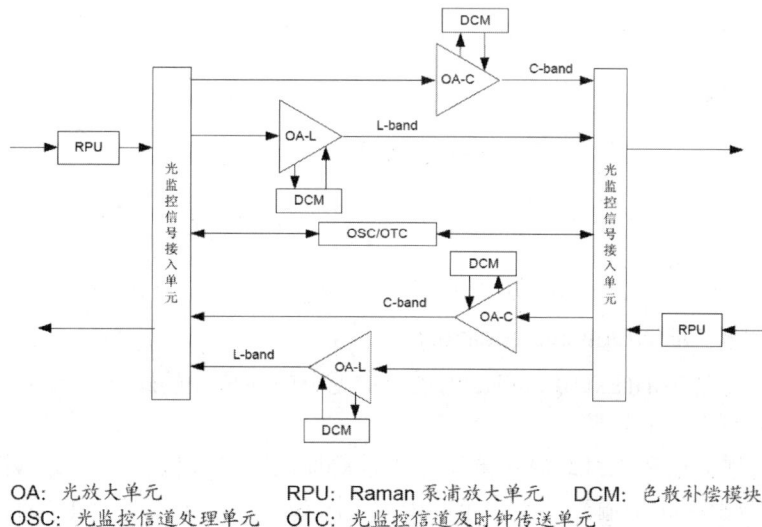

OA: 光放大单元　　　　　　RPU: Raman 泵浦放大单元　　DCM: 色散补偿模块
OSC: 光监控信道处理单元　　OTC: 光监控信道及时钟传送单元

图 5-17　OLA 信号流框图

3. 光分插复用设备 OADM

光分插复用设备用于分插本地业务通道，与其他业务通道贯通。

OptiX BWS 1600G 有两种 OADM 设备，一种为串行的 OADM，一种为并行的 OADM。串行的 OADM 采用 MB2/MR2 级联方式构成。并行的 OADM 采用背靠背的 OTM 方式构成。

串行 OADM 按功能划分为以下几种单元：

(1) 光分插复用单元(OADM)。

(2) 光波长转换单元(OTU)。

(3) 光放大单元(OA)。

(4) Raman 泵浦放大单元(RPU)。

(5) 光监控信道处理单元或光监控信道及时钟传送单元(OSC/OTC)。

(6) 光监控信号接入单元。

(7) 色散补偿单元(DCM)。

(8) 多通道光谱分析单元(MCA)。

(9) 系统控制与通信单元(SCC)。

(10) OTU 电源备份单元(PBU)。

串行 OADM 设备信号流框图如图 5-18 所示。

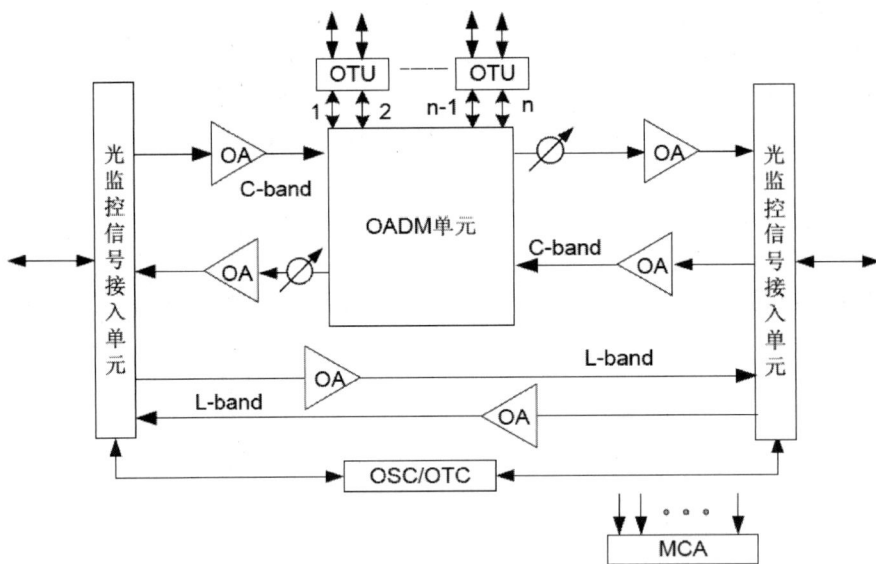

图 5-18　串行 OADM 信号流框图

4. 光均衡设备 OEQ(OpticalEqualizer)

在超长距离传输 ELH(ExtraLongHaul)系统中无电中继传输的距离比长距离传输系统长很多，因此容易产生以下问题：

光放大器的增益谱和光纤衰减谱的不平坦性等原因，导致接收端光功率和信噪比不均衡；DCM 的色散斜率和传输光纤不完全匹配，无法对所有波长实现 100％的补偿，导致接收端部分通道的色散补偿不能满足系统要求。

为了更好地实现光功率均衡和色散均衡补偿，在 ELH 系统中需要使用光均衡设备 (OEQ)。目前 OptiX BWS 1600G 系统 II 型和III型系统可以实现 ELH 传输。

光均衡包括光功率均衡和色散均衡。

光功率均衡设备按功能划分为以下几个单元：

(1) 光功率均衡单元。

(2) 光放大单元(OA)。

(3) 光监控信道处理单元或光监控信道及时钟传送单元(OSC/OTC)。

(4) 光监控信号接入单元。

(5) 色散补偿单元(DCM)。

(6) 多通道光谱分析单元(MCA)。

(7) 系统控制与通信单元(SCC)。

光功率均衡设备的信号流框图如图 5-19 所示。

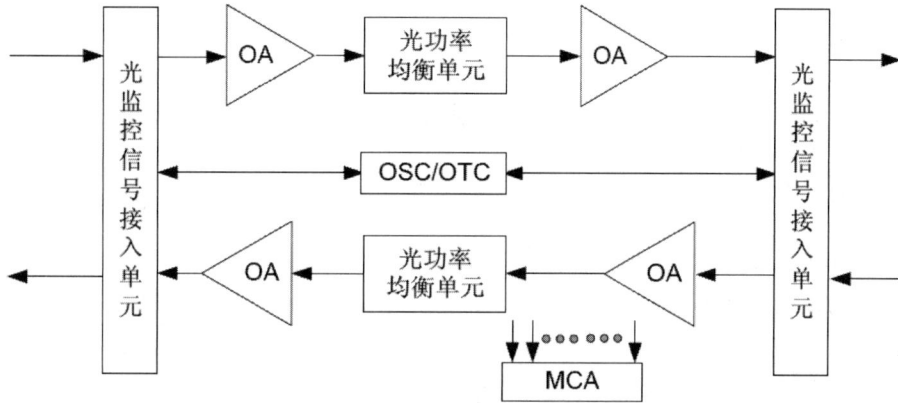

图 5-19 光功率均衡设备信号流框图

5. 电中继设备 REG(Regenerator)

光线路中继放大可以延伸无电中继的光传输距离，当线路延伸距离较长，光中继段的色散、功率、光噪声、非线性效应或 PMD 等影响系统传输性能的某一个或多个因素制约线路继续延伸时，需要进行电中继再生，完成电信号的 3R(整形、复位和再生)过程，从而改善信号质量。

REG 按功能划分为以下几个单元：

(1) 光波长转换单元(OTU)

(2) 光复用单元(OM)

(3) 光解复用单元(OD)

(4) 光放大单元(OA)

(5) 光监控信道处理单元或光监控信道及时钟传送单元(OSC/OTC)

(6) 光监控信号接入单元

(7) 多通道光谱分析单元(MCA)

(8) 系统控制与通信单元(SCC)

(9) OTU 电源备份单元(PBU)

REG 设备的信号流框图如图 5-20 所示。

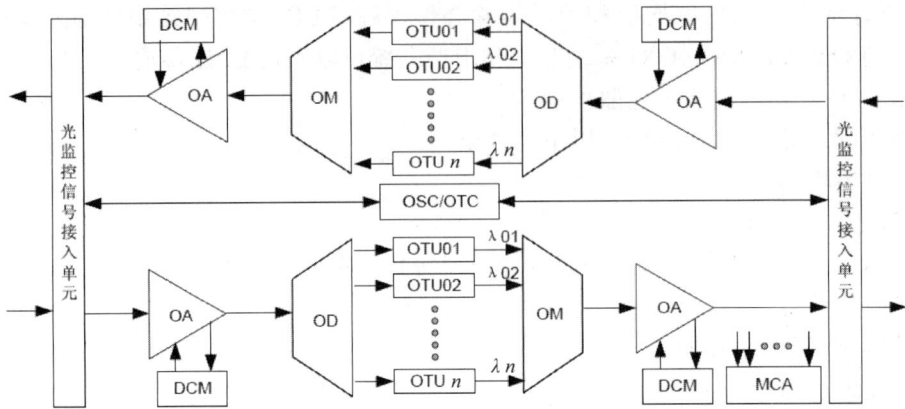

图 5-20　REG 设备的信号流图

REG 设备的信号流类似于背靠背的 OTM，只是没有任何信号的上下，中间信号的再生通过中继型光波长转换单元实现。

OM、OD、OA 等单元提供光性能监测接口，可以接入多通道光谱分析单元 MCA，实现对多路光信号的性能参数进行监测，监测内容包括光信号中心波长、光功率和光信噪比(OSNR)。

5.3.4　组网应用

OptiX BWS 1600G 设备通常采用点到点、链型和环型组网，如图 5-21 所示。这些网络结构在不同的系统配置和技术条件下可以实现长距离、超长距离和超长距离单跨段传输。

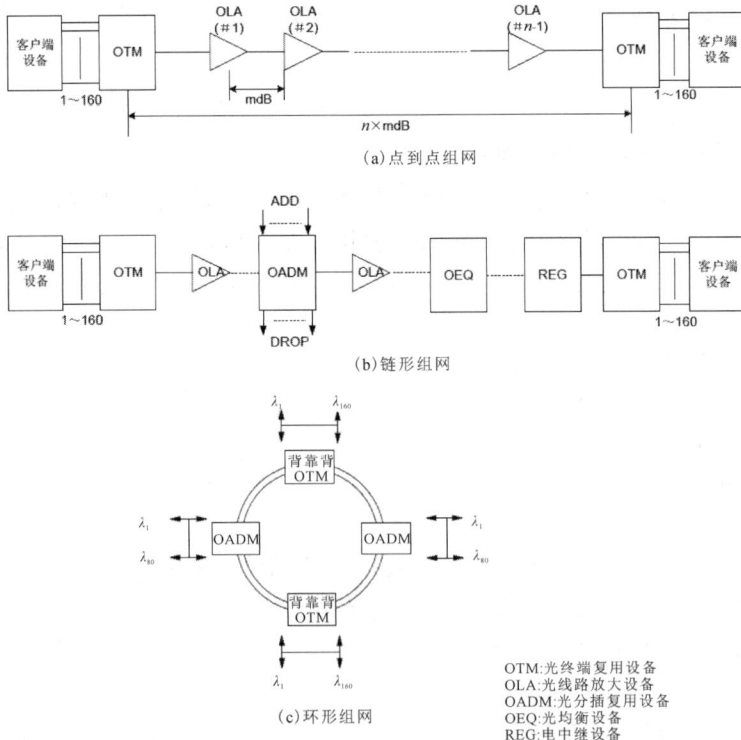

图 5-21　OptiX BWS 1600G 产品典型组网示意图

1. 点到点组网

OptiX BWS 1600G 设备最普遍采用的组网方式，只由光终端复用设备和光线路放大设备组成。

2. 链形组网

链型组网是 OptiX BWS 1600G 设备常见的组网方式，经常应用在国家级大容量的长途传输 DWDM 干线中。链形组网中包含 OTM、OLA、OADM、REG 和 OEQ 等设备类型，是点到点组网的扩展。

3. 环形组网

普遍应用于本地网特别是城域网中。根据实际需要可以由 OptiX BWS 1600G 的光分插复用设备或背靠背 OTM 构成环形网。在 DWDM 实际组成环形网时有一个站点必须要用背靠背 OTM 来组成 OADM，以消除放大器的累积噪声。

5.3.5　网络管理

OptiX BWS 1600G 由光传送网网络管理系统(以下简称"网管")统一管理。网管系统通过 Qx 接口和 CORBA 接口可实现对整个光传输系统的故障、性能、配置、安全等方面的管理维护及测试功能；并可以根据用户要求，提供端到端的管理功能。通过网管系统的使用，可提高网络服务质量、降低维护成本，为合理使用网络资源提供保证。

OptiX BWS 1600G 系统采用新一代子网管理系统，可完成网元和区域网络的管理和控制功能。网管系统具有友好的人机界面，强大和完善的功能，软件系统采用组件技术和面向对象技术，各个应用子系统可以按照用户需求进行裁减，容易实现系统的扩展。

网管系统针对 DWDM 设备的特点，提供端到端(波长)路径管理、波长资源的统计分析、终端仿真程序、告警管理、性能管理、系统管理及设备维护管理等丰富的管理功能，实现对传输设备的统一管理。

网络管理系统的功能和体系结构符合 ITU-T 关于 TMN 的系列建议。

5.4　OTN 技　术

5.4.1　OTN 基本概念

OTN(光传送网，OpticalTransportNetwork)以 WDM 技术为基础，在超大传输容量的基础上引入了 SDH 强大的操作、维护、管理能力，同时弥补 SDH 在面向传送层时的功能缺乏和维护管理开销的不足。OTN 是以波分复用技术为基础的传送网，是下一代的骨干传送网。

OTN 是通过 G.872、G.709、G.798 等一系列 ITU-T 的建议所规范的新一代"数字传送体系"和"光传送体系"，解决了传统 WDM 网络无波长/子波长、业务调度能力差、组网能力弱、保护能力弱等问题。OTN 处理的基本对象是波长级业务，它将传送网推进到真正的多波长光网络阶段，其结合了光域和电域处理的优势，可以提供巨大的传送容量、完全透明的端到端波长/子波长连接，以及电信级的保护，OTN 技术是传送宽带大颗粒业务的最优技术。

简单地说，OTN 的含义是：

(1) 开放(Open)：其接口卡几乎能够处理现有的全部物理接口；

(2) 传输(Transport)：在整个网络中，完全透明地传输不同类型的信息(如语音、数据、数字视频及 LAN)；

(3) 网络(Network)：基于面向未来的网络基础设施的光纤技术，距离几乎不受限制。

5.4.2　OTN 技术发展历程

1. OTN 国际标准化进程

OTN 概念和整体技术架构是在 1998 年由 ITU.T 正式提出的。2000 年以前，OTN 的标准化基本采用了与 SDH 相同的思路，以 G.872 光网络分层结构为基础，分别从网络节点接口(G.709)、物理层接口(G.959.1)、网络抖动性能(G.8251)等方面定义了 OTN。此后，OTN 成为继 PDH、SDH 之后的新一代数字光传送技术体制。经过近 10 年的发展，其标准体系日趋完善，目前已形成一系列框架性标准，ITU-T OTN 标准体系架构如图 5-22 所示。

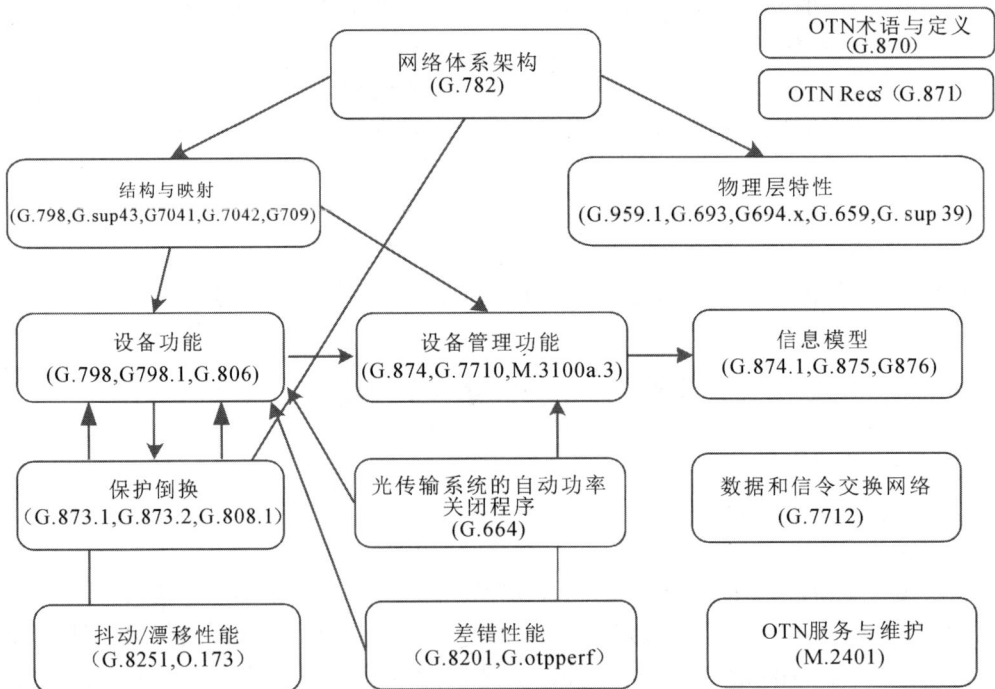

图 5-22　ITU-T OTN 标准体系架构

2. OTN 国内标准化进程

中国通信标准化协会(CCSA)传送网与接入网工作委员会 TC6 从 2004 年开始正式启动 OTN 相关行业标准的制定工作，目前已颁布了一个国家标准和两个通信行业标准：

GB/T20187-2006 光传送网体系设备的功能块特性(对应 G.798 2004 版本)；YD/T1462-2006 光传送网接口(对应 G.709 2003.10 版本)；YD/T1634-2007 光传送网物理层接口(对应 G.959.1 2006.2 版本)。

CCSATC6 于 2005 年 8 月申请立项了研究课题(编号：2006B68)《OTN 网络对节点设备总体要求》，在 2007 年 12 月 TC6WG1 标准会上进行了审查。

随着 OTN 技术在我国运营商网络应用需求的不断明确，2008 年我国开始制定《OTN 网络总体技术要求》，并立项开始制定《OTN 网络测试方法》。

《OTN 网络总体技术要求》在 2009 年 4 月送稿审查，该标准规定了基于 ITU-T G.872 定义的 OTN 总体技术要求。其主要内容包括 OTN 网络功能结构、接口要求、复用结构、性能要求、设备类型、保护要求、DCN 实现方式、网络管理和控制平面要求等；适用于 OTN 终端复用设备和 OTN 交叉连接设备，其中 OTN 交叉设备主要包括 OTN 电交叉设备、OTN 光交叉设备，以及同时具有 OTN 电交叉和光交叉功能的设备。OTN 国家标准体系架构如图 5-23 所示。

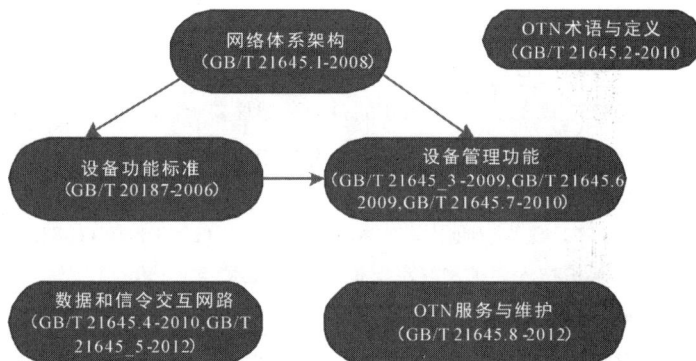

图 5-23　OTN 国家标准体系架构

5.4.3　OTN 技术体系结构

OTN 技术包括了光层和电层的完整体系结构，见表 5-1。各层网络都有相应的管理监控机制，光层和电层都具有网络生存性机制。OTN 技术可以提供强大的 OAM 功能，并可实现多达 6 级的串联连接监测(TCM)功能，提供完善的性能和故障监测功能。OTN 的主要优势包括：多种客户信号封装和透明传输，支持 SDH、ATM、以太网等业务，其他业务也正在制订中；大颗粒的带宽复用、交叉和配置，可以基于电层 ODU1(2.5Gb/s)、ODU2(10Gb/s) 和 ODU3(40Gb/s)，远大于 SDH 的 VC12 和 VC4；强大的开销和维护管理能力；增强了组网和保护功能。

表 5-1　OTN 的结构

完整 OTN	光层，OTN 借鉴了传统 WDM 技术体系并有所发展
	电层，OTN 借鉴了 SDH 的嵌入式开销、映射、复用、交叉等概念

1. OTN 体系架构

OTN 体系架构如表 5-2 所示。

表 5-2　OTN 体系架构

体系结构	G.872 从网络角度描述 OTN 功能,内容包括光网络的分层结构、客户特征信息、客户/服务器关联、网络拓扑,以及诸如光信号传输、复用、选路、监控、性能评估和网络生存性等层网络功能,并用原子功能建模方法描述 OTN 的体系结构
结构和映射	G.709 定义了在光网络子网内和子网之间的 OTN 接口,包括 OTN、支持多波长光网络的开销功能、帧结构、比特率、客户信号的映射格式等,规范了在 OTN 点到点、环型和网状结构下的 OTN 支持的操作和管理。同时它还规范了通用成帧协议,和 OTN 的网络节点接口虚级联信号的自动链路容量调整方案分别对应 G.7041 和 G.7042 规范
功能特性方面	G.798 规范了传输网络设备功能描述。包括光电路交叉连接功能、光复用段终结功能、光通路终结功能、光传输段终结功能和线路放大功能等
物理接口方面	G.693 规范了局内系统的光接口,规定了链路距离最多 2 km 的局内系统光接口的指标,标称比特率 10 Gb/s 和 40 Gb/s,以保证横向兼容性。G.959.1 规范了光网络的物理接口,主要目的是在两个管理域的边界间提供横向兼容性,规范了有可能使用 WDM 技术的 IrDI 的物理层规范
网络性能方面	G.8251 规范了 OTN NNI 的抖动和漂移要求,M.24 OTN 定义了 OTN 投入业务和维护的误码性能目标和程序,G.optperf 定义了 OTN 国际通道的误码和可用度性能参数
网络保护方面	G.808.1 规范了通用保护倒换技术要求,G.873.1 和 G.873.2 分别定义了 ODUk 线性保护技术要求和共享保护环技术要求
网络安全方面	G.664 规范了 OTN 安全要求
网络管理方面	G.874 所规范的 OTN 模型和功能需求,在 G.7710 的基础上详细描述了 OTN 特有的五大管理功能(TCAPS)。G.7710 所规范的适用于 SDH 的通用设备管理功能需求也同样适用于 OTN

2. OTN 的分层结构

光传送网的分层结构示意图如图 5-24 所示。

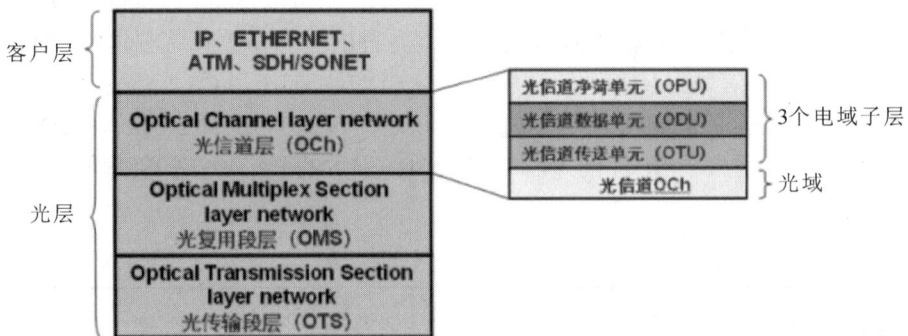

图 5-24　光传送网的分层结构

1) 光通道层(OCh)

OCh 层网络主要传送光通路路径接入点间的数字客户信号,主要功能如表 5-3 所示。

表 5-3　光通道层具备的功能

光通道层具备的功能	(1) 实现网络等级上的操作和管理的光通道监控功能
	(2) 实现灵活的网络选路的光通道连接的重组功能
	(3) 确保光通道适配信息的完整性的光通道开销处理功能
	(4) 在故障发生时，通过重新选路来实现保护倒换和网络恢复的网络的生存功能

2) 光复用段层(OMS)

OMS 层网络通过 OMS 路径来负责光通路在接入点间的传递。光复用段层具备的主要功能见表 5-4。

表 5-4　光复用段层具备的主要功能

光复用段层具备的主要功能	(1) 为保证多波长光复用段适配信息的完整性的光复用段开销处理功能
	(2) 为灵活的多波长网络选路重新安排光复用段的功能
	(3) 为段层的运行和维护提供光复用段的检测和管理功能
	(4) 负责保证相邻两个波长复用传输设备间多波长复用光信号的完整传输，为多波长信号提供网络功能

3) 光传输层(OTS)

OTS 层网络通过 OTS 路径来实现光复用段在接入点之间的传送。其定义了包括频率、功率和信噪比等参数等物理接口。物理媒质层网络是整个光传输层的服务者，通常会涉及 EDFA 增益控制问题、功率均衡问题以及色散的积累和补偿问题。

综合起来，光传输层主要有如表 5-5 所示的功能。

表 5-5　光传输层的主要功能

光传输层的主要功能	(1) OTS 层经光接口与传输媒质相连接，提供在光介质上传输光信号的功能，光传送网的这些相邻层之间所形成所谓的客户/服务者关系
	(2) OMS 层为经由波分复用的多波长信号提供组网功能
	(3) 光传输网的 OCh 层为各种数字客户信号提供了接口，为透明地传输这些客户信号提供了点到点的以光通道为基础的组网功能

5.4.4　OTN 组网模型

OTN 是新一代光传送网络技术，OTN 组网总体网络架构分为省际干线传送网、省内干线传送网和城域传送网三部分。

1. 省际干线传送网 OTN 组网模型

国家干线 IP over OTN 的承载模式可实现 SNCP 保护、类似 SDH 的环网保护、Mesh 网保护等多种网络保护功能，其保护能力与 SDH 相当，而且设备复杂度及成本也大大降低。

省际干线传送网部分边缘省份光缆网络只有两个出口方向，其他省份光缆网有 3 个以上出口方向，OTN 组网时可根据光缆网络拓扑采用网状网(Mesh)结构，部分边缘省份通过环网将业务接入。

2. 省内干线传送网 OTN 组网模型

省内的骨干路由器承载着各个长途局之间的业务。通过建设省内干线 OTN，可实现以下目的：

(1) 颗粒业务的安全、可靠传送。

(2) 可组环网、复杂环网、Mesh 网。

(3) 网络可按需拓展。

OTN 组织为环型结构，省会城市节点支持多维，一般地市节点支持二维。以省会城市节点为中心，各地市节点分布在各个环上。各地市的业务主要向省会城市节点汇聚。

3. 城域传送网 OTN 组网模型

城域网覆盖地理范围相对较小，信号的传输距离并不是光传送网组网的限制因素，所以在城域网 OTN 的建设中主要关注组网结构及业务的多样性和灵活性。

对于大规模城域传送网来说，网络规模较大，核心节点数量较多，整体网络业务量大。核心层负责提供核心节点之间的局间中继电路，并负责各种业务的调度，实现大容量的业务调度和多业务传送功能。汇聚层负责一定的区域内各种业务的汇聚和疏导，汇聚层具有较大的业务汇聚能力及多业务传送能力。用 OTN 组网时核心层采用网状组网结构，汇聚层采用环型组网结构，每个环跨接到两个核心节点上。

而对于中小规模城域传送网来说，网络规模相对较小，核心节点不多，整体业务量也相对较少。所以在建网初期核心层与汇聚层合并建一层 OTN，实现业务的汇聚与调度功能，后期根据业务量的增加再进行组网。OTN 组网时采用环型组网，每个环跨接到两个核心节点上，该环完成环上汇聚节点，业务汇聚至核心节点的同时实现两个核心节点之间业务的调度。

5.4.5　OTN 架构及特性

1. OTN 的架构

OTN 网络架构基于以下 5 个主要系统组件：

(1) 光缆基础架构。

(2) OTN 节点。

(3) OTN 通用逻辑卡板。

(4) OTN 接口卡，为业务提供系统接入。

(5) 网络管理系统，也称 OMS(OTN 管理系统)。

如图 5-25 所示，网络中的 OTN 节点以点到点双光纤链路方式进行互连，从而形成 2 个光纤反向旋转环路。正常运行状态下，网络连接设备的所有数据在一个环路中传输，第二个环路备用。备用环路保持同步状态以监控备用通道的可用性，在紧急状况时完全接管所有数据传输。

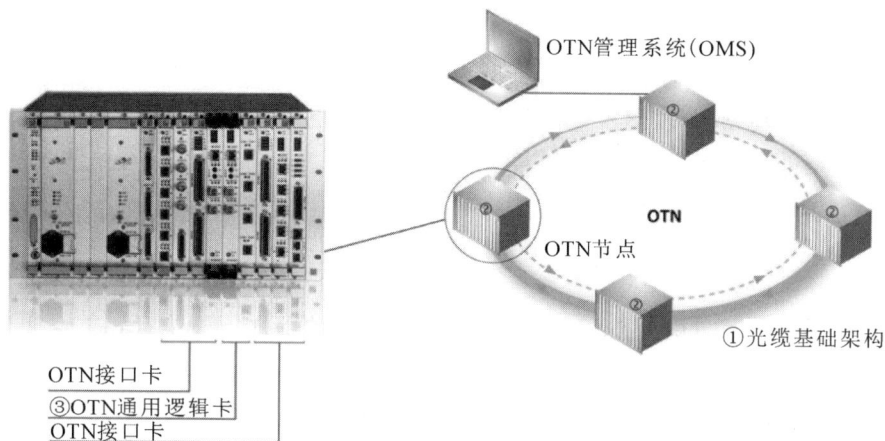

图 5-25　OTN 架构

2. OTN 的特性

1) 最大的网络可用性

环路可在错误情况下以及双重错误情况下自动恢复正常运行，因此可将系统不可用性限制在最低水平。此外，它所需的自愈时间极短，例如，环路的自愈时间短至不会导致电话通话中断。

网络在扩展、改造或维修期间仍可保持正常运行，原因如下：

(1) 自动重新配置。在断纤时，网络自动切换到备用环路或执行相邻节点光路环回从而实现网络重构。

(2) 通用节点。每个节点都是面向网络同步的潜在主节点，也就是说，每个节点都能生成与其他节点同步的帧。当负责同步功能的主节点故障中断时，它的功能将立即被另一个节点所接管。这项功能同样适用于发生双重错误的情况。在这种情况下，网络将分成两个独立网络，每个网络中的节点都能自动接管主节点的任务。

(3) 自动启动过程。网络可在电源故障发生后，网络重新配置之后，或者节点切换回网络之后自动启动。

(4) 接口卡。接口卡关闭时，可将其插入到节点中或者将其从节点中移除，而无需关闭节点。此时受影响的只是与该接口卡有关的链路连接，其余的网络仍可保持正常运行。

2) 直接接入网络和有保证的带宽

OTN 可以保证随时直接接入网络，从而避免接入时间长的问题，并且支持实时应用。

由于骨干网络上的传输容量采用了半永久性的分配方式，这意味着该应用始终能够使用分配到的带宽，不受网络中运行的其他应用的影响，因此，每个应用都拥有自己的虚拟连接。

OTN 为实时数据和基于数据包的以太网数据提供固定带宽的最佳组合(固定码率)。

3) 可靠的通信能力

OTN 能够保证办公室、工业和交通环境中的可靠通信。OTN 使用光纤作为传输介质，与传统的铜缆相比具有更多优势：抗电磁干扰(发射器和雷达信号的干扰、电力设备大功率切换、邻近线缆及高电压线缆等)；可同时确保办公室、工业环境中极为可靠的通信；光纤的 BER(误码率)更低，因此可确保极为可靠的通信。

4) 接口卡的多样性

OTN 提供多种接口卡板以适应各种业务需求。接口卡板的多样性可以避免使用额外的转换设备，如协议转换器和其他转换设备。OTN 提供的接口卡可用于以下业务：

(1) 局域网(如千兆以太网和快速以太网)。

(2) 数据传输(如 RS232、RS422 和 RS485)。

(3) 电话系统(如 E1、T1、模拟和数字语音链路，包括 2 线和 4 线)。

(4) 广播。

(5) 视频应用(视频分配和视频监控及闭路电视监控等)。

5) 广泛的网络地理覆盖范围

OTN 网络能够覆盖极大的传输距离(1000 公里或更长)。

6) 灵活的系统

(1) 灵活的带宽分配。高可用的带宽允许复用大量低速和高速业务。新业务可以通过添加接口卡并配置相应的可用带宽(传输信道)来实现。

(2) 简单的网络调整。模块化网络架构允许轻松扩展网络。当有空闲接口插槽可用时，可通过插入一个或多个全新接口卡来扩展节点功能。还可以通过在网络中添加新节点来扩展网络。由于系统本身具有网络自动重构能力，扩容过程中造成的环路中断不会影响原有连接设备之间的通信。

(3) 快速的错误检测和简单的网络恢复。系统对任何光路故障和接口卡板错误均可以本地告警显示并上传给中心网管系统。

(4) OTN 管理系统(OMS)。系统的集中告警信息在 OMS 上显示。OMS 不间断地监控网络并接收不同节点及其相关接口卡板的运行状态数据。一旦报错，告警信息直接指示故障性质和位置，便于在第一时间排除故障。

(5) 直观显示。系统提供节点的本地错误报告功能。位于 BORA 前面板上的 LE0 指示灯能够显示环路和节点运行情况，而接口卡上的 LE0 指示灯则显示相关接口卡的运行情况、状态和设置。BORA 可以通过字母数字的混合方式来显示错误发生位置。

(6) 模块化结构。如果是因为接口卡问题而导致 OMS 告警，则可以通过更换接口卡快速解决问题。

5.4.6　OTN 应用案例

1. 主要应用场景

基于 OTN 的智能光网络将为大颗粒宽带业务的传送提供非常理想的解决方案。传送网主要由省际干线传送网、省内干线传送网、城域(本地)传送网构成，而城域(本地)传送网可进一步分为核心层、汇聚层和接入层。对于 SDH 而言，OTN 技术的最大优势就是提供大颗粒带宽的调度与传送，因此，在不同的网络层面是否采用 OTN 技术，取决于主要调度业务带宽颗粒的大小。

按照网络现状，省际干线传送网、省内干线传送网以及城域(本地)传送网的核心层调度的主要颗粒一般在 Gb/s 量级及以上，因此，这些层面均可优先采用优势和扩展性更好的

OTN 技术来构建。对于城域(本地)传送网的汇聚与接入层面，当主要调度颗粒达到 Gb/s 量级，亦可优先采用 OTN 技术构建。

1) 国家干线光传送网

随着网络及业务的 IP 化、新业务的开展及宽带用户的迅猛增加，国家干线上的 IP 流量剧增，带宽需求逐年成倍增长。波分国家干线承载着 PSTN/2G 长途业务、NGN/3G 长途业务、Internet 国家干线业务等。由于承载业务量巨大，部分国家干线对承载业务的保护需求十分迫切。采用 OTN 技术后，国家干线 IP over OTN 的承载模式可实现 SNCP 保护、类似 SDH 的环网保护、MESH 网保护等多种网络保护方式，其保护能力与 SDH 相当而且，设备复杂度及成本也大大降低。

2) 省内/区域干线光传送网

省内/区域内的骨干路由器承载着各长途局间的业务(NGN/3G/IPTV/大客户专线等)。通过建设省内/区域干线 OTN 光传送网，可实现 GE/10GE、2.5G/10 GPOS 大颗粒业务的安全、可靠传送；可组环网、复杂环网、MESH 网；网络可按需扩展；可实现波长/子波长业务交叉调度与疏导，提供波长/子波长大客户专线业务；还可实现对其他业务如 STM-1/4/16/64 SDH、ATM、FE、DVB、HDTV、ANY 等的传送。

3) 城域/本地光传送网

在城域网核心层，OTN 光传送网可实现城域汇聚路由器、本地网 C4(区/县中心)汇聚路由器与城域核心路由器之间大颗粒宽带业务的传送。路由器上行接口主要为 GE/10GE，也可以为 2.5G/10 GPOS。城域核心层的 OTN 光传送网除可实现 GE/10GE、2.5G/10G/40G POS 等大颗粒宽带业务传送外，还可接入其他宽带业务，如 STM-0/1/4/16/64 SDH、ATM、FE、ESCON、FICON、FC、DVB、HDTV、ANY 等；对于以太网业务而言，可实现二层汇聚，提高以太网通道的带宽利用率；可实现波长/各种子波长业务的疏导，实现波长/子波长专线业务接入；可实现带宽点播、光虚拟专网等，从而可实现带宽运营。从组网上看，还可重整复杂的城域传输网的网络结构，使传输网络的层次更加清晰。

4) 专有网络的建设

随着企业网应用需求的增加，大型企业、政府部门等也有了大颗粒的电路调度需求，而专网相比于运营商网络光纤资源十分贫乏，OTN 的引入除了增加大颗粒电路的调度灵活性外，也节约了大量的光纤资源。在城域网接入层，随着宽带接入设备的下移，ADSL2+/VDSL2 等 DSLAM 接入设备将广泛应用，并采用 GE 上行；随着集团 GE 专线用户不断增多，GE 接口数量也将大量增加。ADSL2+设备离用户的距离为 500～1000 m，VDSL2 设备离用户的距离以 500 米以内为宜。大量 GE 业务需传送到端局的 BAS 及 SR 上，采用 OTN 或 OTN＋OCDMA-PON 相结合的传输方式是一种较好的选择，这将大大节省因光纤直连而带来的光纤资源的快速消耗，同时可利用 OTN 实现对业务的保护功能，并增强城域网接入层带宽资源的可管理性及可运营能力。

2. 轨道交通应用场景

地铁或轻轨线路长度通常是 5～30 km，下辖 10～30 个车站，每个车站可以有多个站台、人行通道、公共区域，以及维护、作业和监管人员的专属区域，整体网络拓扑通常由多条轨道线路或轨道区间组成，由中央控制室掌管线路运营，一个或多个车辆中心负责机车存放和维护。

地铁和轻轨环境对通信骨干网的需求如下：

(1) 需要传输的业务种类很多。包括各种类型的语音通信(行政电话、信息服务、紧急电话)、广播、无线电、SCADA、旅客信息系统、门禁控制、机车监控、售票机、旋转式栅门和 CCTV 视频监控等。如此多业务需要依托于一个可靠的通信骨干网。

(2) 地铁和轻轨的多数业务要求通信骨干网提供不间断的传输网络。

(3) 轨道运营商倾向于经济性的综合解决方案，不仅要降低设备的采购成本，同时高度关注维护和扩容方面的支出；还要能够灵活地支持新业务的加入并满足带宽扩展要求。

(4) 乘客安全和安防是每个地铁和轻轨运营商所关心的问题。因此，系统还必须支持高质量的集成 CCTV。通常所有类型的媒介在中央控制室交汇，工作人员依靠高品质的图像、不间断的控制信号，通过紧急通告和指令系统将信息发送到各个轨道路线设备上。

(5) 光缆非常适宜在恶劣环境中(EMC/EMI/RFI)使用，应尽可能减少铜缆的使用。出于冗余目的的考虑，最好将两条独立的光缆分置于轨道的两侧。

OTN 能很好地满足地铁和轻轨对通信骨干网的需求。OTN 支持以地铁和轻轨为代表的多业务混合场合，OTN 环境如图 5-26 所示。语音、视频、无线电基站、高速局域网以及低带宽串行数据，均可与开放式传输网络的节点直接连接，避免了资源浪费。众多的接口、协议均包含在同一产品中，并且完全透明地通信，易学、易管理、易维护、易使用。它是基于接口和带宽的一个可升级的节点族，用户界面友好的、基于 Windows 的网络管理系统软件为其提供了灵活性；双光环结构和冗余控制为其提供了优良的适应性。

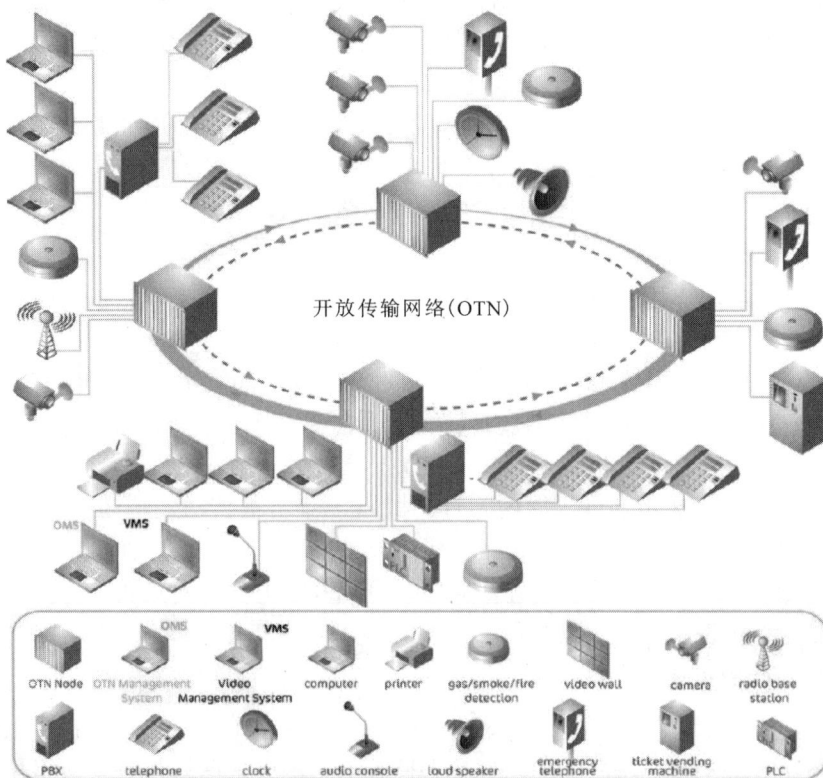

图 5-26　OTN 环境

3. 地铁具体应用案例

这里以南京地铁十号线传输系统为例。地铁十号线选用 OTN 系列的 2.5G 传输容量的设备 OTN-X3M 作为通信系统设备。传输系统在控制中心、各车站、停车场和车辆段各节点设置数字传输和接入设备各一套,与架设在线路两侧的光缆组成环路网络。在控制中心设置传输系统网管设备一套,对全系统进行网络管理。

1) 传输网络的拓扑结构

由于地铁线路为线形网物理结构,传输网络要确保在这种环境中仍然能够发挥双环路拓扑结构的优势,有多种拓扑结构可以采用,例如菊花链、归返回环、完全回环,以及目前地铁十号线所使用的跳站回环。为了形成 OTN 的环型自愈结构,采用将所有站点隔站相接成一个大环的光纤连接方式,组成一个双纤自愈环,沿线占用 2 对光纤,这两对光纤分配在不同的物理路由上,如图 5-27 所示。

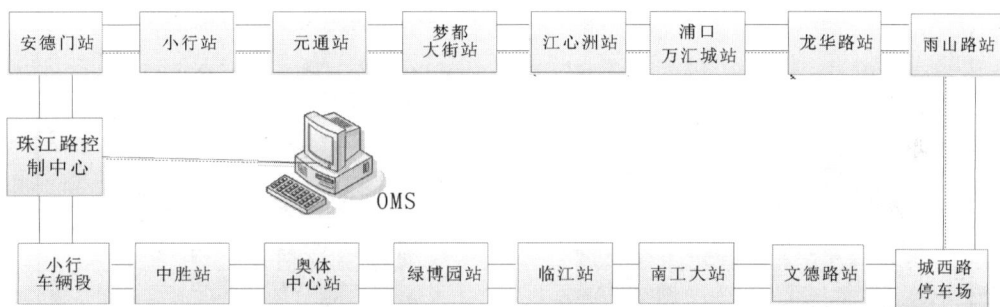

图 5-27　南京地铁十号线传输网络拓扑图

2) 传输系统的容错和恢复

光传输网作为地铁通信网的基础,为了保证畅通必须具备相应的保护倒换手段,保护倒换分为光环路由倒换和业务保护倒换,光环路由倒换的时间一般小于 50 ms。

地铁十号线 OTN 网络采用双环路结构,使用并行光纤工作,结合每个节点的控制机制,使网络具备了自愈能力。在发生故障时,由于系统可以自动重新配置光纤传送路由,所以系统仍然可以正常工作。

通过探测光损失或同步丢失,节点可以立即查知所有的故障,每个节点都能决定把它的入口光纤和另一个环路的出口光纤连接起来,如此就形成了新的逻辑环路。还有一种可能:所有的节点决定切换到另一个环路上进行传输,这种机制能够确保所有的节点都切换到另一个环路上或者其中的两个节点决定在同一时刻构成回环。根据各节点自己的输入状态或从其他节点接收的信息,由每个节点独立决定完成重新配置工作。

(1) 待机环路故障。系统通常是在主环路上工作(图 5-28 中的外部顺时针环路),此时主环路就是活动环路。如果待机的次环路发生了一个单一故障,不会导致网络进行重配置工作。

(2) 运行的环路故障。如果主环路上发生了单个故障(例如光纤开路,发送器或接收器故障),网络就会切换到次级路径上(图 5-29 中内圈成逆时针方向环路)。所有的节点都探测到了主环路的永久性同步丢失,于是也切换到次环路。

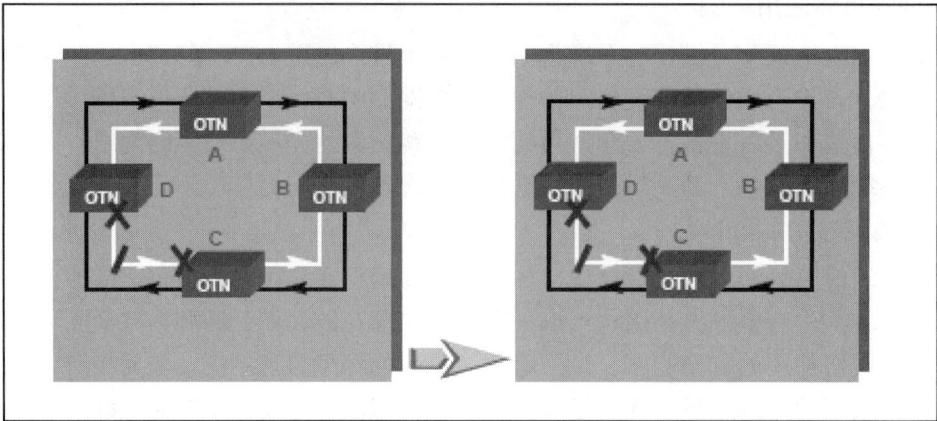

图 5-28　待机环路故障

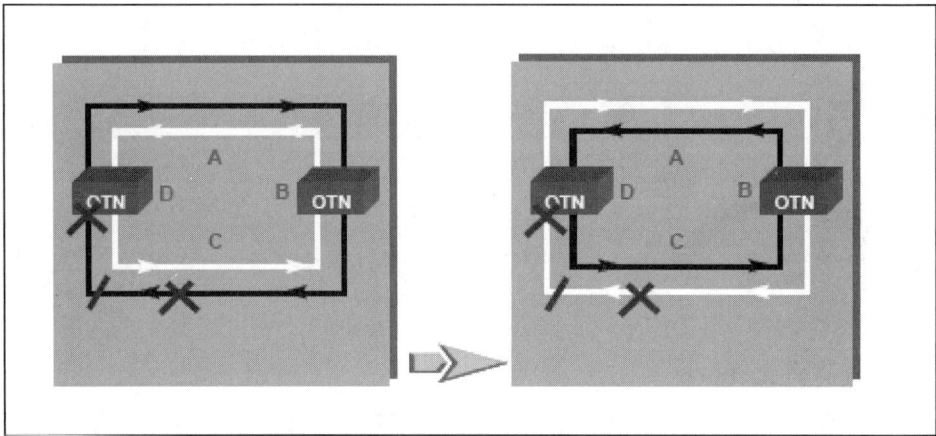

图 5-29　活动环路故障

(3) 电缆断裂。如果电缆或双向链接的两根光纤都被切断，有两个节点探测到了此故障(例如图 5-30 中的节点 D 和 C)，这两个节点会把它们的主环路输入和次环路输出回环连接起来，或者反向为之。其他的节点仍然继续在主环路上进行传输，新的配置使相连的所有节点维持一个完整的逻辑环路，该环路两次经过大多数节点。

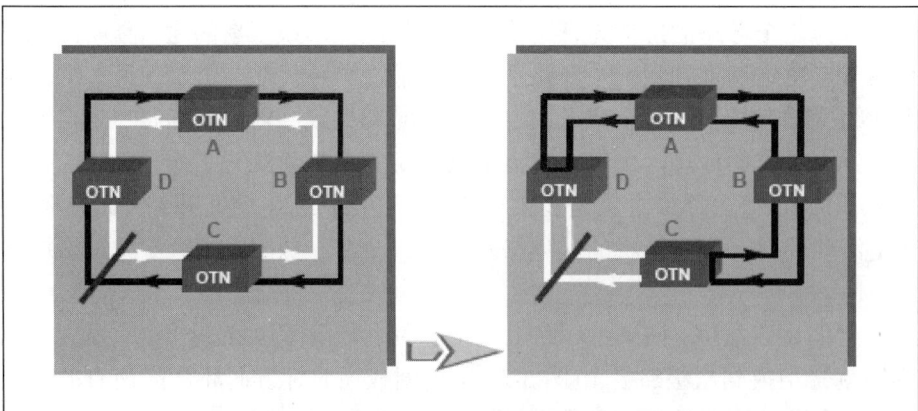

图 5-30　节点间电缆开路

(4) 节点故障。如果探测到了一个故障节点，则该故障节点毗邻的两个节点都会进行回环。从主环路接收到的信息会注入到次环路中，这样就把故障节点隔离开来，系统重新配置两个环路构成单个折叠的环路，避开了差错节点，如图 5-31 所示。隔离故障节点的目的是形成一个逻辑环路。

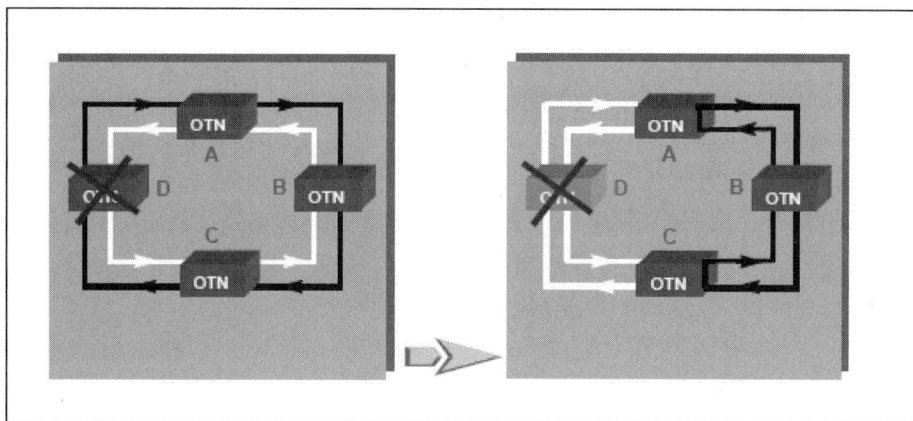

图 5-31　节点故障

(5) 多处故障。如图 5-32 所示，如果同时发生多个故障，传输系统会分裂为多个子环路，每个子环路系统中的节点都正常工作。需要注意的是，虽然子环路可以正常工作，但是地铁的核心交换机等都集中放置，因此实际上除与核心交换机在一个子环内的设备可正常工作外，其他子环路的设备由于和核心脱离，无法正常工作。

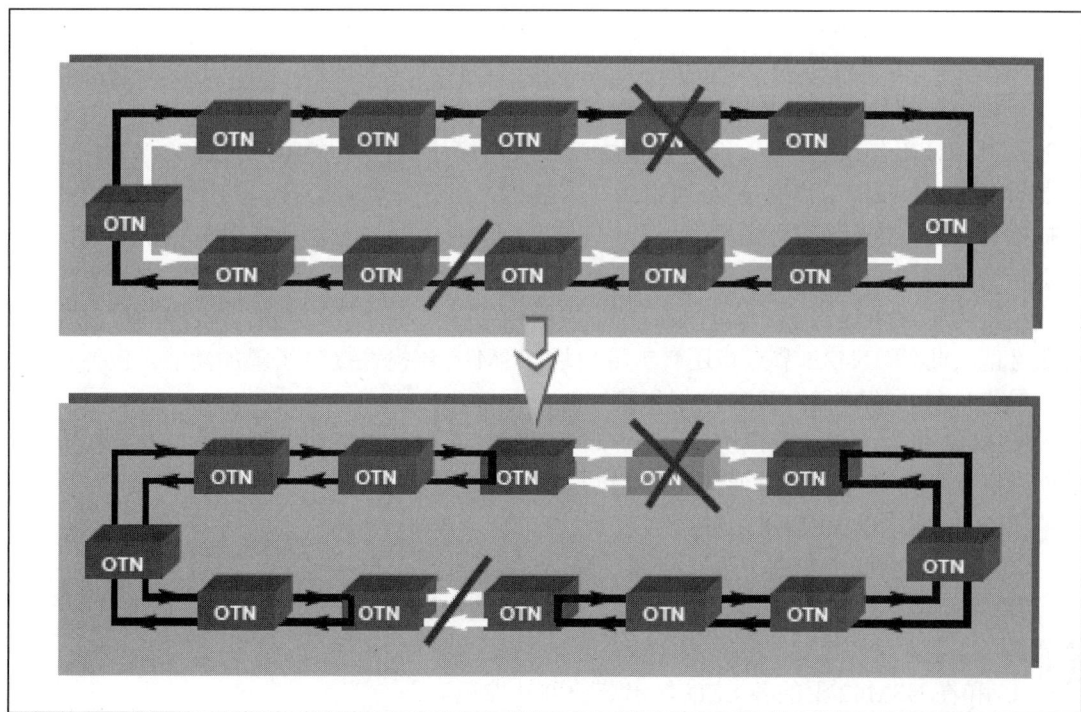

图 5-32　多处故障

3) 复用机制

为了提高通信系统信道的利用率，往往采用多路复用的通信方式。这里所谓的多路复用通信方式通常是指在一个信道上同时传输多个信号的技术，复用技术有多种工作方式，有频分复用、时分复用及码分复用等。

频分复用是将所给的信道带宽分割成互不重叠的许多小区间，每个小区间能顺利通过一路信号。在一般情况下可以通过正弦波调制的方法实现频分复用。频分复用的多路信号在频率上不会重叠，但在时间上是重叠的。

时分复用是建立在抽样定理基础上的。抽样定理使连续(模拟)的基带信号有可能被在时间上离散的抽样脉冲值所代替。这样，当抽样脉冲占据较短时间时，在抽样脉冲之间就留出了时间空隙，利用这种空隙便可以传输其他信号的抽样值。因此，这就有可能沿一条信道同时传送若干个基带信号。传输系统采用时分复用(TDM)的方式来提高信道的利用率。

码分复用是一种以扩频技术为基础的复用技术。

4) 传输系统主要设备

南京地铁十号线传输系统采用多业务服务传输通信系统——OTN 系列的 2.5G 传输容量的设备 OTN－X3M 作为通信系统设备。传输系统作为南京地铁十号线工程专用通信系统的基础网络，是地铁通信系统的重要子系统，它将为其他通信子系统和信号电源网管、自动售检票(AFC)、综合监控(ISCS)、乘客信息系统(PIS)、车载无线通信等专业提供可靠的、冗余的、可重构的、灵活的信道，并将成为保证地铁运行所必须信息的传输媒介。

下面主要以南京地铁十号线专网使用 OTN-X3M-2.5G 为例，介绍 OTN X3M 的板卡的类型及功能。OTN-X3M 全线共 17 个节点箱，型号为 N42E。

(1) N42E 节点箱。

N42E 节点箱即 OTN 的设备机框，可以提供各种功能的插槽，用于承载各种系统功能板卡，如电源模块和网络控制卡等。N42E 节点箱有 2 个电源模块(冗余)和 1 个 BORA 2500-X3M-ETX 公共逻辑卡。2 个热插拔光收发器模块插在每块 BORA 2500-X3M-ETX 公共逻辑卡上。N42E 节点有 8 个通用接口卡插槽，可在任何混合接口的模块中使用。接口卡插槽与 BORA(宽带光环适配器，即中央控制器)卡之间的通信是利用节点箱背板、通过星形结构来实现的。每个接口卡都有一个唯一的通道与 BORA 卡直接相连。此外，N42E 节点箱还为扩展卡提供了 2 个附加插槽。机箱由镀锌的钢制成，提供了极好的机械强度和防火性能。此外，N42E 节点箱还有支持模块(NSM)。该模块提供了附加功能，包括外部告警接触点信号、蜂鸣器、风扇控制和监控等，支持热插拔。

NSM42 作为节点支持模块，与节点底板连接，并通过状态和控制总线与安装在节点处的网卡、接口卡和电源进行通信。NSM42 可提供如下功能：

① 有效网卡的 LED 指示灯；

② 节点温度低于或高于限制范围，则 LED 指示灯点亮；

③ 节点散热风扇运转与驱动的检测。每个风扇正常运转或发生故障，则 LED 指示灯点亮；

④ 和在 NSM42 上的各 LED 指示灯的测试按钮；

⑤ 用于设置一个 EOW 连接的控制按钮蜂鸣器和 LED 指示灯；

⑥ 用于 4 个用户可通过 OMS 设置数字输入和 4 个数字输出的 LED 状态指示;

⑦ 用于数字 I/O 和+12V 电源的 Sub D25 引脚连接接口(阴式连接器);

⑧ 用于曲式带宽的 ESD 绑定连接。

图 5-33 为在 NSM42 模块前面板上的一些显示功能。通过 DIP 开关，可以为 NSM42 设置其模块版本、节点和环编号。NSM42 还可检测出哪一个接口或扩展插槽处于空余状态以及电源模块状态是否良好。

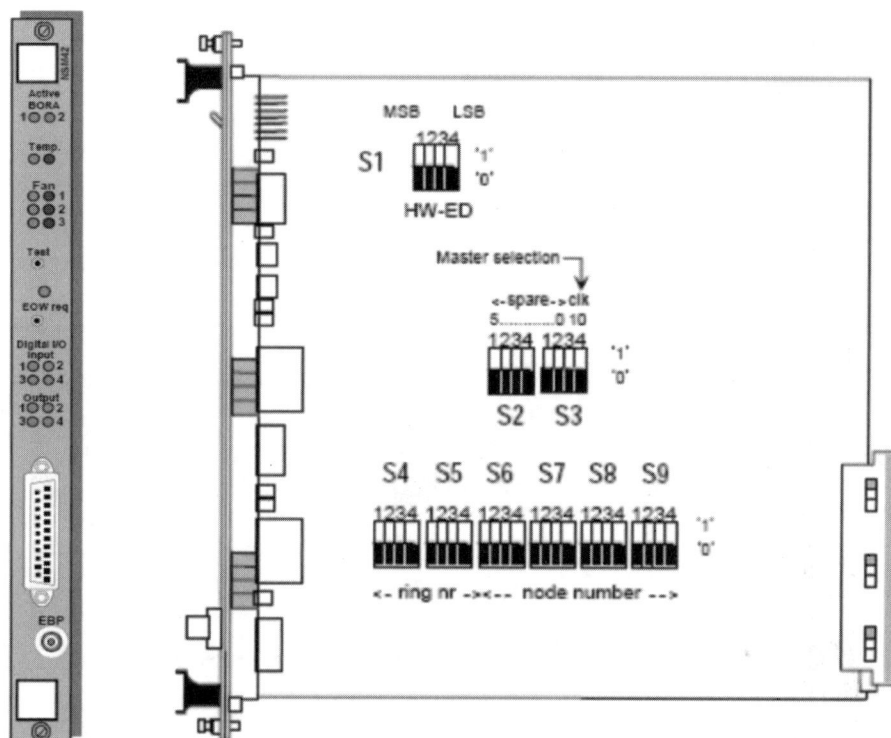

图 5-33　NSM 板卡

(2) 光板(BORA-X3M-ETX)。

通用逻辑卡 BORA 2500-X3M-ETX 是整个节点的核心控制模块，整个系统的连接数据和配置信息都保存在这块卡上。BORA 2500-X3M-ETX 卡可以安装在 N42E 节点箱中，它的功能是将各个接口卡的数据复用到光传输环路中，同时将光环中的数据解复用给各个接口板卡。一个 N42E 节点配备一块 BORA 卡。

BORA 卡有 2 个可热插式 TRM 光收发器模块。多模和单模光纤对不同距离的不同模块都可以使用。BORA 2500-X3M-ETX 采用可插拔的 XFP 模块来实现光信号传输。根据不同的传输距离要求，可选择不同的 XFP。有 M(多模)、I(局内)，S1 和 S2(短距离)，L1 和 L2(长距离)收发器类型，十号线目前全线光收发器采用 S1 型。

ETX 业务接口包含有 1 个千兆光接口和 1 个快速以太网(RJ45，10/100M)接口，勤务电话(EOW)、外部时钟同步功能块。

BORA 卡作为节点箱的核心板卡，若板卡出现故障，更换时要特别的注意。更换新板卡时，主要有如下的步骤:

① 设置新的 BORA-X3M 板卡中的跳线 JP600 状态。JP600 从上到下有三个 PIN 脚，从上往下，1PIN 和 2PIN 相连为"清零"状态，2PIN 和 3PIN 相连为"正常"状态。新的板卡首先把 JP600 设置在"清零"状态。JP600 的位置如图 5-34 所示。

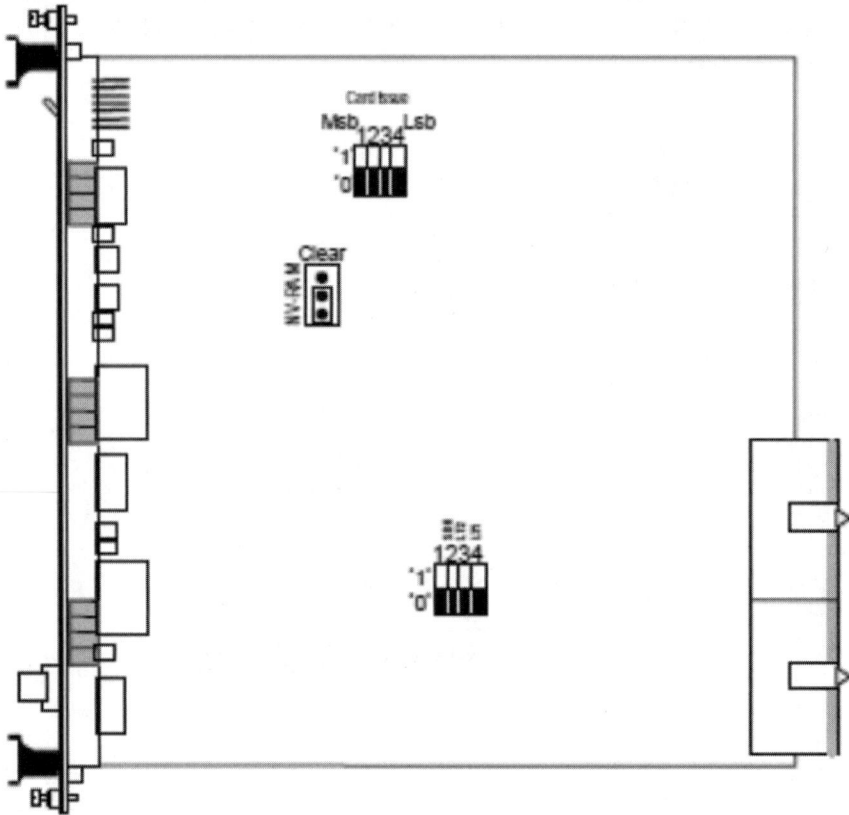

图 5-34　BORA X3M 板卡的侧面图

② 插入到机框，等待显示屏上显示为"CLRAM"时，拔出板卡。

③ 重新设置 JP600，设置在"正常"状态，插入机框。

④ 进行软件 OMS 上的操作。选中此节点或 BORA 卡，在"Configuration"中点击"Load node"，把相关的信息下载到 BORA 板中，接着再点击此节点或 BORA 板的相关 Service，单击右键，再点击"Load Service"。完成更新板卡的步骤。

(3) E1-24P 接口卡。

如图 5-35 所示，每块接口卡能够提供 24 个 E1 通道，同时此卡可以应用在 OTN-X3M 系统中并被 OMS v4.4 或以上的版本管理。E1-24P 接口卡可以直接用来连接终端用户和 OTN-X3M，每块接口卡最多可连接 24 个 E1 用户，E1 通道之间完全独立工作，不会互相影响。

E1 是带宽为 2.048 Mb/s 的双向(全双工)连接，数据以数字方式在帧内传输。每个 E1 物理接口包括 4 个信号(发送 Tip、发送 Ring、接收 Tip 以及接收 Ring)。一个 E1 Tip-Ring 线对可以采用同轴电缆(75 Ω)，也可以采用平衡双绞线对(120 Ω)。

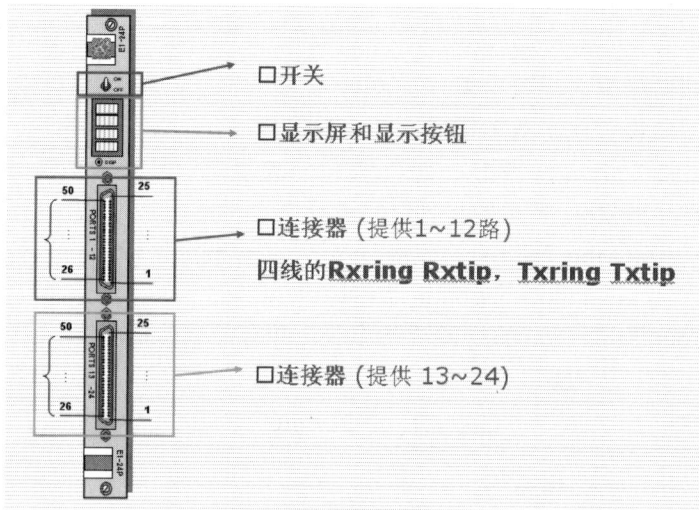

图 5-35　E1-24P 接口卡

(4) ET100DAE 板卡。

每块 ET100DAE 板卡有 10 个 10/100 Mb/s 接口和 2 个 10/100/1000 Mb/s 接口。10/100 Mb/s 接口支持全双工/半双工；1000 Mb/s 接口支持全双工。所有端口均具备自适应、流量控制和自动交叉(MDI/MDIx)的功能。

ET100DAE 板卡提供独立的、通道隔离的以太网，IP Over OTN 网络(光路及业务板卡故障)自愈时间小于 50 ms，支持每个端口连接到一个独立网段，同时也支持几个端口连接到同一网段。通过 OMS 网络管理 ET100DAE 以太网卡分配带宽，根据需要，其带宽可在 1～784 M 范围内设置，并且此带宽还可设置成相互独立、物理隔离、互不影响的多个通道。

ET100DAE 接口模块的前面板上，端口上方有 3 个 LED 指示灯"HW""Run""Err"，每个端口连接器右侧有 2 个 LED 指示灯为"Hd"。LED 指示灯含义如下：

① "HW"(Hardware)LED 指示灯，颜色为绿色/红色，表示板卡的电源状态。

绿色：板卡电源供电正常。

红色：板卡电源供电不正常。

不亮：没有电源。

② "Run"(Run status)LED 指示灯，颜色为绿色/红色，表示板卡的启动状态。

绿色闪烁：启动状态。

绿色常亮：正常运行状态。

红色闪烁：启动状态有错误。

红色常亮：运行有错误。

不亮：无法运行，板坏。

③ "Err"(Error indication)，颜色为红色，表示端口有错误：

红色：至少有一个错误，需查看 OMS。

不亮：没有错误，除非 Run 灯不亮。

④ "Hd" (Half-Duplex-collision)，颜色为绿色，表示端口设置在半双工和全双工模式。

不亮：端口设置在全双工模式。

绿色常亮：端口设置在半双工模式。

绿色闪烁：端口设置在半双工模式，并有数据传输。

⑤ "La" (Link Activity)，颜色：绿色/黄色，表示端口是处于接受/发送数据的状态。

绿色常亮：10/100 Mb/s 端口的物理链路连通。

绿色闪烁：10/100 Mb/s 端口的物理链路连通 并有数据传输。

黄色常亮：1000 Mb/s 端口的物理链路连通。

黄色闪烁：1000 Mb/s 端口的物理链路连通，并有数据传输。

小　结

光纤传输容量较大，波分复用 WDM 可以有效地利用光纤带宽，实现同一根光纤中同时传输两个或两个以上不同波长的光信号，增加光纤传输的容量。系统主要由光发射机、光中继器、光接收机、光监控信道和网络管理系统五部分组成。WDM 技术具有传输容量大、节约光纤资源、传输距离长等特点，得到了快速发展和广泛应用。OTN 是以波分复用技术为基础、在光层组织网络的传送网，是下一代的骨干传送网。

复习思考题

1. WDM 通常有哪几种复用方式？
2. 波分系统的网络管理系统可以实现哪些功能？
3. 光波分复用通信传输系统按照传输方向分类，可以分为哪些基本形式？
4. OTN 组网总体网络架构分为哪几部分？
5. OptiX BWS 1600G 系统的机械结构由哪些部分组成？
6. OptiX BWS 1600G 系统有哪几种网元类型？
7. OptiX BWS 1600G 设备通常有哪几种组网方式？
8. 什么是 OTN 技术？

第 6 章 传输设备实训

学习目标

知识目标

掌握传输设备数据配置的过程和方法。

技能目标

能够通过网管系统对传输设备进行配置和维护。

6.1 点到点 SDH 网络的搭建

1. 实训要求

某高校新建传输设备实训室，需要完成简单的点到点组网配置，如图 6-1 所示。

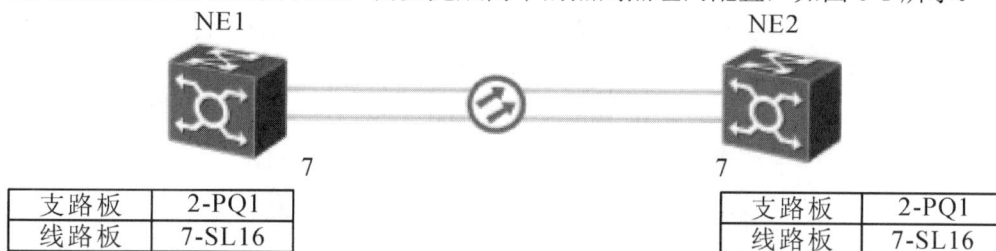

NE1   NE2

支路板	2-PQ1
线路板	7-SL16

支路板	2-PQ1
线路板	7-SL16

图 6-1 点到点组网配置

2. 实训目的

通过本实验，了解 SDH 设备以及网管系统的基本操作，了解点到点组网的配置流程。

3. 实训器材

OptiX OSN 3500 智能传输设备 2 套；已安装调测完成的网管服务器 1 台；实训教室(包含安装网管客户端的 PC 机若干台)；通信线缆若干。

4. 实训指导

1) 创建单个网元

每个实际设备在 U2000 上都体现为网元，U2000 管理实际设备时，必须首先在 U2000

上创建相应的网元。创建网元有两种方式：创建单个网元和批量创建网元，当同时需要创建大量网元时，建议选择批量创建网元，当只需创建零星网元时，建议选择创建单个网元，本节以创建单个网元为例。

只有创建网元后，才能通过网管对该网元进行管理，先创建网关网元，再创建非网关网元。如果创建网元有误或网管与该网元通信不正常时，网元显示为灰色。

(1) 在主拓扑图中单击右键，选择"新建→网元"，弹出"创建网元"对话框。

(2) 在网元类型树中选择待创建网元的设备类型。

(3) 输入网元的"ID""扩展 ID""名称"和"备注"信息。

若创建网关网元，请选择操作步骤(4)。

若创建非网关网元，则选择操作步骤(5)。

(4) 选择网关类型、通信协议，设置 IP 地址或 NSAP 地址。

在"网关类型"的下拉菜单中选择"网关"，并选择网关的协议类型。

如果网管与网关网元间采用 IP 通信协议，则选择"协议"类型为"IP"，并输入网关网元的 IP 地址，端口号保持缺省值；如果采用 OSI 通信协议，则选择"协议"类型为"OSI"，并输入网关网元的 NSAP 地址。

NSAP 地址是最长为 20 字节的 16 进制数，其格式为域地址+08003e+网元 ID+NSEL。其中"域地址"最长为 13 字节，由用户输入。"NSEL"是网络层协议的端口号，固定为 1d，占 1 个字节。

(5) 选择网关类型为"非网关"，并选择该网元所属网关。

(6) 输入"网元用户"和"密码"。此处的网元用户和密码是设备缺省设置的，参考设备手册，为保证系统安全，需要及时修改密码，定期更新并妥善保管密码。

(7) 单击"确定"，然后单击主拓扑，网元图标会在鼠标单击的地方出现。

2) 手工配置网元数据

网元创建成功后还处于未配置状态。必须先配置网元数据，网管才能管理操作该网元，通过手工配置网元数据可以配置网元的单板槽位信息。

(1) 选择进行数据配置的 SDH 网元。在主拓扑上双击未配置网元，弹出"网元配置向导"对话框，如图 6-2 所示。

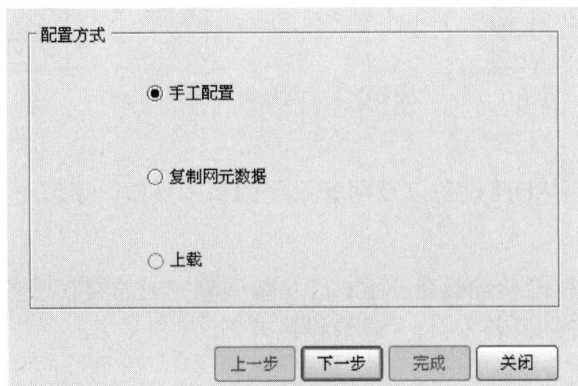

图 6-2　网元配置向导

(2) 选择"手工配置"，单击"下一步"，弹出"确认"对话框，提示手工配置会清除网元侧数据。

(3) 单击"确定",弹出"确认"对话框,提示手工配置会中断网元业务。

(4) 单击"确定",进入"设置网元属性"界面。

(5) 设置"网元名称""设备类型""网元备注信息""子架类型"。

(6) 单击"下一步",进入网元槽位的界面。

(7) 单击"查询逻辑信息",可查询该网元的逻辑单板。

(8) 单击"查询物理信息",可查询该网元的物理单板。

(9) 右键单击网元槽位,可根据需要添加单板。

(10) 单击"下一步",进入"下发配置"界面。

(11) 根据需要选择"校验开工",单击"完成"。校验开工就是执行校验命令,单击"完成"即可向网元下发配置信息,完成网元的基本配置。校验成功后,网元会正常工作。

如果现网有多个网元,可以选择复制网元数据的功能,将已有网元的配置数据复制到新创建的网元,也可选择上载网元数据功能将网元侧数据同步到网管侧。

3) 创建光纤

要进行业务配置,必须先创建光纤。在网管上创建光纤可以通过搜索的方式和手工创建的方式,一般推荐使用搜索的方式创建,当新增光纤较少,且规划清晰并连接正确时,可以通过手工创建方式创建纤缆,本节以手工创建光纤为例具体介绍创建步骤。

(1) 在主拓扑中单击右键,选择"新建→连接"。弹出"创建连接"对话框。

(2) 在左侧窗格中选择"纤缆→光纤"。

(3) 在"创建连接"对话框中设置纤缆的相应属性。

(4) 单击"确定",在主拓扑上,源宿网元间显示出已创建的光纤。

4) 创建 DCN 通信电缆

网管与网元之间可通过以太网口、串口进行通信,网元之间还可以通过扩展 ECC 进行通信。根据通信方式的不同,可分别在网管上创建不同的通信电缆。具体创建步骤如下:

(1) 在主拓扑中单击右键,选择"新建→连接",弹出"创建连接"对话框。

(2) 在对象类型树中选择相应的电缆类型。

(3) 输入电缆的相应属性。

(4) 单击"确定",在主拓扑上,网管与网关网元间显示出已创建的通信电缆。

5) 创建拓扑子网

为方便管理,可以将网络中同一地区或属性相似的拓扑对象放到一个拓扑子网中显示。创建拓扑子网只是为了简化界面,不对网元运行产生任何影响。具体创建步骤如下:

(1) 在主拓扑中单击右键,选择"新建→子网"。

(2) 选择"基本属性"选项卡,输入子网的属性信息。

(3) 选择"选择对象"选项卡,在"待选择对象"栏中选择已经创建的网元,并单击添加箭头按钮。

(4) 单击"确定"。

6) 创建单板的 TPS 保护组

TPS 保护用于提供对单板的冗余备份保护,当被保护板出现故障时,该单板的业务将

倒 换到保护板上。

(1) 在网元管理器中单击网元，在功能树中选择"配置 > TPS 保护"。

(2) 单击"新建"，弹出"创建 TPS 保护组"对话框。

(3) 选择保护板和工作板，在工作板列表中设置优先级。

(4) 设置等待恢复时间。

(5) 单击"确定"。

7) 配置数据单板的端口保护

板间端口保护是一种基于单板间端口的保护方式，使用主用和备用两块单板。当主用单板监测到任一端口链路故障(Link Down)或单板硬件故障时，设备的交叉单板会将主用单板上受影响的一个或多个端口切换到备用单板，不用以整个单板为单位进行切换。具体配置步骤如下：

(1) 在网元管理器中单击网元，在功能树中选择"配置→端口保护"。

(2) 单击"新建"，弹出"创建端口保护组"对话框。

(3) 输入"保护组 ID"，选择"工作端口"和"保护端口"。

(4) 单击"确定"，弹出对话框提示操作成功。

(5) 单击"关闭"。

8) 配置保护子网

设备支持线性复用段、环形复用段等多种网络级保护。当不需要对链上业务进行保护时，可以配置成无保护链，此时链上的所有时隙都可用来传送业务。具体配置步骤如下：

(1) 在主菜单中选择"业务→SDH 保护子网→创建无保护链"，进入"创建保护子网"页面。

(2) 输入保护子网的名字。 通常可以使用缺省的名字。

(3) 选择保护子网的容量级别，例如 STM-4。

(4) 根据需要选择"资源共享"和"按照 VC4 划分"。

(5) 选择待创建无保护链的节点。在主拓扑中双击所选的网元，添加到左边的节点列表中，同时在网元图标上显示(再次双击网元可取消设置)。

(6) 单击"下一步"，进入"链路选择"，设置链路物理信息等参数。

(7) 单击"完成"，下发配置，系统弹出"操作结果"提示框，单击"关闭"。

9) 配置时钟

稳定的时钟是网元正常工作的基础，在配置业务之前必须为所有网元配置时钟。对于复杂网络，还需要配置时钟保护。具体步骤如下：

(1) 在网元管理器中选择网元，在功能树中选择"配置→时钟→物理层时钟→时钟源优先级表"。

(2) 单击"查询"查询已有的时钟源。

(3) 单击"新建"，在弹出的"增加时钟源"对话框中选择新时钟源，再单击"确定"。

(4) 如果选择了外部时钟源，需要根据外部时钟信号的类型选择"外部时钟源模式"。对于 2 Mb/s 时钟，还需指定传递时钟质量信息的"同步状态字节"。

(5) 选中时钟源，调整其优先级，排在最上方的时钟源作为网元的首选时钟。内部时钟源因为精度较低，只能拥有最低的优先级。

(6) 单击"应用"，在弹出的"操作结果"对话框中再单击"关闭"。

(7) 如果选择线路时钟源作为锁相源，需要配置锁相源优先级表。选择"第一路外时钟输出锁相源优先级表"或"第二路外时钟输出锁相源优先级表"选项卡，单击"新建"，在弹出的对话框中选择锁相源，再单击"确定"。

(8) 单击"应用"，在弹出的对话框中再单击"关闭"。

10) 配置 SDH 业务

当不需要对链上业务进行保护时，可以配置成无保护链，此时链上的所有时隙都可用来传送业务，本节以无保护链配置为例介绍 SDH 业务配置。配置无保护链业务应注意：无保护链保护子网和无保护链业务需要分别创建。建议先创建保护子网，再配置无保护链业务。

(1) 在 NE1 配置源网元的 SDH 业务。在网元管理器中选择网元 NE1，在功能树中选择"配置→SDH/PDH 业务配置"。在右侧窗口的下方单击"新建"，在弹出的"新建 SDH/PDH 业务"对话框中设置所需的参数，单击"确定"。参数及取值说明见表 6-1。

表 6-1 参数及取值说明

参数项	本例中取值	取 值 说 明
等级	VC12	本例中业务为 E1 业务，设置对应业务"等级"为 "VC12"
方向	双向	本例中接收和发送的业务经过相同的路由，即为"双向"业务
源板位	2-PQ1	本例中规划使用 NE1 的 2 号板位的 PQ1 单板作为源支路板
源时隙范围（如：1，3～6）	1～5	本例中 NE1～NE2 之间有 5 个 E1 业务，因此设置业务源占用 1～5 号 VC-12 时隙
宿板位	7-N2SL16-1（SDH-1)	本例中规划使用 NE1 的 7 号板位的 SL16 单板作为宿线路板
宿 VC4	VC4-1	业务宿所在 VC-4 的编号为 1 号 VC-4
宿时隙范围（如：1，3～6）	1～5	本例中 NE1～NE2 之间有 5 个 E1 业务，因此设置业务宿占用 1～5 号 VC-12 时隙
立即激活	是	—

(2) 参考步骤(1)的操作，在 NE2 完成宿网元的 SDH 业务配置。参数设置如表 6-2 所示。

表 6-2 参数设置

参数项	本例中取值	取 值 说 明
等级	VC12	本例中业务为 E1 业务，设置对应业务"等级"为"VC12"
方向	双向	本例中接收和发送的业务经过相同的路由，即为"双向"业务
源板位	2-PQ1	本例中规划使用 NE1 的 2 号板位的 PQ1 单板作为源支路板。
源时隙范围（如：1，3～6）	1～5	本例中 NE1～NE2 之间有 5 个 E1 业务，因此设置业务源占用 1～5 号 VC-12 时隙
宿板位	7-N2SL16-1（S DH-1)	本例中规划使用 NE1 的 7 号板位的 SL16 单板作为宿线路板
宿 VC4	VC4-1	业务宿所在 VC-4 的编号为 1 号 VC-4
宿时隙范围（如：1，3～6）	1～5	本例中 NE1～NE2 之间有 5 个 E1 业务，因此设置业务宿占用 1～5 号 VC-12 时隙。
立即激活	是	—

（3）验证业务配置的正确性。通过查看网管上报的告警信息和复用段倒换情况来判断业务配置是否正确，同时可以利用 SDH 分析仪表读取业务倒换的时间。

（4）开启网元的性能监视。合理设置网元的性能监视参数并启动对该网元的性能监视，可获得该网元在运行过程中的详细性能记录，便于维护人员监控、分析网元的运行状态。在主菜单中选择"性能→网元性能监视时间"。

（5）备份网元的配置数据。现网中必须通过备份网元数据库操作以确保网元主控板丢失数据或者设备掉电后能自动恢复运行。

6.2 双纤双向复用段环组网的搭建

1. 实训要求

某高校新建传输设备实训室，需要模拟城市轨道交通传输系统的组网，完成简单的环型组网配置，如图 6-3 所示。

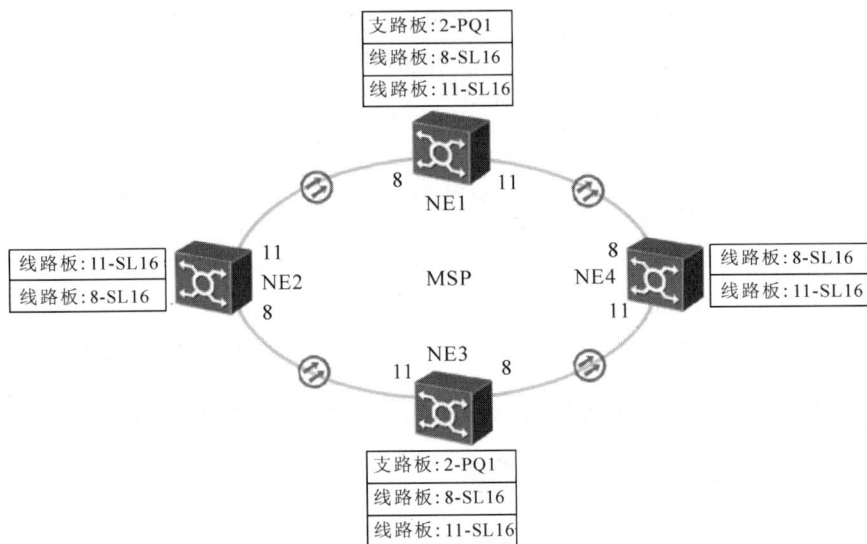

图 6-3　环型组网配置

单一环网的二纤双向复用段环，其配置组网图相对简单。在组建网络的时候应该按照一定的方向和顺序逐一创建和命名各个网元，有利于后续业务流向规划和业务配置。

图 6-3 是一个由 4 个 OSN 设备组成的双纤双向复用段环。本例中环网上源端网元 NE1 和宿端网元 NE3 选用 PQ1 单板作为支路板上下业务，选用 SL16 单板作为线路板完成 SDH 业务的传输。

2. 实训目的

通过本实验，了解双纤双向复用段环组网的配置流程。

3. 实训器材

OptiX OSN 3500 智能传输设备 4 套；已安装调测完成的网管服务器 1 台；实训教室(包

含安装网管客户端的 PC 机若干台)；通信线缆若干。

4. 实训指导

配置业务前首先需要完成网元与网管的对接，网元以及光纤的创建，步骤参考点到点 SDH 网络的搭建中的内容，本节不再赘述，重点介绍双纤双向复用段环组网相关的业务配置。

配置双纤双向 MSP 业务应注意的是复用段子网保护功能和 MSP 业务需要分别创建，但 没有一定的先后顺序要求。单一环网的双纤双向 MSP 业务，在已经创建好 MSP 保护子网的前提下，可以直接配置业务从源端网元进入环网，穿通中间节点，在宿网元下业务。对于环网业务来讲，从源网元到达宿网元的路由不止一种，而实际场景中一般并不需要全部配置，所以在配置前合理地规划、配置好业务信号的流向和时隙非常重要。

业务的信号流和时隙分配如图 6-4 所示。本例中设定业务从网元 NE1 上到环网中，穿通网元 NE2，在宿网元 NE3 下业务，业务大小为 5 个 E1 业务。

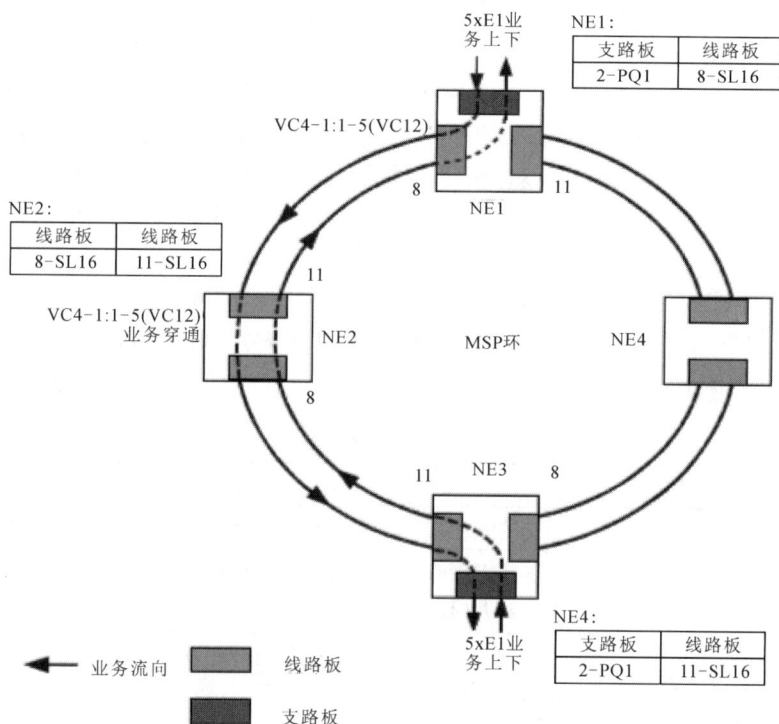

图 6-4 业务的信号流和时隙分配

(1) 在主菜单中选择"业务→SDH 保护子网→创建双纤双向复用段共享保护环"，弹出提示对话框。单击"确定"，进入"创建保护子网"页面。

(2) 输入保护子网的名称。现网根据实际组网规划输入，本节使用缺省的名称，双纤向复用段共享保护环_1。

(3) 选择保护子网的容量级别，例如：STM-4。

(4) 根据需要选择"资源共享"和"按照 VC4 划分"。

"资源共享"是将相同的单板端口映射到多个保护子网中。当有多个保护子网占用同一单板的同一端口时，必须选择"资源共享"，而对于不同的保护子网占用一个单板的不同端口的情况，不需要选择"资源共享"。如果单光口多复用段使能，通过"资源共享"还可以将一个单板端口映射到多个复用段中。

"按照 VC4 划分"指将不同的 VC4 分别划归不同的保护子网，其作用是实现部分复用段保护。例如，一个 STM-16 的光纤，可以划分第 1～4 个 VC4 属于一个 STM-4 的复用段共享保护，第 5～8 个 VC4 属于无保护环。

(5) 选择待创建保护子网中所包含的节点。在主拓扑中双击所选的网元，添加到左边的节点列表中，同时在网元图标上显示(再次双击网元可取消设置)。

为了维护方便，建议沿逆时针方向顺序添加节点。

(6) 设置各节点的属性为"MSP 节点"。

(7) 单击"下一步"，进入"链路选择"设置链路物理信息等参数。

(8) 单击"完成"，下发配置，系统弹出"操作结果"提示框，单击"关闭"。

(9) 在保护子网上单击右键，在弹出的右键菜单中选择"保护子网属性"。

(10) 单击"保护子网维护"页签，确认协议控制器已经启动。如果协议控制器没有启动，需要进行如下操作：

首先选择保护子网的所有网元，然后单击右键，在弹出的右键菜单中选择"启停协议→启动"，两次在提示框中单击"是"，使所有的"协议控制器"都处于"协议启动"状态。

(11) 单击"保护子网参数"页签，根据需要设置"倒换恢复等待时间"和"SD 触发条件"；单击"应用"，下发配置。同一保护子网中，各网元的"倒换恢复等待时间"设置应该相同。

(12) 在 NE1 中配置源网元的 SDH 业务。在网元管理器中选择网元 NE1，在功能树中选择"配置→SDH/PDH 业务配置"。然后在右侧窗口的下方单击"新建"，在弹出的"新建 SDH/PDH 业务"对话框中设置所需的参数，再单击"确定"。参数设置见表 6-3。

表 6-3　参 数 设 置

参数项	本例中取值	取 值 说 明
等级	VC12	本例中环网上业务为 E1 业务，设置对应业务等级"VC12"
方向	双向	本例中接收和发送的业务经过相同的路由，即为双向业务。设置业务方向时选择"双向"
源板位	2-PQ1	本例中规划在 2 号槽位上使用 PQ1 作为源支路板，可以根据实际情况选择不同的源单板
源时隙范围	1～5	本例中规划的总业务大小为 5 个 E1 业务，由于业务等级为"VC12"，此处设置 5 个时隙范围的 VC12
宿板位	8-N1SL16-1(SDH-1)	本例中规划在 8 号槽位上使用 N1SL16 作为宿线路板，可以根据实际情况选择不同的宿单板
宿 VC4	VC4-1	本例中业务需要 5 个时隙范围的 VC12，一个 VC4 时隙可以容纳 63 个 VC12，此处设置第一个 VC4 时隙即可
宿时隙范围	1～5	本例中规划的总业务大小为 5 个 E1 业务，由于业务等级为"VC12"，此处需要设置 5 个时隙范围的 VC12

(13) 在 NE3 中配置宿网元的 SDH 业务。在网元管理器中选择网元 NE3，在功能树中

选择"配置→SDH/PDH 业务配置"。然后在右侧窗口的下方单击"新建",在弹出的"新建 SDH/PDH 业务"对话框中设置所需的参数,再单击"确定"。参数设置见表6-4。

表6-4　参　数　设　置

参数项	本例中取值	取　值　说　明
等级	VC12	本例中环网上业务为 E1 业务,设置对应业务等级"VC12"
方向	双向	本例中接收和发送的业务经过相同的路由,即为双向业务。设置业务方向时选择"双向"
源板位	11-N1SL16-1 (S DH-1)	本例中规划在 11 号槽位上使用 SL16 作为源线路板,可以根据实际情况选择不同的源单板
源时隙范围	1~5	本例中规划的总业务大小为 5 个 E1 业务,由于业务等级为"VC12",此处设置 5 个时隙范围的 VC12
宿板位	2-PQ1	本例中规划在 2 号槽位上使用 PQ1 作为宿支路板,可以根据实际情况选择不同的宿单板
宿 VC4	VC4-1	本例中业务需要 5 个时隙范围的 VC12,一个 VC4 时隙可以容纳 63 个 VC12,此处设置第一个 VC4 时隙即可
宿时隙范围	1~5	本例中规划的总业务大小为 5 个 E1 业务,由于业务等级为"VC12",此处需要设置 5 个时隙范围的 VC12

(14) 在 NE2 中配置穿通业务。在网元管理器中选择网元 NE2,在功能树中选择"配置→SDH/PDH 业务配置"。然后在右侧窗口的下方单击"新建",在弹出的"新建 SDH/PDH 业务"对话框中设置所需的参数,再单击"确定"参数设置见表6-5。

表6-5　参　数　设　置

参数项	本例中取值	取　值　说　明
等级	VC12	本例中环网上业务为 E1 业务,设置对应业务等级"VC12"
方向	双向	本例中接收和发送的业务经过相同的路由,即为双向业务。设置业务方向时选择"双向"
源板位	11-N2SL16-1 (S DH-1)	本例中规划在 11 号槽位上使用 SL16 作为源线路板,可以根据实际情况选择不同的源单板
源 VC4	VC4-1	本例中业务需要 5 个时隙范围的 VC12,一个 VC4 时隙可以容纳 63 个 VC12,此处设置第一个 VC4 时隙即可
源时隙范围	1~5	本例中规划的总业务大小为 5 个 E1 业务,由于业务等级为"VC12",此处设置 5 个时 隙范围的 VC12
宿板位	8-N2SL16-1 (S DH-1)	本例中规划在 8 号槽位上使用 SL16 作为宿线路板,可以根据实际情况选择不同的宿单板
宿 VC4	VC4-1	本例中业务需要 5 个时隙范围的 VC12,一个 VC4 时隙可以容纳 63 个 VC12,此处设置第一个 VC4 时隙即可
宿时隙范围	1~5	本例中规划的总业务大小为 5 个 E1 业务,由于业务等级为"VC12",此处需要设置 5 个时隙范围的 VC12

(15) 验证业务配置的正确性。通过查看网管上报的告警信息和复用段倒换情况来判断业务配置是否正确，同时可以利用 SDH 分析仪表读取业务倒换的时间。

(16) 开启网元的性能监视。合理设置网元的性能监视参数并启动对该网元的性能监视，可获得该网元在运行过程中的详细性能记录，便于维护人员监控、分析网元的运行状态。在主菜单中选择"性能→网元性能监视时间"。

(17) 备份网元的配置数据。现网中必须通过备份网元数据库操作，确保网元主控板丢失数据或者设备掉电后能自动恢复运行。

6.3　配置以太网业务(EPL/EVPL)

1. 实训要求

用户 A 有两个分部位于 NE1 和 NE3，要进行以太网通信，需要 10 Mb/s 带宽。用户 B 有两个分部位于 NE1 和 NE3，要进行以太网通信，需要 20 Mb/s 带宽。用户 A 和用户 B 的业务需要相互隔离。用户 A 与用户 B 的以太网设备提供 100 Mb/s 以太网接口，工作模式为自协商，均不支持 VLAN。以太网业务组网如图 6-5 所示。

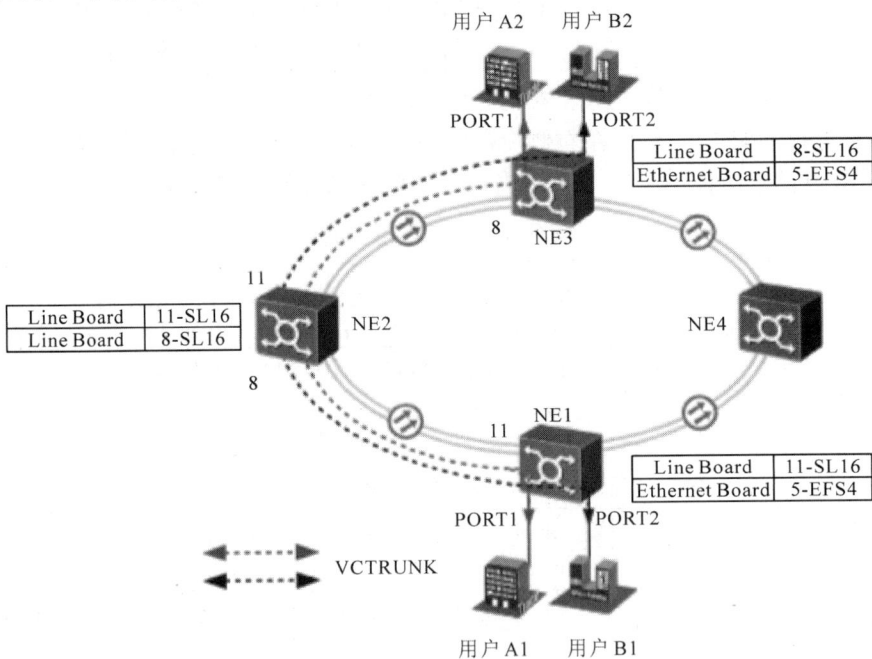

图 6-5　以太网业务组网

2. 实训目的

通过本实验，了解 EPL/EVPL 业务类型，了解这两种类型的以太网业务配置流程。

3. 实训器材

OptiX OSN 3500 智能传输设备 4 套；已安装调测完成的网管服务器 1 台；实训教室(包含安装网管客户端的 PC 机若干台)；通信线缆若干。

4. 实训指导

EPL(Ethernet Private Line，以太网专线)业务有两个业务接入点，实现对用户以太网业务点到点的透明传送。一个用户独占一个内部端口(VCTRUNK)，不需要与其他用户共享带宽，因此具有严格的带宽保障和用户隔离，不需要采用其他的 QoS 机制和安全机制。

使用以太网透传单板或以太网交换单板都可以实现 EPL 业务。本例中，网元 NE1 和 NE3 分别配置一块 N2 EFS4 交换单板，如图 6-6 所示。

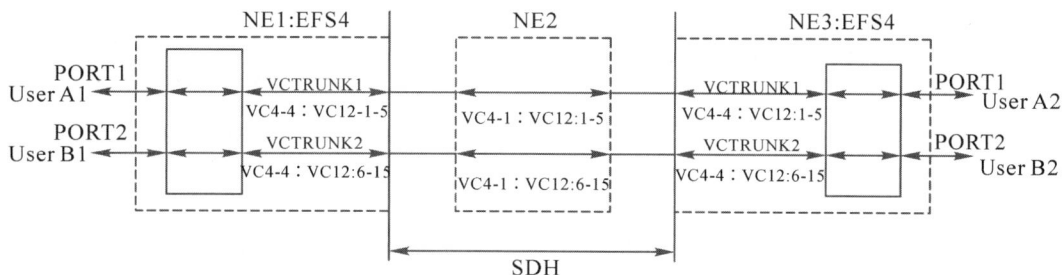

图 6-6 EPL 业务流

以太网业务从外部端口(以太网单板的外部端口用于提供用户侧业务的接入，内部端口用于将业务封装映射到传输网络侧进行透明传输。以太网单板的外部端口即外部物理接口，也称为客户侧接口或者用户侧接口，用于接入用户侧的以太网业务)接入，通过内部端口(以太网单板的内部端口，在某些应用场合亦称为系统侧接口或背板侧接口，用于将业务封装映射到 SDH 侧)封装到 SDH 侧网络进行透明传输，从而与远端节点实现交互。

① 用户 A 的 EPL 业务。

占用 NE1 和 NE3 间 SDH 链路上 1 号 VC-4 的 1～5 号 VC-12 时隙(VC4-1:VC12:1-5)，业务在 NE2 穿通。

使用 NE1 的 N2 EFS4 单板的 4 号 VC-4 的 1～5 号 VC-12 时隙(VC4-4:VC12:1-5)和 NE3 的 N2 EFS4 单板的 4 号 VC-4 的 1～5 号 VC-12 时隙(VC4-4:VC12:1-5)上下业务。

② 用户 B 的 EPL 业务。

占用 NE1 和 NE3 间 SDH 链路上 1 号 VC-4 的 6～15 号 VC-12 时隙(VC4-1:VC12:6-15)，业务在 NE2 穿通。

使用 NE1 的 N2 EFS4 单板的 4 号 VC-4 的 6～15 号 VC-12 时隙(VC4-4:VC12:6-15)和 NE3 的 N2 EFS4 单板的 4 号 VC-4 的 6～15 号 VC-12 时隙(VC4-4:VC12:6-15)上下业务。

具体配置步骤如下：

(1) 分别配置 User A1、B1 占用的外部端口(N2 EFS4 单板的 PORT1 和 PORT2)的属性。在网元管理器中选择 N2 EFS4 单板，在功能树中选择"配置→以太网接口管理→以太网接口"，选择"外部端口"，分别选择"基本属性"选项卡、"TAG 属性"选项卡、"网络属性"选项卡、"高级属性"选项卡，完成参数设置后，单击"应用"

(2) 分别配置 User A1、B1 占用的内部端口(N2 EFS4 单板的 VCTRUNK1 和 VCTRUNK2)的属性，选择"内部端口"，选择"TAG 属性"选项卡、"网络属性"选项卡、"封装/映射"选项卡，选择"LCAS 使能"选项卡、"绑定通道"选项卡、"高级属性"选项卡，完成参数设置后，单击"应用"。

（3）分别配置 UserA1、B1 的以太网专线业务。在网元管理器中选择 N2 EFS4 单板，在功能树中选择"配置→以太网业务→以太网专线业务"。在右侧窗口的下方单击"新建"，在弹出的"新建以太网专线业务"对话框中设置参数，见表 6-6。

表 6-6　参　数　设　置

用户	参数项	本例中取值	取　值　说　明
User A1	业务类型	EPL	User A1 的业务类型为 EPL 业务
	业务方向	双向	User A1 的业务方向为双向
	源端口	PORT1	当创建 PORT 到 VCTRUNK 的双向以太网业务时，建议将 PORT 作为源端口。User A1 占用 PORT1 端口
	源 VLAN（如 1，3～6）	空	本例中的 EPL 业务没有携带 VLAN 标签
	宿端口	VCTRUNK1	当创建 PORT 到 VCTRUNK 的双向以太网业务时，建议将 VCTRUNK 作为宿端口。User A1 占用 VCTRUNK1 端口
	宿 VLAN（如 1，3～6）	空	本例中的 EPL 业务没有携带 VLAN 标签
User B1	业务类型	EPL	User B1 的业务类型为 EPL 业务
	业务方向	双向	User B1 的业务方向为双向
	源端口	PORT2	当创建 PORT 到 VCTRUNK 的双向以太网业务时，建议将 PORT 作为源端口。User B1 占用 PORT2 端口
	源 VLAN（如 1，3～6）	空	本例中的 EPL 业务没有携带 VLAN 标签
	宿端口	VCTRUNK2	当创建 PORT 到 VCTRUNK 的双向以太网业务时，建议将 VCTRUNK 作为宿端口。User B1 占用 VCTRUNK2 端口
	宿 VLAN（如 1，3～6）	空	本例中的 EPL 业务没有携带 VLAN 标签

（4）分别配置 User A1、B1 以太网业务到 SDH 链路的交叉连接。在网元管理器中选择 NE1，在功能树中选择"配置→SDH/PDH 业务配置"，在右侧窗口的下方单击"新建"，在弹出的"新建 SDH/PDH 业务"对话框中设置参数，见表 6-7。

表 6-7　参　数　设　置

用户	参数项	本例中取值	取　值　说　明
User A1	等级	VC12	User A1 绑定时隙的等级为 VC12，此处的业务等级必须与 VCTRUNK 绑定的通道的级别一致
	方向	双向	User A1 的业务为双向业务
	源板位	5-N2EFS4-1（SDH-1）	创建以太网单板到线路单板的双向 SDH 业务时，建议将以太网单板作为源板位

用户	参数项	本例中取值	取 值 说 明
User A1	源 VC4	VC4-4	源 VC4 取值与 VCTRUNK1 绑定通道配置中"可选资源 VC4"的取值一致。VCTRUNK1"可选资源 VC4"取值为 VC4-4
	源时隙范围	1～5	源时隙范围取值与 VCTRUNK1 绑定通道配置中"可选时隙"取值一致。VCTRUNK1"可选时隙"取值为 VC12-1～VC12-5
	宿板位	11- N2SL16-1 (SDH-1)	当创建以太网单板到线路单板的双向 SDH 业务时，建议将线路单板作为宿板位
	宿 VC4	VC4-1	指定线路单板承载以太网业务的 VC4 时隙为 VC4-1
	宿时隙范围	1～5	宿时隙范围取值与源时隙范围取值可以相同也可以不同，但时隙数量必须一致，如源时隙占用了 5 个 VC12，宿时隙也一定占用 5 个 VC12
	立即激活	是	—
User B1	等级	VC12	User B1 绑定的时隙等级为 VC12，此处的业务等级必须与 VCTRUNK 绑定的通道的级别一致
	方向	双向	User B1 的业务为双向业务
	源板位	5-N2EFS4-1 (SDH-1)	创建以太网单板到线路单板的双向 SDH 业务时，建议将以太网单板作为源板位
	源 VC4	VC4-4	源 VC4 取值与 VCTRUNK2 绑定通道配置中"可选资源 VC4"的取值一致。VCTRUNK2"可选资源 VC4"取值为 VC4-4
	源时隙范围	6～15	源时隙范围取值与 VCTRUNK2 绑定通道配置中"可选时隙"，取值一致。VCTRUNK2"可选时隙"取值为 VC12-6～VC12-15
	宿板位	11- N2SL16-1 (SDH-1)	当创建以太网单板到线路单板的双向 SDH 业务时，建议将线路单板作为宿板位
	宿 VC4	VC4-1	指定线路单板承载以太网业务的 VC4 时隙为 VC4-1
	宿时隙范围	6～15	宿时隙范围取值可以和源时隙范围取值不同，但通道数量必须一致，如源时隙占用了 10 个 VC12，宿时隙也一定占用 10 个 VC12
	立即激活	是	—

(5) 在 NE2 中配置 User A1、B1 的穿通业务。单击网元导航树按钮，在弹出的对话框中选择 NE2，单击"确定"，在网元管理器中选择 NE2，在功能树中选择"配置→SDH/PDH业务配置"，在右侧窗口的下方单击"新建"，在弹出的"新建 SDH/PDH 业务"对话框中设置参数，见表 6-8。

表 6-8　参 数 设 置

参数项	本例中取值	取 值 说 明
等级	VC12	NE1 流经 NE2 的 SDH 业务等级为 VC12
方向	双向	NE1 流经 NE2 的 SDH 业务为双向业务
源板位	11-N2SL16-1 (SDH-1)	业务信号由 11-N2SL16-1(SDH-1)到 8-N2SL16-1(SDH-1)，此处源板位选择 11-N2SL16-1(SDH-1)
源 VC4	VC4-1	NE1 流经 NE2 业务分配占用 VC4-1
源时隙范围	1～15	User A1、B1 的业务共占用了 1～15 时隙
宿板位	8-N2SL16-1 (SDH-1)	业务信号由 11-N2SL16-1(SDH-1)到 8-N2SL16-1(SDH-1)，此处宿板位选择 8-N2SL16-1(SDH-1)
宿 VC4	VC4-1	宿 VC4 的取值建议与源 VC4 一致
宿时隙范围	1～15	User A1、B1 用户的业务共占用了 1～15 时隙
立即激活	是	—

(6) 在 NE3 配置 User A2、B2 的 EPL 业务。参考前述配置过程，完成 User A2、B2 的 EPL 业务配置。User A2、B2 的参数取值与 User A1、B1 一致。

(7) 验证业务配置的正确性。

(8) 开启网元的性能监视。合理设置网元的性能监视参数并启动对该网元的性能监视，可获得该网元在运行过程中的详细性能记录，便于维护人员监控、分析网元的运行状态。在主菜单中选择"性能→网元性能监视时间"。

(9) 备份网元的配置数据。现网中必须通过备份网元数据库操作，确保网元主控板丢失数据或者设备掉电后能自动恢复运行。

EVPL(Ethernet Virtual Private Line，以太网虚拟专线)业务与 EPL 业务的主要区别是多个用户需要共享带宽，因此需要使用 VLAN/ MPLS/QinQ 机制来区分不同用户数据。如果需要对不同用户提供不同的服务质量，则需要采用相应的 QoS 机制。根据用户对资源的不同占用方式，可以分为共享外部端口的 EVPL 业务和共享 VCTRUNK 的 EVPL 业务两类，本节不详细介绍。

6.4　配置以太网业务(EPLAN/EVPLAN)

1. 实训要求

用户 F 有三个分部分别位于 NE1、NE2 和 NE4，分部 F1 分别需要与分部 F2 及分部 F3 通信，需要带宽均为 10 Mb/s。用户 F 的以太网设备提供 100 Mb/s 以太网电接口，工作模式为自协商，支持 VLAN，如图 6-7 所示。

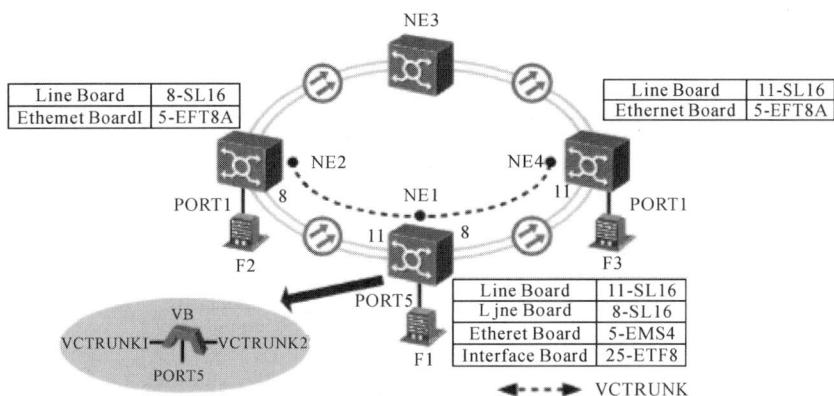

图 6-7 EPLAN/EVPLAN 组网

2. 实训目的

通过本实验，了解 EPLAN/EVPLAN 业务类型，掌握这两种类型的以太网业务配置流程。

3. 实训器材

OptiX OSN 3500 智能传输设备 4 套；已安装调测完成的网管服务器 1 台；实训教室(包含安装网管客户端的 PC 机若干台)；通信线缆若干。

4. 实训指导

EPLAN(Ethernet Private Local Area Network，以太网专用局域网)业务至少具有两个业务接入点。不同用户不需要共享带宽，因此具有严格的带宽保障和用户隔离，不需要采用其他的 QoS 机制和安全机制。由于具有多个节点，因此需要学习 MAC 地址并基于 MAC 地址进行数据转发，即二层交换。

数据帧进入或离开以太网单板的端口时，端口的 TAG 属性将影响端口对数据帧的处理方式。以太网单板端口的 Tag 标识分为 Tag Aware、Access 和 Hybrid 三种，见表 6-9。

表 6-9 数据帧类型及处理方式

方向	数据帧类型	处理方式		
		Tag aware	Access	Hybrid
入端口	携带 VLAN 标签的帧	透传	丢弃	透传
	没有携带 VLAN 标签的帧	丢弃	添加包含"缺省 VLAN ID"和"VLAN 优先级"的 VLAN 标签后透传	
出端口	携带 VLAN 标签的帧	透传	剥离 VLAN 标签后发送	如果数据帧中的 VLAN ID 是"缺省 VLANID"，剥离 VLAN 标签后发送。如果数据帧中的 VLAN ID 不是"缺省 VLAN ID"，透传

汇聚节点的以太网业务从外部端口接入，通过二层交换转发到内部端口封装上到 SDH 侧网络进行透明传输，从而与远端节点实现交互，如图 6-8 所示。

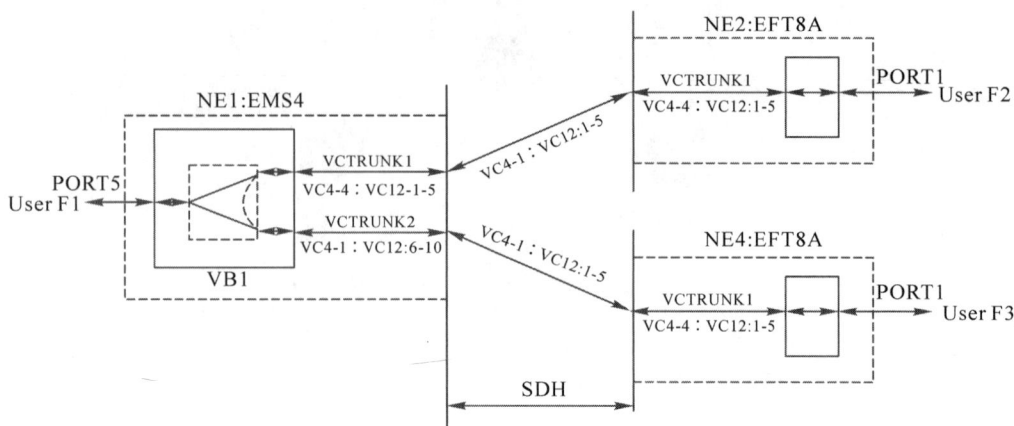

图 6-8 业务流

用户 F 的以太网 LAN 业务，占用 NE1 到 NE2 间的 SDH 链路上 1 号 VC-4 的 1～5 号 VC-12 时隙(VC4-1:VC12:1-5)，以及 NE1 到 NE4 间的 SDH 链路上 1 号 VC-4 的 1～5 号 VC-12 时隙(VC4-1:VC12:1-5)。

NE1 到 NE2 间的以太网 LAN 业务，使用 NE1 的 N1EMS4 单板的 1 号 VC-4 的 1～5 号 VC-12 时隙(VC4-1:VC12:1-5)和 NE2 的 N1EFT8A 单板的 4 号 VC-4 的 1～5 号 VC-12 时隙(VC4-4:VC12:1-5)上下业务。

NE1 到 NE4 间的以太网 LAN 业务，使用 NE1 的 N1EMS4 单板的 1 号 VC-4 的 6～10 号 VC-12 时隙(VC4-1:VC12:6-10)和 NE4 的 N1EFT8A 单板的 4 号 VC-4 的 1～5 号 VC-12 时隙(VC4-4:VC12:1-5)上下业务。

汇聚节点 NE1 需要创建 EPLAN 业务(使用 IEEE 802.1d 网桥)，接入节点 NE2 和 NE4 只需要配置 EPL 透传业务。

(1) 配置 User F1 占用的外部端口(N1EMS4 单板的 PORT5)的属性。在网元管理器中选择 N1EMS4 单板，在功能树中选择"配置→以太网接口管理→以太网接口"，选择"外部端口"，选择"基本属性"选项卡、"流量控制"选项卡、"TAG 属性"选项卡、"网络属性"选项卡、"高级属性"选项卡，完成参数设置后，单击"应用"。

(2) 分别配置 User F2、F3 的业务在 NE1 占用的内部端口(N1EMS4 单板的 VCTRUNK1 和 VCTRUNK2)的属性，选择"内部端口"，选择"TAG 属性"选项卡、"网络属性"选项卡、"封装/映射"选项卡、"LCAS 使能"选项卡、"绑定通道"选项卡、"高级属性"选项卡，完成参数设置后，单击"应用"。

(3) 在 NE1 上的 N1EMS4 单板上创建网桥。在网元管理器中单击 N1EMS4 单板，在功能树中选择"配置→以太网业务→以太网 LAN 业务"。单击"新建"，在弹出"创建以太网 LAN 业务"对话框中，设置网桥参数。单击"配置挂接"，添加 PORT5、VCTRUNK1、VCTRUNK2 端口，单击"确定"。

(4) 分别配置 User F2、F3 的以太网业务到 SDH 链路的交叉连接。在网元管理器中选择 NE1，在功能树中选择"配置→SDH/PDH 业务配置"，在右侧窗口的下方单击"新建"，在弹出的"新建 SDH/PDH 业务"对话框中设置相关参数。

(5) 配置 NE2 和 NE4 的 EPL 业务，NE2 和 NE4 的以太网业务实质就是点到点的 EPL

透传业 务。

(6) 验证业务配置的正确性。

(7) 开启网元的性能监视。合理设置网元的性能监视参数并启动对该网元的性能监视，可获得该网元在运行过程中的详细性能记录，便于维护人员监控、分析网元的运行状态。在主菜单中选择"性能→网元性能监视时间"。

(8) 备份网元的配置数据。现网中必须通过备份网元数据库操作，确保网元主控板丢失数据或者设备掉电后能自动恢复运行。

EVPLAN(Ethernet Virtual Private LAN，以太网虚拟专用局域网)与 EPLAN 业务的主要区别是多个用户需要共享带宽。因此需要使用 VLAN/MPLS/QinQ 机制来区分不同用户的数据。如果需要对不同用户提供不同的服务质量，则需要采用相应的 QoS 机制。

小　　结

传输网络的数据配置过程和方法是维护人员必须具备的技能之一，本章介绍了点到点 SDH 网络的搭建、双纤双向复用段环组网的搭建、配置以太网业务(EPL/EVPL)、配置以太网业务(EPLAN/EVPLAN)等常见场景的数据配置方法，在实验室条件具备的情况下，作为实训指导，有助于理解理论知识，具备实践能力，提前进入工作场景。

复习思考题

1. 点到点 SDH 网络的搭建步骤有哪些？
2. 双纤双向复用段环组网的搭建步骤有哪些？
3. 配置以太网业务(EPL/EVPL)的步骤有哪些？
4. 配置以太网业务(EPLAN/EVPLAN)的步骤有哪些？

参 考 文 献

[1] 曹若云. 光传输技术与实训[M]. 北京：化学工业出版社，2010.

[2] 孙学康，毛京丽. SDH 技术[M]. 北京：人民邮电出版社，2015.

[3] 肖萍萍，吴建学，周芳，等. SDH 原理与技术[M]. 北京：北京邮电大学出版社，2002.

[4] 杜玉红，陈建兵. SDH 光传输技术与应用[M]. 北京：中国水利水电出版社，2015.

[5] 李世银，李晓滨. 传输网络技术[M]. 北京：人民邮电出版社，2018.

[6] 何一心. 光传输网络技术：SDH 与 DWDM[M]. 北京：人民邮电出版社，2013.

[7] 胡庆，刘鸿，张德民，等. 光纤通信系统与网络[M]. 北京：电子工业出版社，2014.

[8] 余建平，王琳. 城市轨道交通传输系统维护[M]. 北京：电子工业出版社，2017.

[9] 华为光传输系统系列产品文档.

[10] PALAIS JOSEPH C. 光纤通信[M]. 王江平，刘杰，闻传花，等，译. 北京：电子工业出版社，2011.01.

[11] 董天临. 光纤通信[M]. 北京：清华大学出版社，2012.05.

[12] 孙学康，张金菊. 光纤通信技术[M]. 北京：人民邮电出版社，2016.06.

[13] 李强. 浅析城市轨道交通通信传输系统[J]. 中国设备工程，2019.02 (上).

[14] 崔秀佳. 关于通信传输系统在地铁中构成模式的探讨[J]. 通讯世界，2015.04(下).

[15] 王惠琴，张秋余，赵彦敏. 重庆城轨较新线通信系统的设计[J]. 铁道通信信号，2005.03.

[16] 聂小燕. 城市轨道交通专用传输系统研究[J]. 数字技术与应用，2019.11.

[17] 梁亚宁，张清萍. 城轨交通系统和城轨通信系统的规划与设计[J]. 电子设计工程，2015.10.

[18] 张利彪. 城市轨道交通信号与通信系统. 2 版[M]. 北京：人民交通出版社，2020.9.